心桥

杨 冰——著

安徽师范大学出版社

·芜湖·

图书在版编目(CIP)数据

心桥 / 杨冰著. -- 芜湖 : 安徽师范大学出版社,
2025. 4. -- ISBN 978-7-5676-7158-4

Ⅰ. D634.1

中国国家版本馆 CIP 数据核字第 20251TZ719 号

心 桥

杨 冰◎著

XIN QIAO

责任编辑:陈 艳　　　　　责任校对:阎 娟

装帧设计:张 玲 冯君君　　责任印制:桑国磊

出版发行:安徽师范大学出版社

　　　　　芜湖市北京中路2号安徽师范大学赭山校区

网　　址:https://press.ahnu.edu.cn/

发 行 部:0553-3883578　5910327　5910310(传真)

印　　刷:安徽联众印刷有限公司

版　　次:2025年4月第1版

印　　次:2025年4月第1次印刷

规　　格:700 mm × 1000 mm　1/16

印　　张:23.25

字　　数:322千字

书　　号:978-7-5676-7158-4

定　　价:79.00元

序 言 架一座桥，连四海心

　　十年光阴流转，回望在安徽省侨联工作的日日夜夜，恍若一部写满赤诚与热望的长卷。窗外的梧桐绿了又黄，案头的文件摞起又散，而心底那份为侨服务的初心始终温热如初。

　　这十年，是侨联事业在改革浪潮中破浪前行的十年。从推进基层组织建设到打造"亲情中华·美好安徽"等工作品牌，从多次与同事推敲侨联改革方案到风尘仆仆访侨乡慰侨团，每一处细节都浸润着集体的智慧与汗水。犹记在黄山脚下"华侨村"与老侨眷共话桑麻时，他取出珍藏的侨批，泛黄信纸上斑驳的墨迹，分明流淌着跨越世纪的乡愁；难忘在海外联谊会上，年轻侨胞眼中有星辰闪烁，他们用数字经济的新思维为创新安徽注入活力。这些鲜活的画面，最终化作《我在侨联的日子》中跳动的字符。

　　这十年，亦是个人生命与时代脉搏同频共振的十年。当安徽从侨务资源小省蜕变为工作大省，当"一带一路"的东风拂过江淮大地，我们既是见证者，更愿做一粒扎根土壤的种子。书中那些关于四季的絮语、对故乡烟雨的眷恋，恰是《岁月留香》里沉淀的人生注脚——工作虽忙，总不忘在清晨推开办公室的窗，让江淮大地的雾气润泽案头文牍；出差再远，行李箱里永远装着黄山毛峰，仿佛随身携带一片故土的云霞。

　　书稿即将付梓之际，收到海外一位侨领朋友越洋寄来的明信片，背面印着科罗拉多大峡谷的晨光。他写道："桥的意义，在于让天堑变成通途，让游子的回望有了具体的形状。"这或许正是《心桥》的使命——当把十年的耕耘与思考铸成铅字，便是在时光的峭壁上，为后来者凿刻出可供攀援的阶梯。

桥者，通也。《心桥》所记，既是对过往的总结，更是对未来的邀约。愿此书能成为一粒火种，点亮更多连接五洲四海的心灵之光；愿这座用十年光阴搭建的桥，永远向着朝阳的方向延伸。

目录

2015 年

2016 年

2020 年

2021 年

2022年

2023年

工作手记

——我在侨联的日子

9 月 28 日　加入侨联大家庭

安徽省第六次归侨侨眷代表大会圆满完成各项议程，今天在合肥闭幕了。在省侨联六届一次全委会议上，根据省委的提名，我当选为省侨联第六届委员会专职副主席。从省委办公厅到省侨联工作，新的岗位，新的挑战，我深感使命光荣、责任在肩。想起到任前，省委领导同志找我谈话，提出要求：要和班子同志一起把侨联工作抓好，要发挥长期在党办工作的经验优势开展工作，要注重工作创新，开创侨联工作新局面。我一定按照省委和领导同志的要求，不负侨界群众的期望，进一步加强学习，尽快转变角色，熟悉侨务工作，在学中干，在干中学。在为侨服务的日子里，我会履职尽责，用心架"桥"，当好"侨之友"，用我的热情、激情做侨胞的贴心人、热心人。

9月30日　陪同侨胞走江淮

为了更好地展示安徽、推介安徽，让海外侨胞进一步深入了解安徽、走进安徽，安徽省第六次归侨侨眷代表大会闭幕当天，省侨联组织部分参会的海外侨胞赴省内参观考察。我陪同考察团一行20余人先后赴合肥市包河区、宿州市埇桥区，参观了合肥市滨湖森林湿地公园、宿州市城市展览馆，考察了宿州市鸿正服饰、东大木业、南翔（恒泰）商贸物流园、安徽七匹狼服饰有限公司等企业和园区。两区还举行了区情推介会，进行了项目对接。这次活动取得了积极的成效，收到了良好的反响。希望海外侨胞们今后多回家乡走走，加强交流，深化合作，实现共赢。省侨联一定会一如既往做好服务，为海内外侨商和地方政府做好牵线搭桥和穿针引线的工作。

10月22日　老同志是侨联事业发展的宝贵财富

今天，登门看望了在肥的部分机关退休老同志。在与各位老同志交谈时，我汇报了安徽省第六次归侨侨眷代表大会有关情况，感谢各位老同志为侨联事业作出的贡献，为侨联事业的发展奠定的良好基础，为侨联组织建立的优良作风，为侨联工作留下的宝贵经验。希望各位老同志继续发挥余热，一如既往地关心、支持侨联工作，祝愿各位老同志身体健康、生活幸福。同时我们表示要多倾听老同志的心声，帮助老同志解决实际问题，多组织符合老同志实际的各种活动，丰富老同志的业余文化生活。退休老同志感谢省侨联党组关心关爱老同志，表示省委高度重视省侨联工作，安徽省第六次归侨侨眷代表大会非常成功，相信在省委、省政府的正确领导下，新班子一定能够开创全省侨联工作的新局面。老同志们的良好风范不但令我感动，也让我深受教益。

10月28日　赵朴老家乡建侨联

赵朴初老先生的家乡有了侨联组织！今天，安庆市太湖县第一次归侨侨眷代表大会召开。我代表省侨联出席大会并致辞，希望新成立的太湖县侨联在服务全县中心工作中更好地发挥作用、彰显优势。特别是要充分利用太湖县文化资源丰富的有利条件，加强与海外侨胞的联系，多层次、多渠道推进文化交流，引导广大归侨侨眷和海外侨胞传承和弘扬中华优秀传统文化，精心打造具有太湖特色的文化品牌。太湖是历史悠久、人杰地灵的文明古县。自南朝宋武帝时（公元420年）建县以来，文风蔚然，人才辈出，"一门四进士，十里两状元"传为佳话，是中国佛教禅宗文化的重要发源地，也是中国戏曲奇葩黄梅戏的摇篮之一。20世纪以来，这里走出了全国政协原副主席、杰出的爱国宗教领袖赵朴初，著名诗人朱湘，戏剧教育家叶春善，社会活动家刘王立明，林学家马大浦，著名作家石楠，黄梅戏表演艺术家马兰等，他们成就斐然、声名远扬。

11月7日　多到基层侨联走走

刚到侨联工作，还是想尽量多抽时间到基层走走。今天赴滁州市侨联调研，了解了基层组织建设现状和工作开展情况，很有收获。通过调研，我想下一步基层侨联工作的重点：一是要认真贯彻落实中央和省委关于加强侨联工作的意见，落实好全国侨联九代会、省侨联六代会精神，进一步争取党委、政府和社会各界对侨联工作的重视支持，营造侨联工作的良好氛围；二是要创新工作思路，改进工作方法，进一步发挥侨联独特优势，服务党和国家工作大局；三要结合实际，大胆探索，进一步加强侨联基层组织建设，不断开创新形势下侨联工作的新局面。在滁期间，我还考察了嘉吉动物蛋白（安徽）有限公司等侨资企业，并与来安县领导就开展海外招商引资工作进行了深入交流。

11月21日　考察学习山东侨联好经验

为学习借鉴兄弟省市侨联好的工作经验和做法，进一步加强交流合作，11月16日至21日，我和合肥市侨联、蚌埠市侨联、六安市侨联、宣城市侨联、铜陵市侨联、池州市侨联、马鞍山市侨联，以及省侨联有关部室负责人赴山东省，就侨联引资引智、文化交流、为侨服务、组织建设等工作开展学习考察活动。先后拜访了山东省侨联及济南、威海、青岛等市侨联，并分别进行了座谈交流。参加考察的同志一致感到收获满满，既开阔了眼界，启发了思路，又加强了联系。

11月24日　接待美国加州教育学院副院长王希萌

美国加州教育学院副院长王希萌一行到访安徽省侨联，座谈交流时，我对其多年来关心支持家乡经济、科技、文化发展表示称赞，并介绍了省侨联近年来积极主动面向海内外开展全方位交流与合作，促成一大批高新技术项目落户安徽，引荐一大批高尖端人才来皖创新创业，为建设美好安徽作出了侨界应有贡献。希望王希萌副院长利用自身在海外的影响力，为宣传和推介安徽、促进交流合作献计出力。王希萌副院长也表达了愿意为家乡发展多做实事、积极服务的愿望，并将尽其所能促进中美之间的经济、科技和文化交流，也期望省侨联组团到美国访问交流，加强联谊。

12月6日　新形势下侨联工作应注重"四新"

到侨联工作已有数月，通过这一段时间的调研了解，我对做好新形势下侨联工作有一些思考。在12月5日至6日召开的省辖市侨联负责人工作座谈会（南片）上，我谈了自己的初步认识：要认清"新常态"，随着改革开放的日益深入，各级党委、政府对侨联的工作越来越重视，侨联组织联系和服务的对象不断增多，侨界群众参与经济社会发展的领域也越来越广，侨联工作面临着新的机遇和挑战，我们要主动作为，不断研究新情况、解决新问题，创新方式方法，开创侨联工作新局面。要顺应"新变化"，准确把握侨情变化趋势，按照"两个拓展"的要求，与时俱进地拓展海外工作和新侨工作，积极创造新的条件，营造良好的发展环境，不断增强侨联组织的凝聚力和贡献力。要研究"新特点"，用发展的眼光研究侨联工作的新特点，调整工作着力点，提升工作成效，积极开展侨情普查，打牢工作基础。要把握"新抓手"，努力在"四培"上下功夫：培育载体，加强组织建设和对所属社团的领导指导，延伸工作的触角；培育品牌，结合侨联实际和侨界群众需求，开展有特色、有影响的品牌活动，扩大侨联组织影响；培养骨干，携手侨界精英人才，培养侨联干部中的骨干力量，汇聚服务发展的合力；培养能力，以建设学习型、服务型、创新型机关为抓手，推进侨联组织的制度化、规范化、科学化建设，不断提升服务大局、服务侨界群众的能力。

12月10日　发挥侨联在县域经济发展中的独特作用

肥西县第二次归侨侨眷代表大会今天召开。近年来，肥西县抢抓机遇，奋力赶超，走出了一条符合肥西实际的加速崛起、科学发展之路。2008—2012年，综合实力连续5年位居全省科学发展先进县一类县前两名；2009—2013年，连续5年成为全省唯一的全国百强县。这些成就的取得，是全县人民共同奋斗的结果，也凝聚着肥西县广大归侨侨眷和海外侨胞的智慧和力量。我在代表省侨联致辞时，希望换届后的肥西县侨联要牢牢把握侨联工作的时代主题，始终坚持正确的政治方向，秉持为侨服务宗旨，紧紧围绕全县发展主线，全力服务经济社会发展大局，进一步发挥侨联在县域经济发展中的独特作用，为肥西县加快发展作出侨界新的更大贡献。

12月22日　知侨情·聚侨心·增侨谊

这是我到省侨联工作后的第一次广泛接触海外侨胞侨团，了解海外侨情，广交了侨胞朋友，增添了乡情乡谊，收获满满，记忆颇深……

省侨联访问阿联酋、南非等侨界取得圆满成功

（安徽侨之声）12月11日至20日，省侨联党组成员、专职副主席杨冰率安徽省侨联代表团一行5人赴澳门出席第三届"华侨华人聚濠江联谊大会"，并赴阿联酋、南非两国进行工作访问。访问期间，代表团拜会了当地主要侨团、侨领，召开侨团、侨领代表座谈会，走访看望皖籍侨胞，分别举行了安徽省侨联澳门联络中心和南非约翰内斯堡、阿联酋迪拜联络中心授牌仪式，还分别拜会了我驻当地使（领）馆等。途经香港时，为省侨联香港联络中心授牌。

代表团一行出席了澳门归侨总会组织的第三届"华侨华人聚濠江联谊大会"，共有来自世界近70个国家和地区600多名华侨华人聚首澳门。通过出席此次会议，代表团加深了与侨领和老朋友间的了解和友谊，结识了一大批参会侨领，极大地丰富了我省海外侨务资源。代表团在澳门期间，拜会了澳门归侨总会、澳门广州同乡会、澳门福建同乡会、澳门安徽联谊总会、澳门江门同乡会、澳门潮州同乡会等侨团，并举行联谊座谈会。

图为访问团团长、省侨联党组成员、专职副主席杨冰与澳门侨领座谈交流

图为代表团一行与澳门侨领合影留念

图为访问团一行出席澳门第三届"世界华侨华人聚濠江联谊大会"

在阿联酋，代表团一行先后拜会了中国驻阿联酋大使馆大使常华、中国驻迪拜总领馆总领事唐卫斌，并与他们亲切交谈。杨冰率团赴在阿皖籍侨领企业调研考察。出席有阿联酋安徽商会暨同乡会、阿联酋华人华侨联合会、阿联酋迪拜龙城华人华侨总商会、中国贸促会驻海湾地区代表处、中建中东有限责任公司、中铁十八局海湾集团有限公司、中国国际商会等当地10余家主要侨团负责人和中资机构代表共60多人参加的联谊恳谈会，中国驻迪拜总领馆领事陆佳、阿联酋安徽商会暨同乡会会长潘尚旭在会上致辞。在阿访问期间，还举行了安徽省侨联迪拜联络中心授牌仪式等活动。

图为我国驻阿联酋大使常华会见访问团一行

在南非，代表团应邀出席南部非洲华侨华人工商联合总会、全非洲中国和平统一促进会、南非中国商会、南非约翰内斯堡唐人街管理委员会、南非江西总商会、南非紫荆联谊会、南非福建同乡总会、南非杜省华侨联卫会所、南非中国义乌国际小商品总商会、南非江西商城、南非温州总商会、南非浙江总商会等20多家侨团100余位侨领参加的联谊恳谈会。中国驻约翰内斯堡总领馆总领事孙大立、全非洲中国和平统一促进会会长李新铸、南部非洲华侨华人工商联合总会会长庄斌官分别在联谊会上致辞。在南非访问期间，还举行了安徽省侨联约翰内斯堡联络中心授牌仪式。杨冰代表安徽省侨联聘请李新铸和庄斌官两位会长为安徽省侨联第六届委员会海外顾问并颁发证书，向全非洲中国和平统一促进会及南部非洲华侨华人工商联合总会赠送了"友谊长存"锦旗等。

图为访问团与南非侨团联谊会会场

图为代表团一行与南非侨团侨领合影留念

在访问期间，代表团每到一处，杨冰都代表安徽省侨联向当地华侨华人致以亲切问候并发表热情洋溢的讲话，使当地侨胞倍感亲切。杨冰介绍了安徽的省情、侨情及招商引资政策和相关项目等，推介宣传徽文化，向海外侨胞介绍安徽省第六次归侨侨眷代表大会盛况和省侨联近期主要工作，并邀请海外的侨资企业和侨领们来安徽观光考察、投资兴业。此次访问取得丰硕成果。

12月25日　养成"省吾身""志于道"的良好习惯

到侨联工作后，我经常提醒自己，作为一名党员领导干部，一定要加强党性修养，坚定理想信念，提升道德境界，追求高尚情操，自觉远离低级趣味，自觉抵制歪风邪气。古人讲，修身齐家治国平天下。其中"修身"是人生的基点。共产党人应当胸怀抱负，志存高远。只有严以修身，才能铸就"金刚不坏"之身。要养成"省吾身""志于道"的良好习惯，时刻对照理想信念、党章党纪、民心民生、先辈先进"四面镜子"，从里到外、从上到下，反复照一照，反思自己对组织是否忠诚，对群众是否尊重，对岗位是否尽责，对工作是否用心，不断反省自己、改造自己、提高自己。

2015 年

1月12日　我省第一个市级侨商会——黄山市侨商联合会成立

黄山市侨商联合会今天成立，这是我省成立的第一个市级侨商会。黄山市侨商联合会的成立，标志着黄山市在扩大开放、加快发展中又凝聚了一支重要力量，对于发挥海内外侨商的独特作用，促进黄山市与世界各国的交流，助推黄山市经济社会发展具有重要意义。希望广大侨商立足海内海外两个市场，运用国内国外两种资源，发挥智力和财力两种优势，实现侨企转型发展、创新发展、可持续发展；希望黄山市侨商会成立后秉承"服务会员、贡献社会"的宗旨，勇于探索、敢于担当，不断提升服务侨商企业的能力和水平，使侨商会真正成为"侨商之家"。

2月10日　与年轻人在一起，自己也变得年轻！

今晚，参加马鞍山市侨界青年委员会"为梦而归·使命担当"主题年会。侨界青年们自编自导文艺节目，在喜庆的氛围里表达了对美好生活的向往。马鞍山市侨界青年委员会团结凝聚起一大批在马鞍山创业发展、工作生活的侨界青年朋友，搭建了侨界青年朋友交流的平台，彰显了侨界青年热情奔放、青春活力、创新无限的优势和特色，为马鞍山市转型发展、创新发展作出了独特贡献。我向与会侨界青年朋友致以新春祝福。希望马鞍山市广大侨界青年以青委会为"舞台"，展现青春风采；以青委会为"家园"，弘扬侨界优良传统；以青委会为"学校"，相互学习，创造无愧青春的光辉业绩。与年轻人在一起，自己也变得年轻！

2月13日　为侨界群众送去新春祝福

新春将至，把党和政府及侨联组织的关怀和温暖送给侨界群众，是各级侨联的一项重要工作和职责。2月10日至13日，我和机关有关部门负责人先后赴马鞍山、芜湖、池州等地慰问归侨侨眷。

在马鞍山市，我们看望慰问了美国侨眷严歌平、孙大智。严歌平现为马鞍山市文联副主席，是美籍华人作家严歌苓的哥哥，我详细询问了严歌平兄妹的情况，并请严歌平转达对严歌苓的问候。马钢退休科技工作者孙大智身患骨癌，我鼓励他树立信心，调整好心态，乐观面对生活。

在芜湖市，我们看望了生病住院的百岁老归侨伍琦华夫妇以及吴威、陈彪、王兰英三位老侨眷。特别是在了解到有位侨眷孤身一人，无子女、无房产、无经济收入，还患有高血压、胃病、轻度脑梗等，目前寄住在一个回迁小区的地下室时，我对随行的芜湖市侨联和当地居委会工作人员说，像这样有困难的老归侨侨眷，我们一定要加强联系，积极帮扶，他们在艰苦的年代里为国家建设和社会发展作出了积极的贡献，我们不能忘记他们，要想办法帮助他们改善住房条件，生活上要多关心，感情上多关怀，帮助他们解决一些实实在在的困难。

慰问期间，我们还分别看望了近年来积极借助自身影响和从事领域的优势，为安徽开放发展、创新发展作出积极贡献的赵美萍、齐政友等皖籍海外侨领家人，并通过他们向海外侨团和广大侨胞转达新春祝福，希望他们进一步关心支持家乡的建设和发展，积极发挥桥梁纽带作用，为安徽引资引智引才工作牵线架桥、献计出力，做中外友好交流的使者，为文化交流与发展多做贡献。

2月20日　侨联要努力做到"五精"

我认为，侨联组织和侨联工作有自身的特点，要努力做到"五精"。一是队伍精良：人手虽少，更应重视队伍建设，做到兵精战斗力强。二是谋事精心：敏锐，增强政治敏锐性；敏感，对党中央决策部署反应灵敏；敏捷，及时贯彻党中央决策部署。三是处事精准：要做对的事。侨联作为群众团体，人力、物力有限，能做什么、能做成什么，要论证清楚了再做，要围绕侨界群众需求和关注点去做。四是做事精干：要把事做对、做好。用力把事情做完，用脑把事情做成，用心把事情做好。一定要用心开展活动、服务侨胞。五是成事精彩：无论大活动还是小活动，都要力争完美，有特色。

2月25日　筹备好"亲情中华"慰问演出

中国侨联"亲情中华"艺术团第一次来安徽慰问演出！按照中国侨联的要求，春节前夕，我和文宣部负责同志赴合肥、马鞍山，实地察看"亲情中华"慰问演出场馆和地方选送的节目，并分别听取两地侨联承办"亲情中华"活动筹备工作的汇报。在合肥、马鞍山召开的由相关单位参加的座谈会上，传达了中国侨联和省侨联对"亲情中华·欢聚合肥/马鞍山"演出活动的要求和希望，与各单位就演出场馆的背景制作、舞台布展、音响调试、节目单设计、门票印制、消防安全、车辆停放等相关事宜进行了沟通。此次中国侨联"亲情中华"艺术团在春节期间到合肥、马鞍山慰问演出，充分体现了中国侨联对安徽省侨联工作的关心和对安徽省广大归侨侨眷、海外侨胞的关怀，我们一定要高标准、高质量地完成演出任务。要进一步细化、完善工作方案，争取各方支持，确保演出效果，让此次活动圆满举行。

2月28日　按照"四有"要求建设侨联干部队伍

习近平总书记在同中央党校第一期县委书记研修班学员座谈时强调，要心中有党、心中有民、心中有责、心中有戒。这既是对县委书记们提出的要求，也是对广大党员干部包括各级侨联干部提出的要求。我们一定要按照"四有"要求，切实加强侨联系统干部队伍建设，更好地推动侨联事业的创新发展，不断开创侨联工作的新局面。

心中有党，必须坚定信念、对党忠诚，确保侨联工作正确的政治方向。侨联是党领导下的人民团体，我们坚守的阵地非常重要，我们的工作同样关系党的执政基础。心中有党，就必须坚定理想信念，对党绝对忠诚，以党的意志为意志，做到党有所呼，群有所应。作为一名侨联干部，心中有党，要体现到自己的世界观、人生观、价值观中，体现到自己的政治方向、政治立场和政治言论中，体现到具体的工作岗位中，自觉同党中央保持高度一致，自觉维护党中央权威，保持政治定力，坚持价值引领，在大是大非和政治原则问题上，旗帜鲜明、理直气壮，坚定不移地走中国特色社会主义群团发展道路，发挥侨界组织特点和优势，把握党和国家大局，始终保持侨联工作正确的前进方向，以自身表率作用带动广大侨胞，团结引导广大侨胞坚定不移听党话、跟党走。

心中有民，必须以人为本、为侨服务，心中始终装着侨界群众。全心全意为人民服务是我们党的根本宗旨，侨联是党联系广大侨胞的桥梁和纽带，联系服务侨胞是侨联组织的基本职责，群众作风是侨联组织最应有的作风。当前，社会群体结构的新变化，要求我们更加深入细致做好新形势下群众工作，更好地贴近群众、服务群众。侨联干部直接与侨界群众打交道，如果心中没有侨界群众，就不可能真正做好侨联工作。

心中装着侨界群众，就要少装一点个人私欲。作为一名侨联干部，要从根本上解决好为侨服务的立场和感情问题，对个人名誉、地位、利益看得透一点、看得淡一点，真正深入基层、深入侨胞，知侨情、连侨心、解侨忧，多为侨界群众特别是困难归侨侨眷办实事、办好事；真正树立法治思维，善于运用法律手段，依法维护侨界群众合法权益；真正防止机关化倾向，巩固和用好党的群众路线教育实践活动成果，坚持完善联系侨界群众制度，持续改进作风，把以人为本、为侨服务落到实处；真正使侨联干部成为真诚贴心的侨胞之友，使侨联组织成为深受信赖的侨胞之家。

心中有责，必须攻坚克难、勇于担当，不断开创侨联工作新局面。归侨侨眷和海外侨胞是我国改革开放和现代化建设的独特资源，特别是在经济发展新常态下，在全面深化改革、扩大开放的新形势下，更加需要广大侨胞这支独特力量，也更加需要各级侨联组织发挥独特作用。作为一名侨联干部，在岗一日，必须做到守岗有责、守位尽责，碰到困难勇于克服，遇到事情敢于担当。要适应国内国际两个大局发展需要，找准自身定位和发挥作用的领域，找准侨联在推进"四个全面"中的责任和切入点、契合点、突破点。要多研读、多研究、多研判，胸怀大局、把握大势、着眼大事，开阔眼界、开阔思路、开阔胸襟。要把握侨情新变化新特点，特别是着眼海外侨情结构性差异，因地、因时、因人做好工作。要有"钉钉子"的精神和"功成不必在我"的胸怀，多做打基础利长远的事，锲而不舍、扎扎实实、步步为营、久久为功，干出水平、干出实绩。要把握工作节奏，既注重总体谋划，又注重牵住"牛鼻子"，围绕党和政府的工作中心，围绕侨界群众的需求，立足自身，发挥优势，不断创新工作方式，创新工作载体，创造性地把侨联为侨服务的各项工作做好，把党和政府侨务工作的方针政策落实好。

心中有戒，必须干净干事、清正廉洁，树立侨联干部良好形象。"戒"就是要求我们每个人能够自觉意识到什么事情不可做，什么话不可说，什么场所不可去，什么红线不可踩。党和人民把权力交给党员干部，是让其为民造福、为民谋利，绝不允许用手中的权力为自己谋私利。作为一名侨联干部，权力虽不大，但我们的工作与侨界群众紧密相关。要心有所畏，行有所止。如果心无所戒、行无所止，同样会出问题。我们要加强理论学习，掌握立场观点方法，补足精神上的"钙"，练就"金刚不坏之身"。要按照习近平总书记"三严三实"要求，锤炼优良作风，时刻牢记"心中有戒"，从自己做起、从小事改起、从点滴抓起，打好"防疫针"，涂好"防腐剂"，筑牢"防火墙"，切实做到防微杜渐、警钟长鸣，在任何时候都必须稳得住心神、把得住操守、抵得住诱惑，以干净干事、清正廉明的作风营造侨联系统良好的政治生态，展现侨联干部良好的精神风貌。

3月11日　织好工作协作网

做好侨联工作要织好"两个网"，一个是系统内部的工作网，一个是外部的协作网。今天上午，我和办公室等有关部门负责人专程赴安徽省财政厅对接工作，与厅行政处、办公室等有关处室负责人进行了交流：一是对省财政厅多年来对侨联工作的关心和支持表达感谢，二是简要通报了省侨联基本情况和谋划开展的招商引资、招才引智、群众工作、海外联谊、"亲情中华"、维护侨益等重点活动，并请省财政厅多关心、多支持侨联工作，以便省侨联把各项工作做得更好，把财政资金作用发挥好。省财政厅有关领导表示将积极支持侨联工作，加强工作对接和会商，协力推动全省侨联事业的发展。

3月16日　争取省委外宣办指导支持

今天专程赴省委外宣办，就省侨联"文化交流、华文教育、涉侨外宣"等方面工作，与省委外宣办负责同志座谈交流，对省委外宣办多年来给予省侨联外宣工作的指导和支持表示感谢。省侨联作为成员单位之一，在省委外宣工作领导小组的领导和支持下，结合侨界实际，积极开展多种形式的海内外文化交流和对外宣传活动，取得了较好的成效。下一步，将按照省委和中国侨联要求，着眼我省开放发展、创新发展、转型发展的历史机遇和海内外侨情新变化，进一步发挥侨联联系广泛、海外资源众多的优势，依托海外侨团、华文媒体、华人华侨等独特资源和中国侨联"亲情中华"品牌影响，为宣传安徽、推介徽文化、促进国际文化交流与合作等工作展现新作为。座谈交流时，我着重介绍了省侨联年度外宣工作的整体思路和工作设想，提请省委外宣工作领导小组指导，并请省委外宣办给予支持。省委外宣办领导表示积极支持省侨联开展各项文化交流和对外宣传活动，加强合作，相互配合，同时搭建更多平台，为我省外宣工作整合资源，凝聚合力。

3月28日　学好思路好做法，也学好作风好状态

为深入贯彻落实党中央关于群团工作和侨联工作的意见，学习借鉴先进地区成功经验和创新做法，近日，省侨联带领淮北、亳州、滁州、阜阳等地侨联工作人员赴福建、浙江省侨联考察学习。在福建期间，分别与福建省和厦门市、泉州市侨联负责同志进行了座谈交流，认真听取工作经验介绍，并参观考察了福建省侨胞之家、福建华侨文化展示中心、泉州市华侨历史博物馆等。福建是侨务大省，在为侨服务、侨团建设、联络联谊、文化交流等方面积累了丰富经验。在浙江期间，分别与浙江省及温州市侨联负责同志进行了深入交流。浙江侨联思想解放、思维超前，组织全、机制活、标准高、心气足。在考察学习活动总结会上，我谈了自己考察学习的体会，认为通过交流座谈、实地参观，不仅学到了好思路好做法，也学到了好作风好状态。学习活动的结束是成果运用的开始，一定要总结运用好学习成果，用学习成果开阔视野，用学习成果提振精神，用学习成果增强责任，用学习成果改进作风，用学习成果提升效能，用学习成果创新工作，不断提高为侨服务的能力和水平。

3月30日　找准侨联工作服务国家战略的着力点

中国侨联在上海召开长江经济带相关省市侨联工作沟通会，我代表安徽省侨联出席会议并做了发言。与会各地侨联就探索建立长江经济带相关省市产业园区协作机制、高校协作机制、商会平台协作机制、侨联组织间协作机制等共同签署了协作宣言。中国侨联领导充分肯定各省市侨联的工作思路与建议，希望各省市侨联围绕中心、服务大局，奋发有为、创新工作，为国家实施长江经济带发展战略贡献力量。我想，主动融入国家战略，联合参与长江经济带建设，是侨联组织积极适应经济发展新常态，为推动国家战略顺利实施、促进国家和地方经济平稳健康发展作贡献的必然要求和必然选择。国家有要求，侨界有需求，侨联有责任，关键是如何发挥侨联优势，整合侨界力量，找准侨联发挥作用的方式和途径。侨联能做什么？我认为，要围绕国家战略导向、重点和对人才的需求，抓好四件事：一是做好引进海外人才、海外智力工作，引导侨智聚集方向；二是搭建经贸平台，开展高层次的经贸活动，引导侨资投入方向；三是发现好的项目，了解潜在需求，提供有效信息，搭建优质平台，引导侨商投入参与；四是加强地方侨联之间的联系和交流，建立健全协调联动和合作机制，包括重要项目、有关信息、新侨人才等发布和共享机制，推动人才、资本、技术等要素跨区域流动和优化配置。安徽省侨联准备怎么做？围绕安徽打造长江经济带发展战略支点的构想和工作举措，结合安徽侨情和侨商需求，一是主动领任务：与省发改委等有关部门对接，主动参与其中，在全省工作部署的大格局中争取发挥作用。二是自己建任务：拟组织长江经济带全球华商（安徽）投资峰会，搭建海外侨商与高层次人才项目对接平台，成立海外高层次人才联谊组织，建立新侨创新创业联盟和基金等。三是积极找任务：围绕安徽建设快捷大运量综合立体交通走廊、培育壮大优势产业集群、建设内陆开放新高地、构建皖江绿色生态廊道等工作重点，抓住项目安排、人才需求、政策导向等，做好地方政府和侨商、高层次人才"两头"的牵线搭桥工作。

4月8日　助力更多新侨人才在皖创新创业

为了解我省高新技术企业情况，做好侨联引才引智工作，这两天，我和机关有关部门负责同志先后赴合肥量子源纳米科技股份有限公司、科大讯飞股份有限公司、安徽安科生物工程（集团）股份有限公司、安徽量子通信技术有限公司等高新技术企业调研。实地考察企业的生产、研发、产品试验等情况，了解企业的生产和经营状况，并与企业负责人座谈交流。安徽作为国家技术创新工程试点省，吸引了很多海归来皖创新创业。合肥量子源纳米科技股份有限公司研究的纳米技术非常先进，发展前景也非常好。安徽安科生物工程（集团）股份有限公司和安徽量子通信技术有限公司等是海归创新创业的典型代表，有着很强的示范引领作用。省侨联将进一步做好各项服务工作，助力更多的海归和新侨人才在皖创新创业。

4月14日　接待新加坡徽商商会秘书长汪翔

在接待新加坡徽商商会秘书长汪翔时，我介绍了近阶段省侨联工作情况，对新加坡徽商商会陈家品会长和汪翔秘书长多年来关心支持家乡发展、致力于推动安徽与新加坡商贸往来和友好交流表示赞赏，希望其发挥在新加坡联系广泛的优势，介绍新加坡侨领、侨商来皖投资兴业，同时积极向海外推介安徽、宣传徽文化，帮助安徽有意向走出去的企业到新加坡开拓国际市场，为安徽与新加坡的经贸往来和文化交流多做贡献。省侨联也将积极为两地交流牵线搭桥、搭建平台、提供服务。汪翔介绍了新加坡徽商商会在新加坡的活动情况以及商会为团结皖籍乡亲、促进安徽对外友好合作所做的工作，并表示商会将进一步加强与省侨联的联系与合作，为安徽与新加坡的经贸往来、文化交流、互利合作多作贡献。

4月15日　切实做好中国华侨国际文化交流基地申报工作

建立华侨国际文化交流基地，是侨联组织整合社会资源、推进优势互补、合力开展海内外文化交流活动的重要平台和工作抓手，旨在弘扬中华优秀传统文化、促进中外文化交流，进一步巩固和扩大对外文化交流的国内工作基础，促进和增强侨胞特别是新侨对祖（籍）国的文化认同感、民族自豪感，不断推动侨联组织文化交流工作创新发展。为认真做好"中国华侨国际文化交流基地"的申报工作，4月14日至15日，我和省侨联文化宣传有关同志先后赴蚌埠和亳州实地考察有关项目情况。通过听取讲解、实地参观和与有关负责人座谈交流等形式，对申报项目进行深入细致的了解，并按照中国侨联下发的《关于"中国华侨国际文化交流基地"有关规范工作的通知》精神，对照文化特色鲜明、为侨服务热情、引领作用突出、运行机制完善等认证范围和基本条件，对项目进行了综合考察，还就项目长远发展、规范发展、持续发展等问题提出了意见建议。中国侨联将在省侨联申报基础上，认定一批"文化交流基地"。作为省侨联，我们要把这项工作做好做细，争取多申报、多获批，建立更多的展示徽文化的窗口，建立更多的侨界文化交流场所。

4月16日　与国际可持续发展研究院主任赵燕澍博士一行座谈交流

在接待来访的美籍华人、国际可持续发展研究院主任、加拿大爱邦中国有限公司总裁赵燕澍博士，加拿大爱邦中国有限公司董事长穆雷一行时，代表省侨联对赵燕澍博士一行再次来皖参观考察、合作洽谈表示欢迎，并对加拿大爱邦集团"烟气污染控制技术"项目与皖能集团成功合作表示祝贺，对其拟在皖投资设立农业发展基金表示肯定。同时希望赵燕澍博士一行带领和推介更多海外关注关心安徽发展的友好人士来皖考察访问，分享国际先进发展技术和成果，共同为安徽发展、中国发展乃至世界可持续发展作出更大贡献，省侨联也将积极牵线搭桥、搭建平台、提供服务。赵燕澍博士表示，安徽发展潜力巨大、生机勃勃，很高兴能够与安徽加强在环境保护、高新技术等方面的合作，对团队研究成果能够在安徽实施合作推广充满信心，也感谢省侨联给予的关心和支持，下一步将加强与省侨联和有关部门的联系与对接，确保项目进展顺利。

4月29日　接待加拿大华人同乡会联合总会俞荧一行

加拿大华人同乡会联合总会执行主席、加拿大多伦多安徽同乡会会长俞荧女士一行到访，我代表省侨联对俞荧一行回到家乡、到访省侨联表示欢迎，对加拿大多伦多安徽同乡会长期以来致力于服务侨胞、关注家乡建设，积极推动安徽与加拿大的经贸合作和友好交往表示称赞。近年来，安徽经济社会保持平稳较快发展的良好势头，对外经贸合作和文化科技交流有很大的发展空间，希望俞荧会长利用在加拿大的影响、优势和资源，结合"一带一路"倡议和长江经济带发展战略，继续关心、支持家乡发展，宣传和推荐徽文化，为引资引智、文化交流和安徽企业"走出去"等多做牵线搭桥工作。省侨联也将主动加强联系，积极为双方交流合作搭建平台、提供服务。俞荧说，此次是第一次和省侨联接触，回到"娘家"感觉非常亲切，对安徽经济社会快速发展深感自豪。同时她介绍了自身在加拿大涉足航运、金融、地产等方面的经营发展状况以及加拿大多伦多安徽同乡会为凝聚皖籍乡亲、促进安徽对外友好合作所做的有关工作情况。她表示，加拿大华人同乡会联合总会和多伦多安徽同乡会将进一步加强与省侨联的联系与合作，为安徽与加拿大开展经贸合作、文化交流、人才引进等各项工作，为中加友好关系的发展作出贡献。

5月9日　调研淮北、宿州侨联工作

就中央及省委关于群团和侨联工作文件精神贯彻落实情况，5月7日至9日，赴淮北和宿州市调研。调研中，希望各级侨联组织把贯彻落实文件精神作为当前工作的重中之重，通过多种形式组织学习、宣传，理清工作思路和重点，在贯彻落实中加强组织建设，理顺体制机制，推动各项工作，在从根本上解决阻碍和制约侨联事业发展的困难和问题上有新突破、新成效；要在贯彻落实中勇于探索和创新，结合当前的新侨情、新形势和新常态，根据当地实际，在推进侨联基层组织建设和各项工作中，大胆实践与探索，创造出一些可复制的经验和做法；要在贯彻落实中注重总体谋划、整体推进，把握地方党委、政府的工作重点和阶段性工作要求以及侨界群众的期盼和需求，立足自身，发挥优势，注重谋划，

强力推进，切实把侨联工作提高到一个新的水平。

5月17日　安徽新侨企业亮相国际科技产业博览会

第十八届中国北京国际科技产业博览会于5月13日至17日在北京中国国际展览中心举办。省侨联精心组织选送的安徽磐众信息科技有限公司等4家新侨企业参加了此次科博会，我带队出席并参加相关活动。科博会上，我省各新侨企业分别展出了具有国际领先水平的技术和产品，吸引了一大批观众前来了解。其中，合肥市安徽磐众信息科技有限公司基于云计算软硬件一体化平台及低延迟金融服务器设备、淮北市安徽海聚科技信息有限责任公司推出的国内首款专为老年人量身打造的高端智能机、马鞍山大圣木质素准液体燃料有限公司的基于自然扩散渗析和离子交换法海水淡化及污水处理方法以及六安市金安区博士锁厂研制的防盗锁，都有着广阔的应用范围和市场前景。此外，由国网安徽省电力公司淮北供电公司选送的"塌陷区输电线路状态在线监测系统"还参加了中国侨联组织的专场推介会，展现了安徽省新侨企业强大的科技创新能力。中国侨联领导莅临我省新侨企业展台参观，在听取有关情况介绍后，对安徽侨联组织工作和安徽新侨企业创新创业发展给予了充分肯定和高度评价。

5月21日　调研铜陵、宣城侨联工作

为进一步推动中央及省委关于群团和侨联工作文件精神的贯彻落实，5月20日至21日，赴铜陵、宣城调研，与两市领导进行了座谈交流，代表省侨联感谢铜陵、宣城市对侨联工作的重视和支持，希望按照中央及省委文件要求，进一步加强基层侨联组织建设，确保组织覆盖、工作覆盖，积极解决侨联事业发展中存在的实际困难和问题，充分发挥侨联在围绕中心、服务大局中的重要作用。

5月29日　拜会中国科学技术大学万立骏校长

今天上午，省侨联领导班子专程拜会中国科学技术大学校长、中国侨联副主席、中科院院士万立骏，汇报安徽省侨联工作，对中国科学技术大学多年来给予侨联工作的支持表示感谢，希望中国科学技术大学给予省侨联海外高层次人才工作以更大的支持。万校长对安徽省侨联近年来取得的工作成绩给予高度评价，对安徽省侨联工作的设想和下一步工作的安排给予充分肯定。他强调，安徽高层次人才集聚，科技创新的资源禀赋强，创新活力强，创新成果多，侨联组织应积极牵线架桥，服务创新成果对接和转化，为安徽经济社会发展和侨界创新创业作出侨联组织的独特贡献。他表示，中国科学技术大学和他本人愿为安徽省侨联引进海外高层次人才工作提供支持和帮助。万校长还欣然接受安徽省侨联第六届委员会高级顾问的聘请，并接收了聘书。

6月9日　在中国侨联干部培训班充电

中国侨联第20期干部培训班2015年6月2日至10日在北京举行，各省区市侨联、中央国家机关侨联、中央企业侨联负责人等参加学习，我参加了本期学习培训。其间，听取了中国侨联及国家行政学院、中国政法大学、国防大学、中共中央党校等领导和专家学者的授课，还参观了中国华侨历史博物馆和中央电视台新址。这是我到省侨联工作后，第一次参加侨联系统的培训学习，收获颇丰。回去后，我将努力把学习成果转化为做好侨联工作的本领和动力。

6月17日　与柬埔寨安徽商会代表团座谈

柬埔寨安徽商会会长刘忍率领商会代表团一行到访省侨联，我和机关各部门负责同志与代表团进行了座谈。我们对柬埔寨安徽商会的成立表示祝贺，并表示侨联是海外侨胞之家，将为广大海外华侨华人做好服务工作，希望柬埔寨安徽商会积极加强与国内的交流合作，省侨联愿意做好地市推介和项目对接，为安徽企业走出去做好平台搭建等工作，共同推进中柬在经贸、文化、旅游等方面的全面合作。刘忍会长介绍了柬埔寨安徽商会的基本情况。他说，柬埔寨安徽商会于2015年4月份成立，商会理事会希望抱团发展，把徽商的精神发扬光大，为促进柬埔寨和家乡的交流合作谋篇布局。柬埔寨当前正处于百废待兴的时候，投资兴业的空间巨大，希望家乡有关部门关心支持，促进安徽企业"走出去"，商会将竭力做好服务对接，同时，努力把柬埔寨安徽商会做大做强。

6月18日　促进中美青年文化交流

今晚，滁州学院音乐厅座无虚席，"亲情中华·追梦中国"中美青年文化交流音乐会举行，该活动由安徽省侨联、滁州学院主办。此次中美青年文化活动是经皖籍侨领、美国德克萨斯州安徽同乡会理事路飞女士引荐，来自美国国际音乐学院、美国哈佛大学和耶鲁大学、美国德克萨斯州休斯顿市百利高中、美国德克萨斯州休斯顿市卡耐基高中等10余位钢琴演奏家及青年学生来皖交流，旨在通过活动，搭建中美青年学生文化交流的平台。文化交流团成员Kenneth Yu、Kerrigan Quenemoen先后弹奏了肖邦、莫扎特的世界名曲，并用钢琴双人弹灵巧的技艺演奏了凉亭舞曲、柔板等曲目，精彩的演奏赢得现场观众的阵阵喝彩；Matthew Loudermilk、Ekaterina Ryndina L合作演奏了《船歌》《华尔兹舞曲》《浪漫舞曲》等经典曲目，将音乐会推向高潮。滁州学院音乐学院青年师生精心编排的古筝合奏《春到湘江》、钢琴与二胡合奏《月光》、竹笛独奏《塞上风情》等节目，引起现场观众的强烈共鸣。置身现场，我深深陶醉于这优美的旋律。

6月19日　让社会各界更好地了解侨联和侨联工作

省侨联今天召开新闻发布会，希望通过这样的平台宣传侨联、宣传侨联工作，从而让社会各界更好地了解侨联，了解侨联工作，扩大侨联组织的影响，展示侨联形象，凝聚侨界力量。部分中央驻皖新闻单位、省内各主要媒体记者参加。我在发布会上介绍了安徽侨情和省侨联基本情况，通报了省侨联围绕中心、服务大局发挥职能作用所做的主要工作，以及近期省侨联重大活动安排，并结合侨联工作特点和资源优势，就丰富新时期侨联工作宣传形式和内容、拓宽外宣工作渠道、提升宣传工作实效等同与会记者进行了深入交流。

6月26日　与旅法国际著名画家虹鸣见面交流

在与旅法国际著名画家、完全美学主义绘画艺术创始人虹鸣先生见面交流时，我对其在艺术方面取得的成就给予赞誉，对其回安徽举办"源起与梦回"个人画展表示祝贺。虹鸣先生在完全美学主义绘画艺术方面造诣深厚，在海内外享有较高知名度，是皖籍侨胞在艺术界的杰出代表。其用艺术的手法生动展现了大美安徽，为宣传安徽作出了积极贡献，也通过自身的影响力树立了皖籍艺术工作者勇于创新的良好形象。虹鸣介绍了此次画展的筹备情况和相关背景。他说，每每回到这方土地，看到安徽的发展变化，都会心潮澎湃，作为江淮儿女深感荣耀。今年年初，他应邀到庐江考察，并决定用自己独创的完全美学主义绘画艺术留住乡愁，倾诉对家乡自然风光、人文景观和风土人情的浓浓情愫，并筹展以期将它推向全国、推向全球，让世界关注安徽，了解安徽，喜欢安徽。

虹鸣，安徽庐江人，完全美学主义绘画艺术创始人，在长期的艺术研究和创作实践中探索出异质同维素原理。其画作经常参加国际画展，并在海内外举办个人画展，享有较高知名度，代表作有《红楼梦人物》《荷系列》《浪漫上海滩》《美丽人生系列》《战斗机系列》《美人峰系列》

等。虹鸣曾应邀中央电视台、上海电视台及日本国家电视台等海内外媒体拍摄纪录片宣传，在海内外影响广泛。

7月6日　国际人才与安徽高新技术产业项目对接会首次举办

多天的筹备和忙碌，终于换来活动的成功举办。为进一步提升安徽在海外的知名度、影响力，为安徽引进更多的创新人才、创新团队和高新项目、高新产业，由中国侨联指导，省侨联主办的国际人才与安徽高新技术产业项目对接会今天在合肥开始举行，来自美国、加拿大、英国、法国等25个国家和地区的170余位高层次人才参加，这是省侨联第一次举办高水平的项目对接活动。会上，邀请安徽省科技厅、商务厅等部门对我省人才政策、投资发展环境、高新技术产业等进行推介，中国旅美科技协会等作项目推介发言，各地市政府、开发区、相关企业负责人与海内外高层次人才进行深入交流和项目对接，达成诸多合作意向。会后，部分参会嘉宾还将赴合肥、芜湖、马鞍山等地开展项目投资考察。

7月10日　对做好我省引进海外高层次人才工作的几点建议

海外人才特别是高层次人才是实施创新驱动发展战略、推动创新型省份建设不可或缺的重要力量。近年来，我省高层次人才引进服务工作取得明显进展，为我省转型升级和创新发展作出了积极贡献。但通过调研也发现，新形势下我省海外高层次人才引进工作还存在"不足、不宽、不够"等突出问题，人才引进服务工作还有待进一步改进和加强。

一是我省转型发展中人才需求迫切而人才引进力度不足。从目前情况看，我省引进海外高层次人才总量不多，而各地在转型升级中对海外高层次人才需求迫切、需求量较大。省侨联主办的2015国际人才与安徽高新技术产业项目对接会，包括与合肥、芜湖、马鞍山市政府联合举办的三场对接分会，全省500多家企业、园区、科技部门积极踊跃参加对接，表现出对海外高层次人才的巨大需求。各地人才部门、科技部门、开发园区、企业等向省侨联反映，希望省有关部门经常举办类似人才对接活动，帮助他们引进海外高层次人才。

二是我省海外高层次人才引进渠道不宽。与其他省份相比，我省海外高层次人才引进渠道相对较窄，引进平台也相对较少，尚未建立有效的人才引进工作品牌。目前，福建、江苏、浙江、湖北、贵州等省都已建立自己的引才工作平台和品牌，如福建海外留学博士海峡西岸行、人才项目资本对接会，江苏海外华侨华人高层次人才江苏行、江苏省暨南京高级人才交洽会，湖北华创会，贵州人才博览会，浙江"海燕集结行动"等，这些都已经成为当地引进海外高层次人才的亮丽名片。相对来说，我省引进海外高层次人才的手段还较为单一。

三是皖籍海外人才领军人物作用发挥不够。从国内海外高层次人才引进情况看，各地引进的高层次人才90%以上都是华人华侨。安徽是出国留学人数最多的省份之一，从安徽走出去的海外高层次人才众多、资源丰富，他们中有的已经成为世界知名科学家、高科技领军人才，有的成为海外知名侨领和侨团侨社、人才专业社团及协会负责人，这些人本身影响力大，在海外资源丰富，但在省内他们的作用发挥得还不够，多年来许多人一直为其他省份开展人才引进工作。一些皖籍高层次人才被江苏、浙江、山东、贵州、新疆等省区聘为海外人才联络站负责人，帮助外省开展人才引进工作。从以上情况看，做好我省海外高层次人才引进服务工作亟待"三个建立"。

一要进一步强化政策导向，建立我省海外高层次人才引进政策体系。建议省有关部门进一步建立、完善引进海外高层次人才政策体系，以更优惠的政策吸引人才。如将人才引进工作情况纳入对地方、有关部门、园区和高校等一把手的考核之中，加大引进海外高层次人才的政策资金扶持力度。在对人才创新团队扶持上，适当加大对领军型创新创业团队扶持力度。尽快设立安徽海归创业扶持基金，解决海归创业初期资金不足的问题。

二要进一步发挥涉外涉侨单位优势，建立引进人才工作品牌。建议由省人才工作领导小组牵头，整合商务、外事、侨务、侨联等涉外涉侨部门的资源，发挥各部门优势，利用他们在海外的资源，大力宣传安徽，营造良好的引才环境，共同做好人才引进工作。充分利用海外皖籍著名科学家和侨领、专业社团负责人的影响力，利用他们在海外的资源，加强与他们的联系，有针对性推荐人才和引进人才。创新海外高层次人才引进与服务工作，建立海归留学人才、国际高端人才、海外特聘专家等专业社团组织和新侨创新创业基地，搭建更多的海外高层次人才引进平台。侨联与海外华人华侨有天然的联系，要发挥侨联组织的独特作用，利用省侨联在世界各地建立的数十个海外联络中心的优势，为有关方面在海外设立人才工作站提供协助。

三要进一步优化人才发展环境，建立人才综合协调服务机制。进一步优化海外高层次人才发展环境，大力营造我省需才、引才、留才、护才、富才的良好氛围。加强知识产权保护，激发海外高层次人才在我省创新创业的积极性、创造性。进一步完善项目和人才团队评审工作，建立第三方评价机制，包括委托外省专家评审，对一些国际尖端科技项目应邀请相关海外高层次专家参与评审，增强评审工作的透明性、科学性和公正性。借鉴中关村人才特区的发展经验，加强国际人才交流和合作，支持国际人才中介服务发展。在省级层面建立引进海外高层次人才工作综合协调服务部门，建立高效、有力的人才引进、协调和服务工作机制，并负责对人才政策、制度和措施落实情况的监督检查，确保各项政策落实到位，确保人才强省战略的实施。

7月18日　加强与兄弟省市侨联交流合作

为加强与兄弟省市侨联的交流合作，7月14日至18日，我和机关有关部室同志赴黑龙江省侨联和伊春市侨联考察学习，与黑龙江省侨联及伊春市侨联负责同志等座谈，就基层组织建设、联络联谊、文化交流、招才引智、新侨工作、群众活动等方面进行了工作交流。此次学习让我深深地感受到黑龙江省广大侨联干部强烈的敬业精神，虽然机关人手少，但活动开展得丰富多彩，侨联组织影响力和凝聚力得到了彰显，全省侨联系统形成了上下联动、协同合作的高效运行机制，取得了丰硕的成果。在交流中，我们希望能与黑龙江省侨联加强合作，促进共同发展。在黑龙江考察期间，我们应邀出席了在伊春市举办的黑龙江省侨联纪念抗日战争暨世界反法西斯战争胜利70周年图片展开幕式，观摩交流了展览的组织和筹备工作，这为我省筹办展览提供了有益的经验。

7月22日　祝贺宿州市第二中学取得好成绩

宿州二中、宿州市侨联负责同志今天专程来省侨联报喜，该校首届珍珠班今年高考一本达线率100%，全班50名珍珠生平均分高达638分，在教育界和社会上引起强烈反响。我代表省侨联对宿州二中取得优异成绩表示祝贺，对该校的珍珠班管理和珍珠生教育教学成效给予高度评价。浙江省新华爱心教育基金会在省侨联和宿州市侨联的推荐下，在宿州二中开设珍珠班，招收家庭特困、成绩特优学生，实施"捡回珍珠计划"，是一项非常有意义的公益事业，一大批寒门子弟通过资助顺利圆梦大学，为国家培养了栋梁之材。实践证明，通过3年教育培养，珍珠班的教学、管理、生活帮助、心理辅导等方法，使珍珠生德智体美劳都得到了全面发展。他们克服了因贫困带来的自卑心理，树立了远大理想，犹如一颗颗璀璨的珍珠，未来将在众多领域闪耀光芒。珍珠生在成长的过程中，感受到了社会的关爱和温暖，也学会了感恩。他们刻苦学习、发奋图强、相互鼓励，养成了自立自强的意识，用优异的成绩展示了他们的自信，也让我们看到了他们美好的未来。"爱心育珍珠，寒门出英才。"珍珠班的优异成绩，是侨爱心工程收获的一份精彩，在社会上产生了广泛的影响。

7月29日　全省法律援助中心侨联工作站集中授牌

为加强司侨合作，更好地为侨胞提供法律服务，省侨联主动对接，积极探索，经共同精心筹备，全省法律援助中心侨联工作站集中授牌活动在合肥举行，这在全国侨联系统还是首次。成立全省法律援助中心侨联工作站，是全省侨联系统落实中央群团工作会议精神、加强和改进新形势下侨联工作的创新之举，是侨联组织和司法行政部门积极合作，为建设美好安徽共谋共为的有益实践。各级侨联将与司法部门紧密配合，努力把侨联工作站建设成为法律宣传站、权益维护站、侨界和谐站。

8月4日　走进侨乡槐塘村

来省侨联工作后，一直想到我省的一些老侨乡走走。今天上午，来到被誉为"欧洲村"的歙县郑村镇槐塘村，亲身感受了侨乡的发展变化。在槐塘村，听取了槐塘村党支部书记、侨联小组负责人对村里经济发展、文化建设、侨联小组工作等有关情况的介绍，详细了解近年来该村侨情发展变化和特点，还来到部分侨眷家中，与侨界群众交流。希望县、镇、村三级侨联组织着眼侨情新变化，加强与海外侨胞的联系，着眼侨界群众所需、所盼，进一步优化和创新为侨服务手段，为我省基层侨联组织建设和发展探索新经验。

8月5日　安徽第一个"汉语桥"夏令营歙县营开营

"亲情中华·汉语桥"夏令营安徽歙县营今天在具有千年历史的歙县中学开营。来自美国、加拿大、意大利、马来西亚等国家20多名华裔青少年齐聚歙县，开展为期两周的夏令营活动。我代表省侨联出席开营式，并为夏令营授旗。歙县夏令营是我省第一个"汉语桥"夏令营，相信海内外的青少年朋友们来到安徽著名的侨乡、徽文化的主要发祥地和集中展示地——歙县，一定会有所收获，在这里度过一段人生难忘的美好时光。营期内，营员们将学习汉语、书法、民乐、剪纸、黄梅戏等中国传统文化和安徽特色地域文化，参观徽墨歙砚厂、徽州府署、陶行知纪念馆、徽州历史博物馆、新四军纪念馆等人文景点，并将亲身体验徽墨描金、徽菜制作、中国茶道、黄山糕饼等，增进海外华裔青少年对中华文化的了解，进一步激发他们学习汉语的兴趣。

8月11日　接待新加坡莱佛士商学院副院长胡海一行

在接待到访的新加坡莱佛士商学院副院长胡海，东盟投资（新加坡）国际公司董事长、安徽国合投资公司董事长阮永刚一行时，我对胡海等一行在参加"东盟十国主流媒体暨中央重点外宣媒体安徽行"活动期间到访省侨联表示欢迎，作为安徽在东南亚有影响的人士，希望其利用自身优势和影响力，多宣传安徽，推介安徽，积极推动"徽文化"走进东南亚，同时推介东南亚更多的投资者和高层次人才来皖投资兴业，服务我省更多企业"走出去"。胡海介绍了新加坡莱佛士商学院人才培训机构发展运营情况。我们还就进一步加强在经贸科技、旅游推介、人才培训以及组织华裔青少年来皖开展语言文化交流等方面的交流与合作进行了深入探讨。

8月15日　华侨与抗战

为纪念中国人民抗日战争暨世界反法西斯战争胜利70周年，8月15日、16日，"省侨联纪念抗日战争暨世界反法西斯战争胜利70周年图片展"分别在铜陵、池州举行。发生在20世纪三四十年代的中国人民抗日战争暨世界反法西斯战争，是世界爱好和平与正义的国家和人民同人类文明的凶残敌人——法西斯进行的一场殊死搏斗。在这场神圣的战争中，海外华侨立志报国，以空前的规模组织起来，有的直面敌人，奋勇杀敌；有的办报办刊，为抗战呐喊；有的深入敌后，与敌军周旋；有的奔走于战火纷飞的一线，从海内外运送物资支援抗战。他们身上涌现出许许多多可歌可泣的英雄事迹，为中国抗日战争和世界反法西斯战争的胜利建立了卓著功勋。举办这样的纪念活动，目的就在于铭记历史、缅怀先烈、珍视和平、警示未来，弘扬伟大的抗战精神。抗日战争和世界反法西斯战争虽然已经过去70年，但华侨在抗日战争中建立的丰功伟绩并不因岁月的流逝而褪色，值得我们永远缅怀与称颂。这次图片展近期还将在合肥、芜湖、蚌埠、滁州等地展出。

8月16日　黄山市呈坎村"基地"揭牌

黄山市呈坎村"中国华侨国际文化交流基地"揭牌仪式今天举行，我代表省侨联出席揭牌仪式，宣读中国侨联通知。创办和认证华侨文化交流基地，是中国侨联贯彻落实中央关于加强群团工作和侨联工作的意见精神，推进侨联工作"两个并重""两个拓展"的一项重大举措，是侨联组织整合社会资源、推进优势互补、合力开展中外文化交流的重要抓手。黄山市呈坎村"中国华侨国际文化交流基地"的揭牌，对于展示推介徽文化又多了一个重要窗口，中外文化交流又多了一个重要平台，满足侨胞文化需求又多了一个重要阵地。希望挂牌以后，黄山市、徽州区和呈坎村以及各级侨联组织按照中国侨联的要求，进一步提高思想认识，加强组织领导，强化监督管理，完善运行机制，热情为侨服务，不断推进基地建设。要依托交流基地，创造性地开展主题宣传、文化交流、华文教育、智力引进、社会公益等丰富多彩的文化活动，充分发挥好交流基地的引领作用。呈坎，位于安徽省黄山市徽州区呈坎镇，始建于东汉三国时期，因村落按《易经》阴阳八卦选址布局，阳为呈，阴为坎，唐末易名"呈坎"。这座有1800多年历史的村落，依山面河而建，坐西朝东，面对灵金山，背靠葛山。河东河西分别有上结山和下结山，龙山与龙盘南北相对，以河为界，犹如两把太师椅相扣，古村正好处在藏风聚水的最佳位置——灵穴之中。呈坎被宋代理学家朱熹誉为"呈坎双贤里，江南第一村"，是美丽的自然风光与徽派文化艺术结合的典范。

8月19日　引导支持省侨商联合会做大做强

省侨商联合会自成立以来，以"服务会员、贡献社会"为宗旨，充分发挥侨商"人才荟萃、精英云集、实力雄厚、乐于奉献"的独特优势，为会员提供多种形式的服务，反映他们的意见和诉求，支持会员开展经贸、科技、文化等领域的交流与合作，同时建立相关信息交流平台，积极参与支持社会公益事业，做了大量富有成效的工作。今天，我到省侨商联合会调研座谈，希望侨商联合会要进一步凝聚侨商会员，支持会员事业发展，推进合作交流，提高侨商整体实力和综合竞争力；要积极回应侨商关切，想侨商之所想、之所需、之所难，多为会员办实事、好事，维护合法权益，增强凝聚力，提升影响力；要发扬民主，依章办事，加强制度建设，积极探索，勇于担当，不断提高服务侨商的能力和水平。省侨联将进一步加强与省侨商联合会的联系和指导，支持省侨商联合会做大做强，共同搭建为侨商服务的平台。

8月25日　把工作当事业干

我以为，把工作当事业干，就是要始终保持昂扬向上的精神状态，全身心投入工作，在工作中实现人生追求，从工作成果中获取人生快乐。

第一，要有激情，用心想事。激情是一种状态。没有激情，就不会投入，就不会用心，就干不成事业。毛主席说，人是要有一点精神的。这个精神，就是对工作始终充满激情，始终保持良好的精神状态。要自觉担负起组织赋予的重任，以对党的事业负责的精神，认真履行自己的职责，精心做好分内的工作，真正把心思用在干事创业上，把工作当事业去追求、当学问去研究、当精品去雕刻，用心谋事、用心干事，对每一项工作都要做到高起点定位、高标准要求。第二，要有目标，主动干事。目标是工作的动力，目标是前进的方向。要胸怀全局，心有目标，对于干什么、怎么干、干到什么程度，做到心中有数。在实际工作中，我们不但要有总目标，还要有具体目标，譬如近期要做好哪些重点工作，要开展哪些活动，都要明确并且始终放在心上、抓在手里，这样就一定能把事情干成，就一定能实现目标。第三，要有魄力，担当处事。"为官避事平生耻"。敢于负责，是一种积极的人生态度，也是认真履职的基本要求。要勇于担当，遇到困难和问题不上推下卸，遇到风险勇于靠前，扛得起，豁得出，以一往无前的气概去开拓创新、锐意进取，不断推动各项工作取得新突破。习近平总书记强调，权力的行使与责任的担当紧密相联，有权必有责。担当处事就是要勇于承担责任。肩扛千斤，谓之责；背负万石，谓之任。必须负的责，迎着风险也要担。不愿担责任，就不该当党员；不敢担责任，就不配当领导；不会担责任，就不能当干部。

9月11日　包公园"基地"揭牌

中国华侨国际文化交流基地——包公园揭牌仪式在合肥市包河区包公园景区举行，我宣读了中国侨联文件并揭牌。包公廉政文化是中华优秀文化的重要组成部分，也是孝廉文化的重要代表之一。此次包公园获批中国华侨国际文化交流基地，为独具合肥特色的廉政文化从地域走向海外搭建了重要的平台。

9月14日　接待美国安徽商会常务副会长王杰

　　今天，在接待到访的美国安徽商会常务副会长、美国理德投资公司总经理王杰先生时，充分肯定美国安徽商会积极团结广大海外皖籍侨胞，立足为他们服务，提升其侨团凝聚力和向心力的做法，表示省侨联和海外商会之间要加强联系、广泛合作，发挥双方优势，进一步拓展联络联谊，积极做好招商引资和招贤引智工作，为"走出去"和"请进来"搭建更多、更好的平台；要更进一步推动安徽和美国各地之间民间的友好往来，促进交流合作；希望美国安徽商会继续关心家乡建设，加强宣传和推介安徽，提升安徽在海外的知名度和美誉度。王杰介绍了美国安徽商会和其他在美的有关民间社团的发展现状。他表示，虽然是第一次到访省侨联，但是非常期待双方能够加强合作，特别是在经贸科技文化交流、服务安徽企业走出去、加强安徽和海外侨团的合作交流等方面能够发挥优势，作出贡献。

9月15日　与休斯敦旅美专家协会徐谷峰交流

在与美国德州儿童癌症研究中心博士（后）研究员、休斯敦中国旅美专家协会原会长、国务院侨办海外侨务引智点联系人、安徽省海外交流协会副会长、省侨联海外委员徐谷峰交流时，我对徐博士能够受邀参加"中国人民抗日战争暨世界反法西斯战争胜利70周年"大阅兵表示祝贺。作为海外6000万侨胞的杰出代表，参加阅兵式既是一种荣誉，也是一种使命。希望徐博士继续发挥其在美人脉资源广泛的优势，协助省侨联拓展海外联谊，促进休斯敦和安徽之间的民间交往和友好往来；进一步利用旅美专家协会等各种科技专业协会智力密集的资源优势，做好牵线搭桥工作，向安徽推荐一些高新技术人才和高科技产业项目，推动安徽产业转型升级和科技创新；加强与皖籍海外侨胞的联系和交往，积极参与德州安徽同乡会的建设和发展工作，为建设海外和谐侨团和和谐侨界贡献力量。徐谷峰表示将继续加强与省侨联的联系，利用自身优势和资源，积极为安徽引进高层次人才和科技项目等，为安徽经济社会发展贡献力量。

9月16日　李白文化园"基地"揭牌

喜事连连！"中国华侨国际文化交流基地"李白文化园今天举行揭牌仪式，我代表省侨联出席揭牌仪式，希望马鞍山市把文化交流基地这个平台和阵地建设好，充分发挥文化交流基地的引领作用，为满足海内外侨胞对传承中华文化的需求，服务文化强省、文化强国的建设，促进中华文化走向世界作出更大的贡献。

9月24日　接待美国德克萨斯州安徽同乡会会长汪宏正

美国德克萨斯州安徽同乡会自成立以来，积极为皖籍侨胞服务，凝聚侨界人士人心，做了许多有益的工作，活动开展得有声有色。美国德克萨斯州安徽同乡会会长汪宏正一行今天到访，我代表省侨联对汪宏正一行到访表示欢迎，希望皖籍海外侨胞常回家看看，把省侨联当作自己的家。同时，希望同乡会继续关心家乡建设，进一步宣传推介安徽，为家乡经济社会发展多做牵线搭桥工作。省侨联将加强与同乡会的联系与合作，积极做好招商引资和招贤引智工作，为"走出去"和"请进来"搭建更多、更好的平台。汪宏正表示，美国德克萨斯州安徽同乡会将继续为在美皖籍侨胞做好服务，为推动安徽经贸、科技、文化交流作出贡献。

10月5日 **接待法国文成联谊会会长胡文华一行**

法国文成联谊会是一个历史悠久的在法侨界社团，自成立以来，在历届会长的带领和全体会员的共同努力下，做了大量卓有成效的工作，举办了丰富多彩的联谊活动，并多次组团回国考察投资，支持祖国经济建设和社会发展。此次胡文华会长上任伊始就率团回国参观考察、联络联谊，特别是到蓬勃发展、生机无限的安徽。我介绍了安徽省情和省侨联有关情况，希望今后法国文成联谊会和安徽省侨界能够进一步加强交流、深化合作，也预祝联谊会在新一届会长团的带领下，精诚团结，奋发有为，推动会务蒸蒸日上，更好地服务在法侨胞，为推动中法友谊作出新的更大的贡献。胡文华会长对省侨联给予的热情接待表示感谢。他表示，此次回国探访，把安徽作为其中一站，既是因为在法侨界社团的引荐，同时也是看中了安徽迸发的生机和潜力；希望能够通过此次考察活动，加强对安徽的了解，为促进本会和安徽侨联的联络联谊以及促进安徽与法国在经济、文化、科技等方面的深层次交流合作搭建平台、作出贡献。

10月8日　"天籁列车安徽行"慈善捐助活动启动

"天籁列车"慈善项目是由旅澳华人、慈善家、澳大利亚 ABC Tissue 纸业集团董事长魏基成先生及夫人捐资创办的，主要是免费为听障儿童及青少年测试并赠送助听器，目前该项目已惠及云南、山西、陕西、河南、贵州等9个省市及地区。今年以来，该捐助项目已在我省合肥、阜阳、亳州、芜湖、滁州、宿州等6市特教学校开展了捐助试点工作。"天籁列车安徽行"慈善捐助活动启动仪式今天在巢湖市特教学校举行。"天籁列车"捐助方代表黄兆邦先生将率领专业听力师组成的爱心捐助团队，用近1个月的时间，走进我省14个市，为广大听障儿童进行免费测试验配助听器，并向特教学校赠送语言教学机。我代表省侨联祝贺慈善捐助活动正式启动，并感谢魏基成夫妇的爱心捐助和项目团队的无私奉献。魏基成夫妇和爱心团队用自己的实际行动诠释人间大爱，值得我们传播，值得我们传承，更值得我们赞颂。

10月11日　欢迎更多的华裔青少年来皖感受徽文化

　　由中国侨联、国家汉办主办，安徽省侨联承办，宣城市绩溪县侨联、绩溪县适之中学协办的"亲情中华·汉语桥"夏令营安徽绩溪营在绩溪县适之中学开营，我代表省侨联出席开营仪式、致辞并授旗。以三雕艺术、徽墨、徽菜、明清古民居享誉海内外的绩溪，山清水秀，景色宜人，文化底蕴丰厚，有着独特的皖南山水文化和特色的地域文化，相信海外营员们来到徽文化的核心地带——绩溪县一定会不虚此行，有所收获。

10月12日　安徽省侨联华侨国际文化交流促进会成立

安徽省侨联华侨国际文化交流促进会成立大会在合肥召开，来自30余个国家和地区的侨领、侨界文化人士100余人参加。安徽省侨联华侨国际文化交流促进会的成立，对提升徽文化在海外的影响力和知名度，推动中华优秀传统文化走向海外必将产生积极影响。促进会凝聚了大批海外文化教育专业人士，包括相关侨界社团、文化中介机构、华文媒体负责人；凝聚了大批省内专业文化人士、新闻媒体人士，还有热心国际文化交流的企业家。理事会成员在社会上有影响，专业上有造诣，经济上有实力，事业上有发展，拥有熟悉规则、联系广泛、渠道畅通、资源丰富的优势，具有丰富的开展中外文化交流的经验和能力，必将助推我省侨联文化交流事业增强新活力、迈出新步伐、实现新作为。

10月17日　与著名旅日社评作家蒋丰见面交流

今天在与著名旅日社评作家、北京大学历史系客座研究员、《日本新华侨报》总编辑、日文版《人民日报》（海外版）日本月刊总编辑、日本徽商协会秘书长蒋丰见面交流时，我代表省侨联对蒋丰一行到访表示欢迎，蒋先生精通中日文化，学识渊博，多年来一直致力于中日关系的研究，作为在日本有重要影响力的媒体人，有着强大的宣传平台，同时又担任日本徽商协会秘书长，希望能加强联系与合作，充分发挥其自身优势，多宣传和推介安徽，为提升安徽在海外的知名度和美誉度多做工作，进一步推进文化交流与合作。蒋丰说，目前正在做"全国百校行"活动，主讲中日关系，在安徽大学和中国科学技术大学刚做过演讲，老师和同学们反响热烈，也深深感受到了安徽学子的学习热情和钻研精神，相信这也是安徽近年来崛起的重要原因。作为日本徽商协会的一分子，他希望今后能常来安徽，更加深入领略安徽的秀美山川和人杰地灵，成为宣传徽文化的使者。

10月20日　发挥好皖籍侨领的独特作用

今天赴繁昌县看望回乡探亲的阿联酋安徽同乡会会长潘尚旭，对潘尚旭会长专程回国参加中国华侨国际文化交流促进会第四次理事大会、安徽省侨联华侨国际文化交流促进会成立大会以及长期以来关心支持侨联工作表示感谢。潘会长是爱国爱乡的热心侨领，多年来为促进安徽与阿联酋经贸合作、文化交流及联络联谊做了大量工作。希望潘会长发挥其在中东地区的影响力，继续宣传和推介安徽，为安徽招商引资、招贤引智和文化宣传等作出更大的贡献。潘尚旭对各级侨联和县领导专程看望表示感谢，表示将进一步发挥阿联酋安徽同乡会和安徽商会的作用，积极推动双方在经贸、文化、科技、旅游等领域的交流合作，为安徽与阿联酋开展经济、文化等合作搭建更广阔的平台。

10月25日　侨联工作有"五个不可忽视"

做任何一项工作，都必须了解所处宏观环境，分析大的背景，把握大的趋势。侨联工作也是这样。我到省侨联工作整整一年时间了，从这一年来的工作体会看：侨联工作越来越重要，做好侨联工作越来越需要担当。

侨的"五个需要"作用不可忽视。为什么说越来越重要？从党和国家来说，对侨的工作有"五个需要"：一是国家和地方经济转型发展，需要更好汇聚侨资侨智侨力，特别是海外高层次人才创新创业，这是一支生力军；二是国家和地方实施"走出去"战略，需要更好发挥全球华商网络的重要作用，当好桥梁；三是增强中华文化和地方文化影响力，需要更好发挥广大侨胞在文化传播中的特殊作用；四是营造良好的国际环境，需要广大侨胞更好为发挥同所在国的友好合作多作贡献；五是推动祖国和平统一，需要更好发挥广大侨胞在融洽同胞感情、增强民族认同方面的积极作用。

侨情"五个新变化"不可忽视。随着经济全球化趋势和对外开放的深入，当前侨情正发生"五个新变化"：一是出国留学和海外移民的人数越来越多；二是海外侨胞分布和所处行业越来越广；三是侨胞受教育水平、职业层次、经济实力越来越高，带来的发展需求越来越多样；四是新侨中高层次人才迅速增加，回国创新创业的新侨人才越来越密集；五是侨眷人数大幅增加，特别是侨界困难群众、留守儿童、空巢老人等需要更多的关心关注，为侨服务的任务越来越重。

侨联工作"四大机遇"不可忽视。总体上看，当前至少有"四大机遇"：一是全球化机遇。全球化背景下，全世界出现移民高潮，国际移民快速增长，在这一趋势下，中国成为全球海外移民增长最快国家之一，这给侨联工作带来了新的机遇。二是国家发展的机遇。我国的快速发展带来整体实力和国际地位的大幅提升，需要在国际上树立形象，传播好中国声音，这为侨联拓展海外工作、发挥独特作用带来机遇，也提出新的课题。三是深化改革开放的机遇。我国改革开放以来，吸收利用大量外资发展经济，侨资占相当比例。近年来，大批企业走出去投资发展，使我国与世界各国各领域的交流合作更加紧密，这也是侨联工作的新机遇。四是中央加强和改进群团工作和侨联工作的机遇。党中央高度重视，习近平总书记发表重要讲话，将群团工作作为党的事业重要组成部分，作为党治国理政的一项经常性基础性工作。中央和省委相继下发关于加强侨联工作的文件，作出顶层设计，提出明确要求，这对侨联组织来说，无疑是最大利好。

侨联存在的"七个突出问题"不可忽视。从总体上看，基层侨联还存在七个方面突出问题：一是认识不够。侨联组织自身对侨联工作特点和规律缺乏研究，有的地方对发挥侨联作用缺乏有力指导和支持。二是底数不清。受能力、手段等制约，对侨情特别是海外华人华侨情况掌握不全面、不深入、不具体。三是变中不适。当前侨联工作方式方法与海内外形势发展要求不适应，与更多的普通侨胞联系不够，联系的面不宽，情况掌握不明，联系方法和工作思路主要还是停留在举办一些常规活动上，工作方法、工作内容等都需要创新和适应。四是组织不全，基层侨联组织建设薄弱。五是体制不顺，领导体制、工作机制等在制度层面上不够完善健全。六是保障不力，各级侨联在人员配备、机构编制等方面与赋予的工作职责不够匹配。七是改革不力，各级侨联在基层组织建设、侨联干部培养、承接政府职能转移、"走出去"开展工作等方面，都存在一定困难，亟待加快改革步伐。这些问题如不引起重视和解决，必然会影响侨联工作开展、侨联事业发展、侨联干部成长。

11月3日　随"亲情中华"艺术团走进台湾

第一次走进祖国宝岛台湾，心情激动而又充满期待。安徽与台湾自古就有着源远流长、割舍不断的亲情乡情，近年来两地的经贸文化往来，不仅增进了两地人民的感情和交流，也为两地民众带来了福祉。希望今后通过各类交流活动，进一步加强与台湾侨团侨社的联系和合作，促使两地在过去良好合作基础上进一步扩大交流合作，共享美好未来。

省侨联参与主办"亲情中华·欢聚台湾"活动取得圆满成功

（安徽侨之声）10月25日至11月3日，由中国侨联、中国宋庆龄基金会、安徽省侨联、安徽省芜湖市人民政府，以及台湾地区的"中国青年大陆研究文教基金会"、台湾中华侨联总会共同主办的"亲情中华·欢聚台湾"大型演出活动，分别走进台北、花莲、屏东、嘉义举办了四场大型演出，获得圆满成功。中国侨联文化交流部部长陈迈、副部长邢砚庄，安徽省侨联党组成员、副主席兼秘书长杨冰，芜湖市委常委、副市长郝芳华率团参加。

10月26日晚，2800名台湾同胞欢聚台北，共同欣赏了一场由两岸艺术家同台献艺、精彩迭起的"亲情中华·欢聚台湾"大型文艺晚会。省侨联选派的由安徽省黄梅戏剧院一级演员徐君、余顺演唱的黄梅戏《夫妻双双把家还》《海滩别》大放异彩。台湾"中国青年大陆研究文教基金会"董事长李钟桂、台湾中华侨联总会理事长简汉生等人出席晚会。

10月28日晚，"亲情中华·欢聚台湾"相约花莲，为现场800多名台湾同胞奉献了一场精彩的文艺盛宴。台湾"中国青年大陆研究文教基金会"秘书长丁文扬及花莲县文化、观光、教育、新闻机构负责人等出席晚会。一大批著名艺术家和优秀演员倾情奉献的艺术作品和展现出来的艺术魅力，使全场观众叫好连连、掌声不断。

10月30日晚，"亲情中华·欢聚台湾"艺术团抵达屏东，在六堆客家文化园区演艺厅为现场500多名同胞奉献了一场难以忘怀的大型文艺晚会。台湾"中国青年大陆研究文教基金会"秘书长丁文扬及屏东县文化、教育等领域人士出席晚会。因演出场地临时调整、容纳观众人数受限，加之高雄各界群众千方百计请屏东主办方提供席位，致使本场晚会一票难求。

11月2日晚，"亲情中华·欢聚台湾"走进嘉义，能容纳千人的嘉义市文化局音乐厅座无虚席，整台晚会惊艳不断、高潮迭起，现场观众叫好不绝、掌声如潮。至此，"亲情中华·欢聚台湾"巡演圆满收官。台湾"中国青年大陆研究文教基金会"董事长李钟桂、主任张德聪、秘书长丁文扬和嘉义市文化、教育等领域人士出席晚会。

在台湾期间，杨冰一行还走访了一批侨团社团和台企，看望了部分在台湾的安徽老乡，结交了一批台湾侨界朋友和友好人士，希望通过友好往来，共同推进两岸文化、经贸等交流。

10月25日晚，杨冰与台湾"中国青年大陆研究文教基金会"董事长李钟桂、台湾中华侨联总会理事长简汉生等知名人士进行了深入交流。

图为省侨联党组成员、副主席兼秘书长杨冰（右）
会见台湾"中国青年大陆研究文教基金会"董事长李钟桂（左）

图为省侨联党组成员、副主席兼秘书长杨冰（右）
会见台湾中华侨联总会理事长简汉生（中）

　　10月26日上午，杨冰在台北市会见了台湾中华文化经贸交流发展协会理事长黄春林、台湾安徽同乡联谊总会暨台北市安徽同乡会监事长胡世诠等友好人士和安徽籍老乡，共叙亲情友情。

图为省侨联党组成员、副主席兼秘书长杨冰（左）
会见台湾中华文化经贸交流发展协会理事长黄春林（右）

图为省侨联党组成员、副主席兼秘书长杨冰（右）
会见台北市安徽同乡会监事长胡世诠（左）

　　11月2日下午，安徽省侨联、芜湖市人民政府在台湾联合举办2015安徽芜湖交流座谈联谊会，宣传和推介安徽芜湖的资源禀赋、区位优势、后发潜力、文化旅游等，现场解答新能源汽车、新材料等有关行业问题。

耀华电子、国票综合证券等30多家台湾知名企业高层出席。安徽省侨联党组成员、副主席兼秘书长杨冰，芜湖市委常委、副市长郝芳华，台湾服务业联盟协会荣誉理事长张平沼分别致辞，并赠送纪念品。杨冰在致辞中说，安徽资源众多，物产丰富，是国家传统粮食生产和能源原材料生产基地；安徽区位优势明显，位居中部，靠近东部，是长三角地区的重要组成部分，交通便利；安徽历史悠久，文化底蕴厚重，生态宜人，宜居宜业。2014年安徽国民生产总值已经突破两万亿元。2015年上半年，在经济下行压力下，经济增速仍达到8.6%，超过全国平均水平，可谓后发优势明显，潜力巨大。安徽与台湾自古就有着源远流长、割舍不断的亲情乡情，近年来两地的经贸文化往来，不仅增进了两地人民的感情和交流，也为两地民众带来了大量福祉。希望今后通过各类交流活动，进一步加强与台湾侨团侨社的联系和合作，促使两地在过去良好合作基础上进一步扩大交流合作，增进互访，为推动两地发展作出贡献。同时希望台湾企业家们常来安徽走一走、看一看，共寻发展商机，共享美好未来。

11月5日　接待中东龙之城信息技术有限公司总裁沈浩

今天，在接待旅居中东的龙之城信息技术有限公司总裁沈浩一行时，期待龙之城信息技术有限公司与安徽的企业建立合作机制，引导安徽的制造业、服务业企业赴中东地区发展，开拓海外市场。希望沈浩先生利用自身优势与影响力，团结凝聚更多的皖籍海外侨胞，筹备成立中东皖籍侨团组织，在服务安徽与中东地区经贸合作、人文交流等方面发挥更大作用。沈浩详细介绍了中东尤其是阿曼经济发展概况，指出，中东一些国家与安徽的经济存在较强的互补性，安徽的汽车、家电等制造业产品和农产品等在中东地区有巨大商机；建立龙之城OTO跨境电子商务平台，充分利用当前互联网高科技手段，将安徽的产品与中东对接，实现线上线下互动。沈浩表示，今后将继续为安徽的招商引资和企业走出去发展做好牵线搭桥工作，为促进安徽与中东各国之间的互利合作和友好往来作出自己力所能及的贡献。

11月10日　安庆市第五次归侨侨眷代表大会召开

安庆市第五次归侨侨眷代表大会今天开幕，我代表省侨联出席大会并致辞，向大会的召开表示热烈祝贺，希望新一届市侨联切实保持和增强政治性、先进性、群众性，积极拓展海外工作、拓展新侨工作，大力引进海外高层次人才，促进安庆产业结构升级、转型发展，多渠道、多层次推进海内外文化交流，精心打造具有安庆文化特色的品牌，积极开展适合自身侨情特点的活动，不断增强侨联组织的活力和凝聚力，推动安庆侨联工作再上新台阶。

11月23日　赴韩国、日本、美国拜会海外侨团

从洛杉矶返程，经过14个小时的空中飞行，飞机终于平稳地降落在上海浦东国际机场。自11月13日由上海浦东前往韩国首尔，十天来，我

们飞越韩国、日本、美国3个国家7座城市，跨越东西半球，拜会近20个海外侨团，与8个皖籍海外侨团签订友好合作协议，为6个省侨联海外联络中心授牌，会面看望近200位皖籍海外侨胞和有关人士……一路走来，我们送上问候和敬意，带去期盼和祝愿，也带回海外侨胞的期望和建议，加强了联络联谊，拓展了海外工作，了解了侨情动态，形成了交流与合作的许多共识，圆满完成任务。

省侨联访问韩国、日本、美国取得圆满成功

（安徽侨之声）应中国在韩侨民协会总会、韩华中国和平统一促进联合总会、日本日中协会、美国南加州安徽同乡会邀请，2015年11月13日至23日，省侨联党组成员、副主席兼秘书长杨冰率省侨联访问团访问韩国、日本、美国三国。

在韩国访问期间，杨冰一行拜访了中国在韩侨民协会总会、韩华中国和平统一促进联合总会，与该会就文化交流、经贸往来等进行了深入探讨，并签订了友好合作协议，举行了"安徽省侨联韩国联络中心"揭牌仪式。

图为省侨联访问团在韩国拜会中国在韩侨民协会总会、
韩华中国和平统一促进联合总会

图为省侨联党组成员、副主席兼秘书长杨冰（左）向中国在韩侨民协会总会、韩华中国和平统一促进联合总会会长韩晟昊（右）赠送纪念品

在日本，杨冰一行拜访了日本徽商协会、日本安徽联谊会等侨团，与社团负责人进行了广泛交流，双方表示将进一步加强联系与合作，将各项交流推向新的层次。其间，与日本徽商协会、日本安徽联谊会签订了友好合作协议，举行了"安徽省侨联日本联络中心"揭牌仪式。

图为省侨联访问团在日本拜会日本徽商协会、日本安徽联谊会

图为省侨联党组成员、副主席兼秘书长杨冰（左）
与日本安徽联谊会会长汪先恩（右）签订友好合作协议

在美国，访问团一行拜访了美国美东安徽文教交流协会、美东安徽同乡会、美国德州安徽同乡会、中国旅美专家协会、美国北加州安徽同乡会、美国南加州安徽同乡会、全美安徽学者联合会等侨团。其间，与有关侨团签订了友好合作协议，举行了安徽省侨联纽约、休斯敦、旧金山、洛杉矶联络中心揭牌仪式。

图为省侨联访问团在纽约拜会美东安徽文教交流协会、美东安徽同乡会

图为省侨联党组成员、副主席兼秘书长杨冰（左一）在华盛顿拜访美国华府安徽同乡会荣誉会长、华盛顿大新公司董事长江启荣先生（左二）

　　在拜会海外侨团时，杨冰转达了省侨联对海外皖籍乡亲的问候和惦念。他指出，各位侨胞虽远在海外，身在异乡，但祖国和家乡没有忘记，作为"侨胞之家"的侨联组织没有忘记。身在海外的各位侨胞努力拼搏、

艰苦创业，取得了骄人的成就，为当地经济发展和社会进步作出了积极贡献，同时大家心系桑梓、情牵江淮，以各种形式关心、关注、支持祖国和家乡的发展。皖籍侨团在为会员服务、支持家乡建设、弘扬中华文化和徽文化、推动中外友好等方面做了大量工作，发挥了重要作用，在当地也越来越有影响。安徽乡亲和侨团通过自己的努力，充分展示了江淮儿女的新风采，树立了"海外安徽人"的新形象。希望安徽乡亲和侨团进一步发挥自身优势和独特作用，当好中华文化和徽文化的传承者，祖国和平统一的促进者，中外友好的推进者，实现中国梦、建设美好安徽的参与者，成为世界了解安徽的窗口和安徽走向世界的桥梁。

图为省侨联访问团在休斯敦拜会美国德州安徽同乡会

此次访问先后拜会了近20个社团，与8个皖籍海外侨团签订了友好合作协议，与200多位皖籍乡亲见面交流，积极向他们宣传推介安徽经济、社会发展成果，赠送了《中国安徽》、黄梅戏光盘等宣传资料和具有安徽特色的文化纪念品。访问团走访部分华人华侨，了解他们在当地的工作、生活情况，听取他们对安徽发展的期望和建议，邀请他们来皖观光考察、投资兴业，与有关社团还就经贸合作、文化交流、人才引进、华文教育等方面开展合作达成了初步意向。

图为省侨联访问团在旧金山拜会美国北加州安徽同乡会

图为省侨联访问团在洛杉矶拜会美国南加州安徽同乡会

此次访问活动得到了《人民日报·海外版》日本月刊、《日本新华侨报》、纽约《侨报》等媒体的关注，在海外引起了积极反响。

12月4日　冬日里的暖心之举

澳大利亚华人魏基成夫妇"爱心冬衣"发放启动仪式，今天在六安市金安区东桥镇二道杠村举行。在数九寒冬到来之际，澳大利亚华人魏基成夫妇发扬海外侨胞"乐善好施"的优良传统，经省侨联牵线，将为我省捐赠12000件爱心冬衣，这是冬日里的暖心之举，也是我省慈善事业的普惠行动，此次爱心捐赠，全省将有上万人从中受益。启动仪式的举行，标志着全省"爱心冬衣"发放工作将陆续展开。多年来，全省各级侨联组织共同打造的"侨爱心工程"品牌，在像魏基成先生一样的海外众多慈善人士和爱心人士参与和支持下，现已涵盖了侨爱心小学、爱心图书室、营养工程、"珍珠生"计划、健康光明行等10余个爱心项目，惠及全省各地，为我省慈善事业、民生工程和和谐社会建设作出了侨联组织的独特贡献。

12月11日　接待美国北加州安徽同乡联合会会长陈健

在接待来访的美国北加州安徽同乡联合会会长陈健、理事长蒋治国一行时，代表省侨联对北加州安徽同乡联合会多年以来对家乡建设的关心、对省侨联工作的支持、对在美皖籍侨胞的帮助表示感谢。美国北加州安徽同乡会自成立以来，在联络在美皖籍乡亲、搭建交流平台、关心安徽建设、促进文化合作等方面，做了很多积极有效的工作。希望同乡会今后继续和安徽省各级侨务部门进一步加强交流、深化合作，为进一步推动安徽与美国在经贸、文化、科技、人才等方面的深层次交流与合作搭建平台。陈健会长表示，今后将继续发挥同乡会的桥梁和纽带作用，凝聚和团结好广大同乡会员，为在美会员开展各种活动提供全方位的服务，为安徽的招商引资和企业走出去发展做好牵线搭桥工作，为促进安徽与美国的互利合作和友好往来作出贡献。

12月21日　法侨合作做好涉侨纠纷诉调对接工作

经与省高级人民法院共同磋商和多次协调，省高院和省侨联联合出台了《关于开展涉侨纠纷诉调对接工作的意见》。文件从指导思想、工作原则、工作目标、工作范围、工作内容等五个方面规定了如何开展涉侨纠纷诉调对接工作，为依法、主动、科学维护广大华人华侨正当权益和归侨侨眷的合法权益提供了制度保障。各级侨联将采用多种形式广泛宣传，让侨界群众充分认识到诉调对接工作灵活、高效、便捷的优点，引导其选择适合的纠纷解决方式，扩大诉调对接的受众面和影响力。

12月23日　难忘党校学习生活

省委党校第九期市厅级干部任职培训班的一个月学习时光转瞬即逝，在结束党校学习生活、即将离开党校课堂回到侨联工作岗位的时候，由衷地感谢组织为我提供了这样一次难得的学习机会，感谢省委党校的精心组织、周密安排，感谢各位老师的辛勤付出、周到服务。

回首一个月的党校学习，我们实现由领导干部到普通学员、由工作状态到学习状态、由家庭生活向集体生活的"三个转变"，自觉遵守党校各项纪律和规定，从工作的"热运行"中静下心来"冷思考"，潜心学习，用心思考。大家相互学习、相互启发，度过了一段难忘的时光，结下了深厚的友谊。这一个月，我感到很充实、很享受、很有收获：开阔了眼界，拓展了思维，丰富了知识，增进了友情，修炼了品质，不仅是人生道路上一次知识的充电加油，更是一次党性的锤炼升华。

回首一个月的党校学习，我们提高了理论素养。通过系统学习马克思主义经典原著、基本理论和中国特色社会主义理论体系，深化了对马克思主义基本理论作为看家本领的认识，夯实了理论功底；通过深入学习党的十八大和十八届三中、四中、五中全会，以及习近平总书记系列重要讲话精神，更加坚定中国特色社会主义道路自信、理论自信、制度自信、文化自信，对"四个全面"战略布局等一系列党的重大理论、方针政策和战略思想有了更深入理解、更准确把握，头脑更加清醒，立场更加坚定。

回首一个月的党校学习，我们锤炼了党性修养。党校姓党，在理论学习的同时，我们突出党性修养，注重党性锻炼，补钙壮骨。在凤阳小岗大包干纪念馆、沈浩纪念馆，我们感受到改革开放的强大动力和身边榜样的震撼力量；通过学党章谈体会、参观廉政教育基地和微党课，我们强化了党性意识、党员意识、纪律规矩意识，深刻认识到党员干部要始终忠诚于党的信仰、党的宗旨、党的事业，全心全意为人民谋福祉，不断提升道德境界，追求高尚情操，严格廉洁自律，树立良好形象。

回首一个月的党校学习，我们提升了领导能力。五个单元、十个模块、二十多个精彩课时，使我们在党的理论体系以及政治、经济、文化、社会、生态文明建设等方面，全方位、多角度、宽领域地拓展了理论视野，丰富了知识储备。同时紧密联系实际，深入开展研讨交流，培养了战略思维能力，增强了依法行政能力，提升了创新发展能力。

回首一个月的党校学习，我们深受省委党校良好的校风、教风、学风和作风的洗礼，享受党校优美的校园环境、严格的教育管理和人性化的后勤保障服务。在这知识的殿堂和党性锻炼的熔炉里，教学相长、学学相长，真正做到了学有所得、学有所悟、学有所获。

党校学习虽短暂，党性修养无止境，我们将把在党校养成的良好思想作风和学风带到实际工作中去，运用在党校学习的理论成果指导工作实践，学而信、学而用、学而行，努力践行"三严三实"，争当"四有"干部，用铁一般信仰、铁一般信念、铁一般纪律、铁一般担当，为更好地推进侨联事业的发展，打造"三个强省"、建设美好安徽，为全面建成小康社会、实现中华民族伟大复兴的中国梦作出新的更大的贡献。

1月3日　关键在于抓好落实

今年是决胜全面建成小康社会的开局之年，也是中国侨联成立60周年。学习贯彻党中央对侨联工作的新要求和中国侨联九届三次全委会议的新部署，是当前各级侨联组织的重要任务。"一分部署，九分落实"，贯彻好中央要求和中国侨联全委会议精神，关键在于抓好落实。

要突出学习抓落实。各级侨联组织要认真组织传达学习中央书记处关于侨联工作的指示精神，切实抓好中国侨联全委会议精神的贯彻落实。要主动向地方党委、政府汇报，进一步争取党委、政府的重视和支持；要及时召开侨联常委会、全委会进行传达学习，并通过培训、研讨、宣讲以及侨媒等多种形式和手段，深刻领会以习近平同志为核心的党中央治国理政的新理念、新思想、新战略，把中央要求和中国侨联全委会议精神传达给每一位基层侨联工作者和广大归侨侨眷。通过传达学习，进一步统一思想、提高认识、明确任务，用新的理念引领侨联工作，发挥侨界优势，不断推进侨联工作创新发展。

要突出重点抓落实。抓落实的过程就是想事、干事、成事的过程。在抓落实的过程中，一定要善于"牵牛鼻子"，抓工作重点，制定时间表、路线图，排好计划，制定方案，一件一件地抓落实，一个时间节点一个时间节点地向前推。各级侨联组织要自我加压，自我督促，突出重点，以上带下、以下促上，上下联动、统筹推进。要切实把学习贯彻党的十八届五中全会精神、推动"十三五"规划实施与贯彻落实中央关于群团工作和侨联工作两个意见结合起来，努力在基层侨联组织建设上有新突破，在服务"十三五"规划和长江经济带发展等国家战略上有新作为，在改善侨界民生特别是脱贫攻坚上有新举措，在引才引智和招商引资上有新成效，在参政议政和建言献策上有新平台，在社会治理和依法维权上有新进展，在对外文化交流上有新亮点，在深化"两个拓展"和扩大联系覆盖面上有新局面，在侨联组织和侨联工作改革创新上有新步伐。

要突出破解难题抓落实。当前侨联工作中面临着一些困难和问题，破解这些难题，唯一的出路在于全面深化改革。今年是群团改革年，中央关于群团组织改革的试点工作正在稳步开展，改革将成为今年和今后一个时期侨联工作的重中之重。改什么？怎么改？这不仅要取决于顶层设计，也需要在我们工作中突出问题导向，找准症结，破解难题，探索经验。要明确改革的总体要求：去"四化"（机关化、行政化、贵族化、娱乐化），强"三性"（政治性、先进性、群众性），工作下沉、提高效率；要坚持重心下移，与时俱进地适应新形势、新侨情，在组织体系、工作方式、运行机制、服务内容、活动方式等方面积极探索前瞻性改革措施，补短板、立新规、调结构，通过深化改革，全面建立与海外侨胞和华裔新生代的常态化沟通联系机制，把基层侨联组织建设得更加充满活力，更具凝聚力和向心力。

要突出创新思维抓落实。创造性地开展工作是提升侨联组织影响力和贡献力的重要举措，是侨联事业持续发展的动力之源。各级侨联要创新工作思路，在加强学习的同时，多征求侨界群众和方方面面的意见建议，让眼界更高、思路更宽；在侨情发生重大变化，老侨、新侨需求日益多元化的情况下，更需要着眼侨界群众所需，创新为侨服务的手段，与时俱进地创新工作方式方法，以更好地适应新常态，适应新时期侨联工作的"六大任务"要求；要创新服务平台和机制，特别是要运用"互联网+"的思维，搭建为侨服务的新平台，提供更全面、更快捷、更有效、更周到的服务，真正使侨联服务更加贴近侨心、切合侨需，以平台和机制的创新更有效地凝聚侨心、汇集侨智、发挥侨力。

要突出责任担当抓落实。做好新形势下的侨联工作，需要我们认真落实习近平总书记"三严三实"和"四个自觉"的要求，努力做到勤勉敬业、守土有责、守土尽责。对认准的目标、承担的工作，要以"咬定青山不放松"的毅力，务实推进、主动作为，坚决杜绝庸政、懒政、守摊、守旧等观念。要抓住机遇，迎难而上，增强工作的主动性，决不能慢作为、不作为、无所作为。要突出责任担当，坚定理想信念，强化理论武装，善于分析工作进程中面临的阶段性特征、规律性问题和关键性环节，开拓性地解决新问题、战胜新挑战、完成新任务；要主动走近群众、深入群众，了解他们的所思所想、所盼所求，不断完善联系侨界群众、服务侨界群众的长效机制；要大力弘扬求真务实之风，加强调查研究，不断提升理论素养和水平。

1月13日　合力做好侨界国际文化交流工作

做好侨界国际文化交流工作需要各方面的共同努力和精诚合作。1月11日至13日，先后赴蚌埠市侨联、皖新传媒集团、合肥幼儿师范专科学校调研侨界国际文化交流、文化宣传等工作。蚌埠市侨联立足实际，发挥侨联自身优势，积极搭建国际文化交流平台，主动参与和谋划侨界文化活动，丰富了侨界群众精神文化生活，提升了侨联组织的影响力和凝聚力。希望蚌埠市侨联围绕市委、市政府中心工作和侨界群众的精神文化需求，进一步拓宽文化宣传渠道，丰富文化交流和文化活动的形式和内容，在推动活动"载体化"、工作"项目化"、建设"规范化"工作中探索创新，推动工作再上新台阶。在皖新传媒集团调研时，听取了企业对加强国际文化交流、项目合作平台建设、重大文化交流活动的意见建议，希望皖新传媒发挥技术和项目管理优势，加强与省侨联海外资源的对接，探索国际文化交流、传媒项目合作新空间。在合肥幼儿师范高等专科学校调研时，实地查看了该校满足国际文化交流的艺术场馆，希望学校加强与侨联组织的沟通与合作，借助侨联的独特资源优势，搭建更多平台，提升学校开展国际文化和学术交流水平。

1月16日　老子故里有了侨联组织

今天代表省侨联出席老子故里——亳州市涡阳县第一次归侨侨眷代表大会，希望新成立的涡阳县侨联在宣传展示历史文化名城、弘扬中华传统文化上有所作为，多渠道、多层次推进海内外文化交流，精心打造具有涡阳文化特色的品牌，进一步提升涡阳在海外的影响力和美誉度。

1月20日　积极倡导机关精神和机关文化

一直以来，我积极倡导提炼总结省侨联机关精神，借此来勉励大家、激励大家，建立和弘扬积极向上的机关文化，以机关文化来凝聚人心。我认为，我们要倡导的机关精神就是：忠诚品格、为侨情怀、奋进精神、严实作风。古人云："乘众人之智，则无不任；用众人之力，则无不胜。"通过提炼和倡导机关精神和机关文化，更好地调动机关全体同志的积极性和创造性。

1月30日　关于深化侨联改革的初步思考

近年来，我省各级侨联组织围绕中心、服务大局，坚持"两个并重"，推进"两个拓展"，在服务经济发展、依法维护侨益、拓展海外联谊、积极参政议政、弘扬中华文化、参与社会治理、加强自身建设等方面都取得了明显成效，侨联组织的号召力、凝聚力和影响力得到进一步提升。但是，面对新侨情新任务新要求，侨联工作中仍然存在着一些突出问题，亟待重视解决。

基层基础还比较薄弱。县区侨联、乡镇侨联、社区侨联以及高校侨联、开发区侨联、国有企业侨联等建设缓慢，基层组织不健全、基层工作薄弱还较为普遍。有的体制机制不顺，除部分侨联机构独立、党组单设外，有的机构独立、没有党组，由外侨办党组代管；有的由党委统战部代管，有的与外侨办合署办公。人员力量不足，仍然是侨联系统一个普遍问题和老大难问题。由于侨情普查工作量大面广，统计调查难度较大，加上改革开放后侨情出现的一些新变化，导致多年来各级侨联对侨情掌握得不清、不全、不准。

职能优势还需要有效发挥。多年来，侨联组团出访，拓展联络渠道，利用海外资源开展引资引智、文化交流、宣传推介等活动，反响很好、成效很大，但从目前普遍情况看，出访团组偏少、跨团出访受限，给侨联联络联谊工作和各地利用侨联平台赴海外推介、招商、引才带来一定影响。侨界人大代表、政协委员比例还不高，参政议政作用有待强化。为侨服务手段还不多，比如新侨创业存在的资金需求、市场开拓、成果转化等方面困难，基层侨联由于手段和力量有限，加上有的缺乏思路和开拓精神，往往显得力不从心。侨联依法维权和参与法治社会建设也存在一些困难和不足，多数基层侨联依法维权和参与法治社会建设工作主要还是局限于涉侨法律法规宣传、侨界群众法律咨询、侨界群众来信来访等，在法律法规修改、涉侨政策制定等方面缺少更多参与，发挥作用渠道较窄，参与面不够宽，力量薄弱，手段也不多。

干部队伍建设还有待加强。从总体上来说，近年来，侨联干部队伍素质有了明显提高，为侨联事业发展提供了有力保障。但是，要适应新侨情新常态，侨联干部的素质、视野、能力、水平和作风等还需要进一步提升。侨联机关很多优秀年轻干部由于不具有侨的身份，在个人成长中遇到瓶颈，既影响干部本人的积极性，也影响侨联事业的可持续发展。侨联机关干部交流机会较少，导致侨联系统干部队伍出现进不来、出不去的状况。侨联干部队伍建设中的这些问题亟须引起高度重视，特别是要进一步研究如何改革完善侨联干部选拔任用方式，加大培育培养培训力度，有效调动广大侨联干部的积极性。

当前侨联工作中存在的诸多问题，有的是共性问题，有的是个性问题；有的是工作运行中的问题，有的是体制机制问题。解决这些问题，需要各级侨联组织振奋精神、奋发有为，按照中央的部署和要求，结合侨联工作实际，进一步深化改革，不断创新体制机制和运行方式，在深化改革中寻找解决问题的答案，在深化改革中不断推进侨联事业更好地创新发展和可持续发展。

推动中央意见落地见效。中央出台的两个意见和各地制定的实施意见，是下一步侨联改革发展的行动指南和重要遵循，要以更大的决心和更大的力度抓好落实，不断推动中央两个意见的贯彻落实向广度和深度拓展，能够真正落地见效。特别是围绕中央两个意见中明确的重点事项，积极争取与党委督查部门开展联合督查，对侨联来说，会起到事半功倍的效果。

切实防止"四化"倾向。中央指出的当前群团工作中的"四化"倾向，在各级侨联组织中也不同程度存在。对于侨联来说，防止行政化，就要进一步改革活动方式，着重激发基层活力，推进侨联工作的群众化。防止机关化，就要进一步改革运作模式，加强与各涉侨单位的协调配合，主动承接政府职能转移，推进侨联工作的社会化。防止贵族化，就要进一步改革组织体制，针对基层侨联工作的基础性、直接性、差异性等特点，建立健全适用于基层侨联工作的体制机制，深化作风建设，推进侨联工作的平民化。防止娱乐化，就要进一步改革运行机制，科学布局，精准发力，不断提升侨联干部素质和能力，提高侨联网上工作水平，推进侨联工作的现代化。

重视顶层设计和制度安排。体制机制等一些重大改革，很大程度上取决于顶层设计和制度安排。必须以上带下，围绕侨情新变化和侨联工作中存在的不足，以问题为导向，研究改革举措，理顺体制机制，进一步明确侨联组织职责定位、领导体制、机构设置、组织制度、管理体制和指导关系等重大问题，切实帮助基层侨联解决一些长期未能解决的实际困难和问题。

激励基层探索和创新。侨联活力在基层。近年来，不少地方侨联结合各自侨情，在工作中创造了很多可复制、可借鉴的改革经验。各地通过学习借鉴后，收到了良好的效果。面对新侨情新问题新常态，要制定有效的激励措施，鼓励和支持基层侨联勇于突破，探索创新，大胆试大胆闯，进一步激发基层侨联组织的创造力和活力，激活基层侨联组织这一神经末梢，通过及时总结推广基层创造的好机制好经验好做法，以下促上。同时，还要引导基层侨联更好地问计于侨，集中侨界群众智慧，来更好地破解侨联工作中的难点和瓶颈问题。

注重整体谋划。适应国内国际两个大局发展需要，深入思考新形势下侨联工作的目标、优势、载体、方法，找准侨联在协调推进"四个全面"战略布局中的切入点、契合点、突破点。着眼海外侨情结构性差异，因地、因时、因人做好工作。牵住侨联工作"牛鼻子"，围绕党和政府的工作中心，围绕侨界群众的需求，立足自身、发挥优势、胸怀大局、把握大势、开阔眼界、开阔胸襟，多做打基础利长远的事，锲而不舍、扎扎实实，步步为营、久久为功。不断扩大侨联组织的代表性和广泛性，健全直接联系侨界群众服务侨界群众制度，完善党建带侨建机制，加强基层群众工作，提升群众工作能力和水平，提升侨联组织的动员力、号召力、影响力和社会公信力，使侨联干部真正成为真诚贴心的侨胞之友，使侨联组织真正成为深受信赖的侨胞之家。

2月4日　把温暖送给每一位侨界群众

每年春节期间，赴基层慰问归侨侨眷，是侨联组织的一个好传统。今天赴滁州市看望慰问归侨侨眷，先后来到全椒县侨眷陈得银、侨属余承霞、来安县侨眷朱东升和滁州市归侨吴梅家中看望，为他们送去党委、政府及侨界的温暖，了解他们生活、身体和海外亲属的工作情况，祝愿他们身体健康、阖家幸福。其间，我还就推进全椒县、来安县侨联组织建设，发挥侨联组织资源优势，服务地方经济社会发展等工作与市县党政领导进行了交流。

2月17日　"亲情中华·欢聚宿州"慰问演出深受好评

经过这一段时间的精心筹备，由中国侨联、安徽省侨联以及宿州市人民政府共同主办的"亲情中华·欢聚宿州"慰问演出在宿州大剧院如期举行。动听的歌曲唱起来，欢快的舞蹈跳起来，美好的祝福送上来。正值猴年新春，中国侨联"亲情中华"艺术团来到安徽宿州。像是盛大的节日，千余人的大剧院座无虚席。台上的演员卖力，台下的观众动情，连接彼此的不仅是精彩的表演，更来自内心的一份牵挂与共通。杜舜德是一位当地侨眷，看了演出后，他十分激动地说："非常感谢中国侨联和省侨联邀请我们来观看此次演出。作为侨眷我感触良多，这些年来我们国家变化发展十分之快，党和政府一直在关心侨胞、侨眷，在物质生活和精神生活两方面给予我们很多帮助。我希望能有更多的华侨华人，无论身在国外还是国内，都能心系祖国，继续为国家作贡献。"宿州市民黄女士带着女儿一起来观看演出，她说："真高兴能有机会看到这么精彩的演出，衷心祝愿活动越办越好，也祝海内外华人华侨猴年吉祥。"

2月18日　"亲情中华·欢聚蚌埠"慰问演出精彩纷呈

羊随新春辞旧岁，猴接正气报新春。中国侨联"亲情中华"艺术团来到安徽蚌埠。每一曲都是高潮，每一刻都是享受。家家户户庆团圆，欢欢喜喜贺新年。演出过程中，远在美国、巴西、印度尼西亚、加拿大、澳大利亚、新加坡等国家的蚌埠籍侨胞通过视频向家乡人民拜年并祝"亲情中华·欢聚蚌埠"演出圆满成功。一千多人的剧场楼上楼下座无虚席，男女老少，有的甚至是全家出动，每个人脸上都洋溢着幸福的笑容。

2月23日　与安徽省张治中文化教育基金会副理事长朱一山座谈交流

在与安徽省张治中文化教育基金会副理事长朱一山一行座谈交流时，充分肯定安徽省张治中文化教育基金会自成立以来开展的各项社会公益活动，希望张治中文化教育基金会进一步创新思路，彰显侨界特色，着眼社会需求，创设公益项目，加大宣传力度，加强规范化建设，不断提升基金会的社会影响力和公信力，更好地发挥基金会应有的作用。朱一山表示，将在省侨联的指导下，更多地参与安徽"侨爱心"工程，在为侨服务中寻求更多的合作，为安徽的经济社会发展和和谐社会建设多做贡献。朱一山系著名爱国将领张治中将军的外孙，其母亲张素久是美国著名侨领、张治中文化教育基金会理事长。

3月5日　侨联工作必须找准自身定位和发挥作用的领域

我认为，做好新形势下侨联工作，要适应国内国际两个大局发展需要，找准自身定位和发挥作用的领域，找准侨联在推进"四个全面"中的责任和切入点、契合点、突破点，保持和增强侨联工作的政治性、先进性、群众性。要按照习近平总书记重要讲话要求，处理好服务大局与服务所联系群众的关系。一方面，要围绕和服务好党委、政府中心工作，做到党有所呼、群有所应，对党委、政府重大决策部署闻令而动、积极呼应，发挥优势、尽力所能。如在服务调结构转方式促升级行动计划、战略性新兴产业发展、高层次人才工作等方面发挥资源优势，积极牵线搭桥。另一方面，党委、政府不同阶段不同时期，都有新重点新部署新要求，作为群团，要把握侨情新变化新特点，特别是着眼海外侨情结构性差异，因地、因时、因人、因地做好工作。要适应侨联工作归口"大统战"工作的新要求，统筹和有效整合资源，因势利导，发挥优势，进一步做好海外统战工作和留学归国人员及亲属工作。要有新理念新思路，找到新手段新方式，建立新平台新载体。作为侨联党员干部特别是党员领导干部，要有"钉钉子"的精神和"功成不必在我"的胸怀，多做打基础利长远的事，以一抓到底的耐心、定力和韧劲，锲而不舍、扎扎实实、步步为营、久久为功，干出水平、干出实绩。各级党委和政府对侨联工作越来越重视、越来越支持，但是侨联工作有困难、有矛盾、有问题，也将是一个常态。这就需要我们不等待、不埋怨、不懈怠、不怕苦、不叫屈，树立大情怀、发挥大智慧、讲求大奉献，把侨联工作当作一份事业来追求，把这份事业当作一门学问来研究，任劳任怨守阵地，心无旁骛干事业，自我加压、抬高标杆、有所作为。要把握工作节奏，既注重总体谋划，又注重牵住"牛鼻子"，把围绕党和政府的工作中心和围绕侨界群众的需求有机结合起来，立足自身，发挥优势，不断创新工作方式，创新工作载体，创造性地把侨联为侨服务的各项工作做好。

3月18日　冰岛华人女高音歌唱家许雯家乡献唱

今晚，合肥幼儿师范高等专科学校音乐厅座无虚席，中冰文化交流——冰岛华人花腔女高音歌唱家许雯专场演唱会在这里举行，该活动由省侨联主办，合肥市侨联、合肥幼儿师范高等专科学校承办，安徽省华侨文化交流促进会协办。合肥市归侨侨眷、合肥幼儿师范高等专科学校师生等200余人观看演出。我代表省侨联致辞，对许雯演唱会的举办表示祝贺。冰岛华人华侨协会名誉会长、省侨联海外委员许雯受安徽省侨联邀请，怀着对家乡的深情，带着具有冰岛风情的节目回到安徽，为我们送来艺术大餐，搭建了中国与冰岛文化交流的平台，促进了中冰民间友好。演出在优美的 *Vorvindur*（《春风》）拉开序幕，许雯先后倾情演唱了 *Leitin*（《找寻》）、*Lascia ch'io pianga*（《让我痛哭吧！》）、*Alleluja*（《阿利路亚》）、*Mein Herr Marquis*（《笑之歌》）等著名歌曲。冰岛著名钢琴家安娜·蓉·阿特拉多提尔用她精湛的技艺现场为许雯伴奏，精彩的演唱和美妙的伴奏赢得现场观众的阵阵喝彩。当许雯饱含深情地为观众献上耳熟能详的《我爱你，塞北的雪》《玛依拉变奏曲》等经典歌曲时，引起现场观众的强烈共鸣，优美的旋律让现场观众深深陶醉。这些歌曲抒发了海外侨胞对祖国的挂念之情，并将音乐会推向高潮。许雯一首甜美悠扬的歌 *Bel Raggio Lusinghier*（《美丽希望之光》）掀起了现场阵阵高潮，观众情不自禁随歌声挥舞手臂为其喝彩，有观众上台为许雯女士献花，将演出再次推向高潮，最后音乐会在优美的《我爱你中国》歌声中落下帷幕。

4月13日　切实做好高校助困和志愿服务工作

这几年到高校调研慰问，发现不少侨界老教师存在身体不好、子女不在身边等方面困难，我一直在思考如何解决高校的这一困难问题。今天下午，主持召开在肥高校侨联负责人座谈会，中国科学技术大学侨联、合肥工业大学侨台联、安徽大学侨联、安徽医科大学侨联、安徽中医学院侨联小组等高校侨联组织负责同志及省侨联文宣部有关同志参加会议，就高校如何针对校内困难归侨侨眷开展助困、志愿服务工作进行座谈交流。与会高校侨联负责同志介绍了各自学校困难归侨侨眷的基本情况，并立足高校实际提出了助困、志愿服务工作的建议。在听取大家发言后，我也说了自己的意见。高校的困难归侨侨眷具有困难需求的特殊性和多样性，各高校侨联要发挥各自优势和作用，积极作为，摸清底数，梳理分析，建立志愿者队伍，制定工作计划，有重点、有针对性地开展工作。要协调高校有关部门，结合高校相关工作，做好困难归侨侨眷补缺补位。通过一系列务实有效的志愿服务，让困难归侨侨眷得到侨联组织真正关心、关爱、帮助，把为侨服务在高校侨联进一步做深、做细、做实。

5月5日　接待泰国泰中文化联合会秘书长吴红

今天上午，泰国泰中文化联合会秘书长吴红到访省侨联。作为省侨联海外顾问、省华侨国际文化交流促进会副会长，吴红多年来一直关心支持家乡的发展建设，致力于推动中泰两国特别是泰国和安徽双方的经贸合作和文化交流。2015年，在吴红女士积极协调下，24名泰国华裔师生来皖参加"亲情中华·汉语桥"夏令营活动。希望吴红女士继续发挥自身在泰国的影响力，积极筹备成立皖籍侨团组织，带领泰国的皖籍侨胞在助推泰国与安徽经贸、人才、文化、科技、旅游等方面交流合作，推动中泰友谊作出更大贡献。吴红说，她的祖籍是安徽合肥，对安徽有一份独特情感，每次回到家乡都倍感亲切，尤其是看到家乡近几年的发展变化非常高兴，作为省侨联的海外顾问，她将积极发挥自身优势，加快推动泰国安徽侨团组织建设，搭建好中泰交流平台，在助推泰国与安徽在经贸往来、科技合作、文化交流中发挥积极作用，也希望省侨联能够组织一些交流活动到泰国来，她将积极做好各项服务和保障工作，共同把安徽的优秀企业和灿烂文化推向世界。

5月23日　合肥第一家园区侨联成立

合肥市蜀山国际电子商务产业园第一次归侨侨眷代表大会今天召开，这是合肥市成立的第一家园区侨联。蜀山区是省会合肥的"科教中心"，也是合肥市的"活力中心"，依托国际电商园、工业设计城、青年创业园等载体和平台，侨务资源十分丰富，大批新侨活跃在各个领域，集中在各类园区中发展事业，为蜀山区的经济社会发展作出突出贡献。实践证明，广大归侨侨眷和海外侨胞以及新侨人士是打造创新型"三个强省"、建设美好安徽的宝贵资源，也是加快合肥市和蜀山区以及电商园发展的重要力量。

5月26日　推动全省侨联文化宣传工作创新发展

如何围绕中心、服务大局，结合各地实际和侨联发展变化的新形势，推动侨联系统文化宣传工作创新发展，省侨联在芜湖召开文化宣传工作座谈会，听取各市侨联负责人的意见。会上，我谈了自己的思考：要整合资源，完善载体，开拓创新，打造品牌，推动全省侨联系统文化宣传工作再上新台阶。一要有认识，把做好新时期侨联系统文化宣传工作放在党和国家大局，放在各级党委政府中心工作和推动侨联事业更好发展中来谋划，力争有创新、有亮点、有特色；二要有目标，按照侨联工作"两个拓展"和建设创新型"三个强省"的要求，认真研究侨联文化宣传工作的受众对象特点和需求，提高侨联系统文化宣传工作的针对性和精准度；三要有方法，建立侨联文化宣传活动项目化、项目责任化的工作机制，制定科学有效的工作规划，有计划、有步骤、有重点地加以推进，丰富活动内容和形式，加强上下联动、左右互动，创新工作手段，激发活力，凝聚文化宣传工作合力；四要有深度，要着力加强理论研究、侨史研究，深度发掘各地侨联的特色和资源，树立久久为功的意识和首创精神，推动全省侨联系统文化宣传工作全面发展、创新发展。

6月7日　社区侨联要做好"四篇文章"

合肥市蜀山区三里庵街道梅山路社区高校、商贸、机关等集中，侨界人才、归侨侨眷资源丰富。今天梅山路社区召开第一次归侨侨眷代表大会，这是合肥市成立的第一家社区侨联，是侨联基层组织建设的进一步延伸。希望新成立的社区侨联要努力做好"四篇文章"：一要做好"聚侨"文章，要积极做好侨情调研，摸清侨情资源，把更多的侨界群众联系起来，通过丰富多彩的活动凝聚侨心；二要做好"护侨"文章，强化宗旨意识，加强侨法宣传，依法维护侨界群众的合法权益，倾听侨界群众心声诉求，真正帮侨困、解侨忧；三要做好"用侨"文章，积极把侨联组织的作用发挥好，把资源用足用活用好，为蜀山区引资引智引才工作搭建平台、牵线架桥；四要做好"建家"文章，不断加强自身建设，按照"建家当友"的要求，努力把侨联建设成归侨侨眷和海外侨胞的温馨家园，增强侨界群众的归属感。

6月10日　做工作要讲究方法

关于工作方法问题，毛主席曾有一个非常形象的比喻："我们的任务是过河，但是没有桥或没有船就不能过。不解决桥或船的问题，过河就是一句空话。不解决方法问题，任务也只是瞎说一顿。"讲究工作方法和艺术，是适应和胜任工作的一个紧迫的课题。方法得当，事半功倍；方法不当，事倍功半。我认为，侨联作为人民团体，要想做好群团工作，方法很重要。侨联工作是做"人"的工作，要学会与人打交道，善于交友。比如，在联络联谊工作中，要掌握好方法，处理好各种关系：广交与深交的关系、虚交与实交的关系、远交与近交的关系、公交与私交的关系。

6月13日　做好做实对口帮扶工作

为把对口帮扶工作做好做实，今天和机关有关部室负责人赴省侨联对口帮扶村——宿州市埇桥区大泽乡镇大韩村调研，对大韩村进行了实地考察，召开座谈会听取镇、村干部有关情况介绍，并看望部分重点贫困户。省侨联将按照省委、省政府要求切实做好对口帮扶工作，采取有效措施，根据大韩村实际情况实施精准扶贫。对村里急需解决的实际困难和重大民生工程，多做牵线搭桥服务，并充分发挥侨联的资源优势，多联系侨商、侨企共同做好对口帮扶工作。把省侨联"侨爱心工程"慈善项目向对口帮扶村倾斜，动员更多海外爱心人士、侨商侨企、侨联机关干部职工与贫困户结对帮扶。建立省侨联与对口帮扶村顺畅有效的联系渠道和方式，定期通报情况，及时沟通联系。希望大韩村"两委"认真细致地精准识贫，做好全村贫困户台账，以便针对贫困户的准确数量、分类等级、致贫原因、基本诉求等，有效制定具体帮扶措施。

6月24日　组织"江淮情·侨乡行"媒体采风活动

6月22日至24日，省侨联组织"江淮情·侨乡行"媒体采风活动，旨在通过新闻媒体的不同视角反映侨乡新变化、侨乡群众新生活，向海内外侨界展示我省侨乡新气象，进一步传播安徽好声音、讲好安徽故事。新华网、中新社等部分中央驻皖媒体和《安徽日报》、安徽省人民广播电台、《新安晚报》、安徽生活网等省内媒体记者参加活动。几天来，我带领记者团先后深入侨乡——合肥市肥东县长临河镇、黄山市歙县进行实地采风，记者们采写了多篇报道，取得了丰硕的成果，在海内外侨界引起强烈反响。

7月12日　多为留守儿童办实事

安徽省刘少雄博爱基金会分别向安庆市岳西县菖蒲中心学校和店前中学捐赠"爱心书屋"，我代表省侨联为两所学校"爱心书屋"授牌，希望"爱心书屋"所在学校加强书屋管理，发挥书屋的作用，丰富学生精神文化生活，让学生们阅读到更多有益书籍，引导和激发学生的阅读兴趣，助力学生成长成才。"爱心书屋"是由刘少雄博爱基金会发起的爱心项目，以"留守儿童"贫困学生帮扶为主体，本着"爱心无界、共沐书香、同享知识"这一理念，为每个"爱心书屋"提供3万元购书资金，由项目所在学校根据学生需求和教育教学实际，采购课外阅读书籍。

7月18日　服务和保障侨资侨属企业健康发展

如何更好地促进和保障侨企健康发展，今天主持召开部分侨资侨属企业负责人和律师座谈会，就省侨联和省检察院联合出台《关于服务和保障侨资侨属企业健康发展的意见》（征求意见稿）征求意见。我在讨论时说，省侨联和省检察院一直酝酿出台保护侨资侨属企业健康发展相关文件，经过多轮修改，文件的初稿已经形成，会后将认真研究，汲取大家的智慧，争取文件早日出台。省侨联将积极响应侨界群众需求和期待，利用多种形式，主动做好侨界群众普法宣传工作，提高侨界群众的法治意识；主动关注侨界群众的司法需求，积极帮助其解决实际工作和生活中遇到的困难；积极与省检察院等部门对接，深入贯彻文件精神，抓好文件落实工作；进一步加大宣传力度，让广大侨商和侨界群众知晓文件、学习文件，通过法制手段维护自身合法权益，在全社会形成爱侨、护侨的浓厚氛围。

7月22日　让为侨服务更接地气

今天下午，赴包河区望湖街道沁心湖社区组织开展"两学一做"进社区、为侨服务进社区、志愿活动进社区、侨联联动进社区"四进"活动，联合安徽医科大学侨联举办了"三高防治"主题沙龙，省侨联文化宣传部党支部与包河区望湖街道沁心湖社区党支部进行了座谈交流。这是为侨服务深入社区、深入群众的一次新的探索，是发挥各级侨联联动作用和志愿服务有机结合的实践。从活动效果看，此次活动深受社区侨眷和社区群众的欢迎，也为基层侨联创新活动形式、丰富活动内容、探索为侨服务新路径积累了新经验；从创新侨联工作看，通过"两学一做"进社区，推动了省侨联、高校侨联、区侨联和社区侨联的联动和优势互补，整合了资源，使为侨服务更接地气。同时，建立了省侨联文化宣传部党支部与沁心湖社区党支部的结对关系，搭建了党员进社区平台，也将进一步促进社区"党建带侨建"作用的发挥。

8月19日　大灾面前有大爱

省侨联转赠海外侨胞抗洪救灾爱心捐款仪式在芜湖市举行，我在仪式上转达了海外侨胞对灾区群众的问候，并把澳大利亚墨尔本安徽同乡会、新西兰安徽同乡会、新加坡安徽商会和美国德克萨斯州安徽同乡会的爱心捐款转赠给芜湖市。今年的洪涝灾害波及面广，持续时间长，安徽更是受灾地区多，受灾群众多。安徽灾情发生后，海外10多个国家和地区的侨团及侨胞通过多种形式，纷纷与省侨联取得联系，关心关注着抗洪救灾情况，省侨联也在第一时间发起各种形式的抗洪救灾捐赠倡议，得到了海外侨胞及爱心人士的积极响应。一笔笔爱心捐款自发地向省侨联汇集，充分彰显了侨界"心系祖国、倾情桑梓"的赤子情怀和"扶贫济困"的优良传统，也显示出"大灾面前有大爱"的真情。我还代表省侨联前往受灾严重的无为县泥汊镇保安村看望受灾侨眷，并送去慰问金，鼓励他们克服困难，搞好灾后重建。

8月28日　发挥侨的优势，助力基层综合治理

按照工作安排，我赴省侨联综治工作联系点黄山市黄山区调研，在听取黄山区委政法委负责同志关于综治工作情况介绍后，肯定黄山区综治工作扎实推进，主动适应经济发展新常态，强化风险防控，深入推进社会综合治理，深化平安建设，实现了"五个未发生"目标，黄山区群众总体安全感较高，位列全省及黄山市前列。希望黄山区再接再厉，进一步总结经验，勇于开拓，破解难题，补齐短板，探索社会矛盾化解新机制，夯实平安建设的基层基础，推动综治工作再上新台阶。作为省侨联综治工作的联系点，省侨联将进一步加强与综治联系点黄山区的联系，建立交流互动的工作机制，发挥侨联的资源优势，为黄山区综治工作再创佳绩提供必要的支持和帮助。

9月5日　接待泰阳国际（泰国）有限公司总裁汪洋

今天在接待泰阳国际（泰国）有限公司总裁汪洋一行时，感谢汪洋先生在促进中泰经贸往来与合作交流及为安徽企业走出去所做的大量工作，期待汪洋先生把在泰国的皖籍乡亲团结凝聚起来，多为家乡经济发展献计献策、多做贡献。汪洋先生感谢省侨联的热情接待，详细介绍了泰阳国际（泰国）有限公司发展情况及皖籍乡亲在泰工作生活情况，表示今后将加强同侨联的交流与合作，多为家乡经济建设服务。

9月22日　皖籍海外侨胞故乡行

作为庆祝中国侨联成立60周年系列活动之一，由中国侨联和安徽省侨联共同主办的"海外侨胞故乡行"活动，将先后走进文化底蕴深厚的滁州、芜湖等地。按照中国侨联要求，省侨联从众多皖籍海外侨胞中邀请了63位在各领域具有代表性的侨领组成"皖籍海外侨胞故乡行"参访团，赴省内部分地区参观访问，旨在让海外侨胞亲身感受家乡的巨大变化，感受故土的浓厚乡情，感受家乡人民的热情好客，共同庆祝侨界盛事，为共筑中国梦和建设美好安徽贡献侨界力量。

长期以来，海外侨胞与祖国和家乡人民同呼吸、共命运，积极支持和参与祖国和家乡的经济社会发展。海外侨胞始终怀着赤子之心，情牵桑梓、心系故园，无论身在哪里，总是牵挂着家乡发展，关注着家乡的变化，发挥各自优势，通过各种形式，为家乡的建设和发展，无私地奉献着智慧和力量。实践证明，家乡的开放发展、创新发展，离不开海外侨胞的支持与帮助，凝聚着广大归侨侨眷和海外侨胞的心血和汗水。与此同时，皖籍侨胞们积极发挥在住在国的影响力和号召力，推动皖籍侨团的建设和发展，团结组织和凝聚起当地皖籍侨胞，用团结、善良、仁义、诚信、自信、和谐、包容等优秀品质，树立了安徽人在海外的良好形象。可以说，皖籍海外侨胞是安徽在海外的一张张生动名片，通过皖籍海外侨胞，安徽声音在海外传播得越来越广，安徽故事在海外演绎得越来越精彩。

多年来，省侨联积极发挥侨联组织优势，在广大归侨侨眷和海外侨胞的支持和参与下，紧紧围绕省委、省政府中心工作，积极搭建招商引资、招才引智、联外联谊、文化交流、维护侨益、参政议政、侨爱心工程等工作平台，履行以侨为本、为侨服务的职责，不断提升为侨服务的能力和水平，赢得了侨界群众的信任和好评。省侨联将同各位皖籍海外侨胞一道，广交四海宾朋，凝聚八方志士，更好地发挥侨力、汇集侨智、维护侨益，为打造创新型"三个强省"、建设美好安徽作出更大的贡献。

滁州和芜湖两座城市历史悠久、文化昌盛，区位优越、交通发达，山清水秀、宜居宜业，资源富有、厚积薄发。近年来，滁州、芜湖不断加快改革开放步伐，创新体制机制，构建了良好的发展环境，正成为一方投资热土。通过这次参访活动，海外侨胞们一定能感受到滁州、芜湖不断开放的胸怀和蓬勃发展的活力，愿滁州、芜湖之行能给各位侨胞们留下美好而深刻的印象。

10月8日　锤炼好品行

作为侨联的一名党员干部，如何锤炼好的品行？一要忠诚，坚决拥护党的领导，认真执行党的决定，加强侨界的政治引领，在大是大非面前旗帜鲜明，立场坚定，决不搞"上有政策、下有对策"，不搞有令不行、有禁不止，不在执行过程中打折扣、做选择、搞变通。二要感恩，时刻不忘组织培养，常怀感念之心，常念感激之情，常报感恩之德，把感恩之心化作报恩之举，把更多的精力投入到为侨服务的工作之中，做到用感恩之心对待组织、信赖之心依靠组织。三要敬业，干一行、爱一行、钻一行、精一行，脚踏实地、埋头苦干。要从自己做起，从身边做起，从点滴做起，克服心浮气躁、急功近利、好高骛远等不良倾向，兢兢业业、扎扎实实地做好侨联的每一项工作。四要吃苦，党员干部要做到"有功劳的时候不伸手，有苦劳的时候不计较，有疲劳的时候不抱怨"，在工作中肯于吃苦、乐于吃苦、敢于吃苦。

10月26日　宣城市第二次归侨侨眷代表大会召开

宣城市第二次归侨侨眷代表大会召开，我出席大会并代表省侨联向大会的召开表示热烈祝贺，向给予侨联工作关心支持的宣城市委、市人大、市政府、市政协以及市各有关部门和社会各界表示衷心的感谢。希望宣城市侨联坚定政治方向，为经济社会发展增光添彩；发挥独特优势，为引资引智工作牵线架桥；强化宗旨意识，为和谐社会建设贡献力量；把握历史机遇，为推进侨联改革奠定基础。

11月1日　接待美国安徽同乡联合会张玉一行

今天在接待到访的美国安徽同乡联合会秘书长张玉一行时，对美国安徽同乡联合会换届大会成功召开表示祝贺，希望美国安徽同乡联合会能够把在美的皖籍乡亲团结凝聚起来，合作共赢、共谋发展，为家乡经济社会发展多做贡献。张玉秘书长详细介绍了美国安徽同乡联合会换届情况及在纽约的皖籍乡亲的工作生活情况，表示愿意今后加强同侨联的交流与合作，为家乡经济建设和社会发展贡献力量。

11月17日　"亲情中华·美好安徽"艺术团赴澳大利亚、新西兰和斐济慰问演出

带着丰硕的访问成果，带着侨胞们的一片盛情，今晚平安顺利回到合肥，这些天来一直紧张而充满期待的心终于落了地……受中国侨联委派，应澳大利亚安徽同乡会、新西兰中国团体联合会、斐济华人文化体育协会邀请，安徽省侨联"亲情中华·美好安徽"艺术团于2016年11月7日至16日，分别赴澳大利亚悉尼和墨尔本、新西兰奥克兰、斐济苏瓦进行了慰侨演出。十天来，艺术团一路辗转、马不停蹄，日夜兼程、风尘仆仆，通过精彩的演出和联谊活动，把祖国和家乡的思念与问候带给

了海外侨胞，也带回了广大华人华侨对祖国和家乡的美好祝愿，促进了中外文化交流，弘扬了中华传统文化特别是徽文化，宣传推介了安徽，为促进安徽与澳、新、斐的合作发展奠定了基础。十天来，艺术团进行了四场慰问演出，共有3000余名华人华侨和国际友人观看，受到广泛的关注和好评。演出勾起海外侨胞的思乡之情，引起强烈共鸣。许多侨胞说，好久没有看到这么精彩的演出了，期望今后能更多地看到来自家乡的演出。新华社、澳洲网、《斐济日报》、斐济华人新闻网等媒体给予演出全方位、多角度报道。艺术团所到之处，在当地都刮起了一股"安徽风"。十天来，艺术团与三国四地的中国使领馆进行会见交流，介绍安徽省情侨情，共商侨务合作。中国驻悉尼总领事馆副总领事童学军、驻墨尔本总领事馆副总领事林静、驻新西兰大使馆参赞陈跃、驻奥克兰总领事馆副总领事宋陈懋、驻斐济大使张平等分别观看演出并给予充分肯定。十天来，艺术团与三国四地二十多个侨团和近百位侨领进行了广泛深入的联络联谊，看望了老朋友，结识了新朋友，增进了与各方的友谊，加深了亲情乡情友情，推进了安徽省侨联与澳、新、斐侨界的联系与合作。十天的访问演出取得了圆满成功，达到了预期目的。艺术团成为家乡的使者、文化的使者、友谊的使者。衷心感谢中国侨联的关心支持，感谢悉尼华星艺术团、澳大利亚安徽青年精英联盟、澳大利亚安徽同乡会、新西兰中国和平统一促进会、新西兰安徽同乡会和斐济华人文化体育协会等各个侨团的热情接待、精心组织和周到安排，特别要感谢余俊武、陈凌，丁长海、李娟、刘莉，严隽人、赵敬平、朱玺、邢月萍，施杰、顾春娟等各位侨领的辛劳付出，让你们费心了！衷心感谢艺术团的全体成员：中国戏曲学院孙云岗、中国东方歌舞团淮梓伦、王宁，北京歌舞剧院张爱等各位艺术家以及安徽省歌舞剧院薛伟、麻莹莹、王磊、邵永宝、庄群，省杂技团张成君、张殿勇，省黄梅戏剧团邬云等各位老师，正是你们使得今夜无眠，今夜星光灿烂；你们敬业细致、精益求精的态度，团结合作、相互配合的作风，不怕疲劳、连续作战的精神，令人敬佩，道一声：你们辛苦了！侨联是侨胞之家，为侨服务是侨联永恒的宗旨。流逝的是时间，留下的是永远不变的友谊。让我们共同祝愿美好安徽，共筑中华民族伟大复兴的中国梦。

安徽省侨联"亲情中华·美好安徽"艺术团赴澳大利亚、新西兰和斐济慰问演出活动取得圆满成功

（安徽侨之声）为加强与海外华侨华人的联系，深化同海外侨团（社）的友好关系，弘扬中华优秀传统文化，展示徽文化的独特魅力，受中国侨联委派，应澳大利亚安徽同乡会（墨尔本）、新西兰中国团体联合会、斐济华人文化体育协会邀请，2016年11月7日至16日，安徽省侨联党组成员、副主席兼秘书长杨冰率领"亲情中华·美好安徽"艺术团赴澳大利亚、新西兰和斐济开展慰问演出活动。

图为艺术团领导、使领馆官员以及当地侨领与艺术团合影，祝贺演出成功

每场演出之前，杨冰代表安徽省侨联向海外侨胞致以亲切的问候和良好的祝愿，期待大家常回家乡看看，常到家乡走走。杨冰指出，这次专程赴澳大利亚、新西兰和斐济慰问演出，正是期望通过这一文化交流活动，进一步弘扬中华优秀传统文化，加强安徽与澳大利亚、新西兰和斐济的合作与交流，为促进双方之间发展共赢奠定基础。杨冰指出，华侨华人是世界了解中国的窗口和中国走向世界的桥梁，海外侨胞更是安徽发展的宝贵资源，多年来，广大侨胞虽身在海外，却时刻情牵桑梓、心系故园，许多侨胞积极宣传安徽、推介徽文化，搭建了各种有效的平台，拓宽了安徽在海外的联系宣传渠道，在安徽与世界各国经贸往来和文化交流中发挥着越来越重要的作用。侨联是团结联系归侨侨眷和海外侨胞的群众团体，是"归侨侨眷和海外侨胞之家"。杨冰希望广大海外侨胞能充分发挥自身优势和独特作用，做中华文化的传承者、和平统一的促进者、中外友好的推动者和实现中国梦的参与者，同时，一如既往地关心支持安徽发展，当好促进合作的"信息员"、宣传安徽的"推介员"、建言献策的"参议员"，为不断扩大安徽同各地的交流合作，为安徽改革开放和现代化建设多做贡献。

图为省侨联党组成员、副主席兼秘书长杨冰致辞

短短十天时间，艺术团奔赴澳大利亚悉尼、墨尔本，新西兰奥克兰和斐济苏瓦三国四地，举行四场专场慰问演出活动。艺术团为海外侨胞带去丰富多彩的文艺节目，3000余位华人华侨和国际友人观看了演出。全国孔雀声乐大赛优秀奖获得者、安徽省歌舞剧院青年歌手庄群的《茉莉花》《王三姐赶集》，第二届中央电视台黄梅戏大赛金奖获得者邬云带来黄梅戏选段《谁料皇榜中状元》《夫妻双双把家还》，一首首脍炙人口、耳熟能详的经典歌曲和地方戏曲令人回味无穷；中国东方歌舞团青年歌唱家淮梓伦演唱的《那就是我》《故乡的云》，勾起了海外游子思乡之情；中国东方歌舞团青年舞蹈家王宁的舞蹈《年年有余》、安徽省歌舞剧院副院长薛伟领衔的特色民俗舞蹈《双回门》，以及安徽地方戏《花鼓欢庆》，令人目不暇接；首届"吴桥"杂技比赛金奖演员张殿勇的杂技《切砖》和首届"吴桥"杂技比赛金奖获得者、安徽省杂技团首席魔术师张成君的魔术《手彩》，安徽省歌舞剧院青年演员邵永宝的川剧《变脸》等节目与观众互动不断；中国戏曲学院教授、当代优秀唢呐演奏家孙云岗的器乐串吹《华夏同心曲》，杂糅多种艺术形式的表演，令观众惊叹不已；北京歌舞剧院青年歌唱家、一级演员张爱的《中华颂》《芦花》把晚会推向了高潮。

　　悉尼、墨尔本和奥克兰华人华侨也与国内艺术家同台献艺。舞蹈 *You Raise Me Up*，悉尼华星露茜芭蕾舞学校的学生们用优美的舞姿为观众演绎了一个励志与感恩的故事；新西兰东方歌舞团的舞蹈《盛世中华》表达了海外侨胞希望祖国繁荣昌盛的愿望和海内外中华儿女同圆中国梦的心声；悉尼华星枫叶红艺术团、墨尔本华侨曹晓萍表演的京剧《梨花颂》《马前泼水·忆往事》字正腔圆，一招一式有板有眼；奥克兰华侨李芬的一曲《我的深情为你等候》十分婉转动听，为观众带来深深的思念之情；悉尼和墨尔本当地华人华侨的旗袍秀则尽情地展现了东方女性的古典魅力。

　　四场演出台上台下互动交流，现场气氛十分热烈，场上不时响起阵阵掌声。艺术团所到之处受到了海外侨胞的热烈欢迎，演员们的精彩表演受到广大观众的一致好评。演出勾起海外侨胞的思乡之情，引起强烈共鸣。许多侨胞说，好久没有看到这么精彩的演出了，期望今后能更多地看到来自家乡的这样的演出。通过精彩的演出，把祖国和家乡的思念与问候带给了海外侨胞，也带回了广大华人华侨对祖国和家乡的美好祝愿，有力地促进了中外文化交流。访问期间，艺术团与三国四地的中国驻外使领馆工作人员进行会见交流，介绍安徽省情和侨情，共商侨务合作。中国驻悉尼总领事馆副总领事童学军，侨务领事孙彦涛、邱元兴；中国驻澳大利亚墨尔本总领馆副总领事林静、侨务领事张晓宏；中国驻新西兰大使馆陈跃参赞，驻奥克兰总领馆宋陈懋副总领事，驻布兰斯切奇总领事馆刘炼领事；中国驻斐济大使张平，参赞谷雨、杨迅雷等分别观看演出并给予充分肯定。

图为艺术团领导分别向中国驻悉尼、墨尔本领事馆赠送纪念品

图为艺术团与当地侨胞交流联谊

出访期间，艺术团与澳、新、斐侨界和国际友人进行广泛的联络联谊，广交新朋友，巩固老朋友，拓展了"朋友圈"，加深了亲情乡情友情。先后与中国侨联文化交流促进会副会长、澳大利亚华人文字艺术联合会主席余俊武，中国侨联海外理事、孔子研究会会长钱启国，澳洲中国和平统一促进会常务副会长田飞、澳大利亚安徽同乡会常务副会长任丛荣、澳大利亚安徽青年精英联盟暨安徽同乡联谊会会长陈凌、澳大利亚深圳商会会长刘启升、澳大利亚安徽同乡会会长丁长海、澳亚文教经贸促进会创会会长蒋天麟，新西兰中国和平统一促进总会会长严隽人、新西兰安徽总商会会长赵敬平、新西兰安徽同乡会会长华星、新西兰安徽总商会和安徽同乡会理事长邢月萍、新西兰中国团体联合会秘书长和志耘，以及斐济中国和平统一促进会、斐济广东商会、斐济华人文化体育协会等20多个侨团近百位侨领进行广泛的联谊，有力地宣传推介了安徽，艺术团所到之处，在当地刮起了一股"安徽风"。

访问期间，艺术团还与澳大利亚、新西兰和斐济等当地政要和政府官员深入交流。澳大利亚维州自由党社区发展委员会主席廖婵娥，万年兴市原市长杨千慧，维多利亚州华人社团联合会主席苏俊希，维州多元文化部长顾问委员会委员、戴瑞滨市前市长，自由党 Forest Hill 支部主席 Alan Hart、Maureen Hart，自由党博士山选区委员会副主席 Annemarie Warner、新西兰国会议员杨健，新西兰工党团队王丽，新西兰人民党党魁、副主席卿太行，鲁特罗瓦副市长 Trevor Maxwell 等当地政要和政府官员分别观看演出，并与艺术团团长杨冰等深入交流，加深了双方的了解，缔结了新的友谊。

杨冰还与新西兰华人电视台TV33、新西兰中文先驱报、新西兰怀卡托周报等海外媒体进行了广泛交流，期待他们多宣传推介安徽。新华社、澳洲网、斐济日报、斐济华人新闻网等众多媒体对演出进行了全方位多角度报道。

图为艺术团受到到海外侨胞的热烈欢迎

图为演出现场

11月29日 接待美国哈佛大学医学院华人专家学者联合会主席钱玉

今天，接待到访的美国哈佛大学医学院华人专家学者联合会主席钱玉博士，表示省侨联将努力加强与海外侨胞的紧密联系，为他们在国内发展做好服务，提供帮助，希望海外广大皖籍侨胞常回来看看，关心家乡建设，特别是在引才引智方面发挥独特作用，为家乡发展多做贡献。钱玉介绍了美国哈佛大学医学院华人专家学者联合会的情况，表示今后愿意利用这个平台，加强同省侨联的交流与合作，为家乡经济建设和社会发展贡献力量。

11月30日　合肥市县区侨联组织实现全覆盖

长丰县第一次归侨侨眷代表大会召开，标志着合肥市县区侨联组织实现了全覆盖，彰显出合肥市在创新发展、转型发展中对侨联工作的高度重视。相信在合肥市委、市政府开放的视野下，一定会吸引更多的海内外项目和人才向这里集聚，为经济社会发展注入新的活力。

12月2日　杨振宁祖居地肥西县三河镇侨联成立

杨振宁先生的祖居地——合肥市肥西县三河镇举行侨联成立暨揭牌仪式。近年来，三河镇立足旅游资源优势，积极发掘历史文化资源，积极打造文化、旅游配套产业，走出了一条绿色、开放、共享的可持续发展道路，旅游品质日益提升，服务功能日益完善，已成为我省旅游资源中独具特色的重要组成部分。希望三河镇侨联主动服务大局，充分发挥侨联"联系广泛、人才荟萃"的独特优势，围绕党委、政府中心工作，积极搭建国际文化交流、旅游推介平台，让魅力三河享誉海外，为提升三河古镇知名度和影响力贡献力量。

12月21日　接待美国南加州安徽同乡会会长洪莹莹一行

今天在接待美国南加州安徽同乡会会长洪莹莹及秘书长金圣如一行时，我对洪莹莹一行到访省侨联表示欢迎，感谢美国南加州安徽同乡会对省侨联去年出访洛杉矶时给予的热情接待，并向洪莹莹会长介绍了海外侨胞故乡行、徽商大会等重大活动，以及"亲情中华"夏令营、艺术团赴海外慰问演出等文化交流活动。近年来，美国南加州安徽同乡会不断发展壮大，各种活动丰富多彩，通过多种形式关心支持家乡发展和公益事业，已成为美国比较有影响力的皖籍侨团。希望南加州安徽同乡会进一步团结凝聚更多的海外侨胞，更好地为皖籍侨胞服务，不断提升同乡会的影响力。同时，希望同乡会加强与省侨联的交流合作，促进安徽与美国之间的文化交流、联络联谊；积极牵线搭桥，为安徽招才引智、招商引资以及企业走出去作出贡献。洪莹莹表示，南加州安徽同乡会将进一步加强与省侨联联系，促进安徽与美国之间的合作交流，为安徽发展、引才引智等做好服务。

12月30日　接待海外青年侨领汪璐、顾春娟

墨尔本安徽同乡会理事汪璐，斐济华人文化体育协会秘书长、斐济中国和平统一促进会理事、商务部国际商报社上海站副站长顾春娟一行来访省侨联，我对省侨联"亲情中华·美好安徽"艺术团赴澳大利亚墨尔本和斐济开展慰侨演出期间两人给予的热情接待和周到安排表示感谢。希望今后继续深化联络联谊，推动澳大利亚安徽同乡会（墨尔本）、斐济中国和平统一促进会与省侨联之间的友谊合作，积极为安徽与墨尔本、斐济的经贸交往、文化交流等活动牵线搭桥，多做贡献。

2017 年

1月3日　撸起袖子加油干

今年是党的十九大召开之年，是实施"十三五"规划的重要一年，是供给侧结构性改革的深化之年，也是建设"五大发展"美好安徽的开局之年，推进侨联改革、做好侨联工作意义更加重大。全省侨联系统要切实把思想和行动统一到中央、省委和中国侨联要求上来，撸起袖子加油干，再接再厉、奋发进取，以更好的精神状态切实做好侨联改革、建设和发展的各项工作。

突出思想政治引领，牢固树立"四个意识"特别是核心意识、看齐意识。党的十八届六中全会的一个重要成果，就是明确了习近平总书记的核心地位。侨联是党领导的人民团体，必须紧密地团结在以习近平同志为核心的党中央周围，在思想上政治上行动上同以习近平同志为核心的党中央保持高度一致。要深入学习贯彻习近平总书记系列重要讲话特别是视察安徽重要讲话精神，引导各级侨联组织和广大侨联干部进一步树牢"四个意识"特别是核心意识、看齐意识，坚决维护习近平总书记党中央的核心、全党的核心地位。要以"侨与中国梦"为主题，深入推进中国特色社会主义和社会主义核心价值观教育，弘扬爱国主义精神，进一步凝聚正能量、激发正效应，强化对归侨侨眷和海外侨胞的政治引领，增强他们对中国特色社会主义的道路自信、理论自信、制度自信、文化自信，夯实为实现中国梦而奋斗的共同思想基础。

突出服务大局，为建设"五大发展"美好安徽作出更大贡献。安徽省是长三角和中部地区重要成员，处于"一带一路"和长江经济带重要节点，当前和今后一个时期，安徽仍处于大有可为的重要战略机遇期。安徽省第十次党代会确立未来五年的奋斗目标和重点任务，各级侨联组织要始终坚持围绕中心、服务大局，牢固树立和落实新发展理念，围绕推进供给侧结构性改革的主线，按照稳中求进的工作总基调，引导侨商侨企适应"去产能、去库存、去杠杆、降成本、补短板"五大任务要求，主动调整投资方向、产品结构、经营策略。各级侨联组织要充分发挥人民团体的优势，以增进亲情、乡情、友情为纽带，多渠道、多层次、多形式开展海外联谊工作，注重加强同海外侨胞年青一代和新华侨、留学人员及其社团的联系，找准安徽经济社会发展需求与海外侨胞优势的对接点，通过各种渠道为海外人才来皖创新创业提供服务、搭建舞台，广泛凝聚海内外同胞共同推进兴皖富民大业，帮助他们实现创业报国梦想，为决战决胜全面小康，建设"五大发展"的美好安徽贡献智慧和力量。

突出深化侨联改革，更好地服务侨胞侨眷。当前侨联工作中面临着一些困难和问题，破解这些难题，实现侨联事业的更大发展，唯一的出路在于全面深化改革。今年是侨联改革的开局之年。中共中央办公厅印发的《中国侨联改革方案》和安徽省委下发的省侨联改革实施方案，将侨联改革纳入了国家和全省改革的整体布局之中。我们要抓住这一重要机遇，按照保持和增强政治性、先进性、群众性的要求，着力解决机关化、行政化、贵族化、娱乐化的"四化"问题，坚持"两个并重"，深化"两个拓展"，推进侨联全面改革。在推进侨联改革的过程中，不可避免会遇到各种矛盾和困难，各级侨联要发扬敢于担当的精神，分清轻重缓急，主动作为，克服等一等、看一看、放一放的想法，把中央要求明确、侨界群众呼声较高、条件比较成熟、能够马上启动的那些改革任务抓紧做起来，以时不我待的历史担当把侨联改革向前推进。要深入基层一线，与侨界普通群众广交朋友，了解他们的期盼和诉求，听取他们的意见和建议，让广大侨胞切身感受到侨联改革带来的变化，进一步增强侨界群众的获得感和幸福感。

突出侨联组织自身建设，不断提高做好新形势下侨联工作的能力和水平。侨联是党和政府联系广大归侨侨眷和海外侨胞的桥梁和纽带，侨联工作是党和国家事业的重要组成部分。各级侨联组织要进一步加强自身建设，准确把握当前侨联工作面临的新形势新特点，积极拓展工作领域，创新理念思路和方式方法。要突出工作重点，善解工作难点，一件一件地抓落实，按照时间节点一个一个向前推进。要自我加压，自我督促，以上带下、以下促上，上下联动、统筹推进，把基层侨联组织建设得更加充满活力，更具凝聚力和向心力。各位侨联委员是侨联组织的领导力量和侨联工作的中坚骨干，是全省侨界的优秀代表，要一如既往地关心、支持和参与侨联工作，多出主意、多办实事、多解难事，共同为侨联事业出力增彩。各级侨联干部要深入学习领会习近平总书记治国理政的新理念新思想新战略，真正把学习当作一种精神境界、一种终身追求，不断提高理论素养、党性修养和工作水平，自觉用"两学一做"等学习成果指导侨联改革发展实践，努力做学习型、研究型、创新型侨联干部。侨联的改革正在路上，侨联的事业必将迎来新的机遇和挑战。全省各级侨联要主动把改革任务扛起来、把主体责任担起来、把各方面积极性调动起来，为侨联工作与时俱进地适应侨情变化、适应时代需要而努力奋斗，为决战决胜全面小康、加快建设创新、协调、绿色、开放、共享的美好安徽作出侨联组织更大的贡献，以更加优异的成绩迎接党的十九大胜利召开！

1月4日　"亲情中华"走进中国科学技术大学

"亲情中华——走进中国科学技术大学"慰问演出筹备工作座谈会在中国科学技术大学举行。此次中国侨联"亲情中华"艺术团在春节期间到中国科学技术大学慰问演出，是"亲情中华"艺术团走进高等院校的一次探索创新。我代表安徽省侨联介绍了"亲情中华"慰问演出活动情况，传达了中国侨联和安徽省侨联党组对"亲情中华"慰问演出活动的要求和希望，并就演出场馆落实、背景制作、舞台设计、灯光音响、节目构成、消防安全、车辆停放等相关细节进行了沟通，听取了与会同志的意见建议。中国科学技术大学有关领导转达了万立骏校长对"亲情中华"慰问演出走进中国科学技术大学的欢迎和感谢，表示将按照中国侨联和安徽省侨联的要求，高标准、高质量完成演出任务。

1月10日　新春送祝福

又是一年新春到。1月9日至10日，先后赴马鞍山市、芜湖市走访慰问归侨侨眷、基层侨联干部和侨资企业。9日，在马鞍山市慰问侨界群众，看望慰问敬老院孤寡老人，为他们送去党委、政府的温暖和侨联组织的新春祝福。每到一处，代表省侨联向归侨侨眷祝贺新年，对他们支持和参与侨联工作，积极为安徽经济社会发展所作的积极贡献表示感谢。在与他们座谈交流时，详细了解了他们的身体情况和生活保障情况，听取了他们对侨联工作的意见建议和心声诉求。在走访侨资企业豪邦置业有限公司时，听取了该企业市场预期、发展状况等有关情况介绍，了解了企业存在的困难问题，勉励企业树立发展信心，积极克服困难，找准市场定位，把握市场机遇，一定会迎来新的辉煌。同时赶赴和县，看望慰问敬老院孤寡老人，向敬老院转赠了澳大利亚华人魏基成"慈善列车"爱心助听器、爱心冬衣，并为听障老人进行助听器现场验配。10日，来到芜湖市慰问困难归侨侨眷，了解他们的实际困难，要求地方侨联加强与归侨侨眷的联系，积极解决他们的困难问题，开展精准对接帮扶，让困难归侨侨眷早日脱贫脱困。代表省侨联来到部分芜湖籍侨领家中，看望了侨领的父母及家人，了解他们的生活情况，为他们送去党委、政府的温暖和侨联组织的新春祝福，并请他们转达对海外亲友的新春问候和美好祝愿。

1月15日　做合格的侨联干部

党中央提出讲政治、有信念，讲规矩、有纪律，讲道德、有品行，讲奉献、有作为的"四讲四有"合格党员要求和标准。作为侨联的党员干部，我们要自觉践行"四讲四有"，时时处处事事用这把"尺子"来衡量自己，用这面"镜子"来检视自己，自觉发挥先锋模范作用，在侨联工作岗位上建功立业，做合格的共产党员和侨联干部。

一要做政治上的"明白人"。做合格的共产党员和侨联干部，最根本的是增强政治意识、大局意识、核心意识、看齐意识，这"四个意识"集中体现了根本的政治方向、政治立场、政治要求，是检验共产党员和侨联干部政治素养的试金石。侨联是党领导下的人民团体，我们坚守的阵地非常重要，我们的工作同样关系党的执政基础。要在侨联组织中带头遵守政治纪律、政治规矩，把中国特色社会主义群团发展道路的本质要求贯穿于侨联工作的各个方面。坚决维护党中央的权威，始终在思想上政治上行动上同以习近平同志为核心的党中央保持高度一致；坚定理想信念，对党绝对忠诚，以党的意志为意志，做到党有所呼，群有所应；坚定不移地走中国特色社会主义群团发展道路，发挥侨界组织特点和优势，把握党和国家大局，更好地把自觉接受党的领导、团结服务侨界群众、依法依章程开展工作统一起来。只有这样，才能确保侨联工作正确的政治方向，以自身表率作用带动广大侨胞，最大限度地团结引导广大侨胞坚定不移听党话、跟党走。

二要做工作上的"带头人"。一名合格的侨联党员干部，必然是在本职岗位上敢于担当，勇于负责。要从侨联工作全局出发，切实掌握本职工作岗位相关业务知识，吃透相关政策规定，使侨联工作更加符合大局的要求，符合侨界群众的意愿。要脚踏实地、真抓实干，站好每个岗位、严把每个关口、守住每道防线，以大局为重，以事业为重，正确处理公与私、苦与乐、得与失的关系。面对侨情的新变化新特点，要胸怀大局、把握大势、着眼大事，开阔眼界、开阔思路、开阔胸襟，特别是要着眼海外侨情结构性差异，因地、因时、因人做好工作。要在侨联改革中勇当排头兵，在难题面前敢闯敢试、敢为人先，在矛盾面前敢抓敢管、敢于碰硬，在风险面前敢于作为、敢于承担。不断创新工作机制，创新工作方式，创新工作载体，创造性地把侨联的各项工作做好，不断提升侨联工作的科学化水平。

三要做为侨服务的"贴心人"。侨联是党联系广大侨胞的桥梁和纽带，为侨服务是侨联组织的基本职责，群众作风是侨联组织最应有的作风，做归侨侨眷和海外侨胞之友是对侨联干部的基本要求。作为侨联党员干部，要从根本上解决好为侨服务的立场和感情问题，切实增进与广大归侨侨眷和海外侨胞的感情。要真正深入基层、深入侨胞，坚持广交朋友，多与普通侨胞交朋友、结对子，知侨情、连侨心、解侨忧，多为侨界群众特别是困难归侨侨眷办实事、办好事，切实帮助困难归侨侨眷精准脱贫；要树立法治思维，善于运用法律手段，依法维护侨界群众合法权益；要坚持完善联系侨界群众制度，探索建立基层联系点和基层调研制度，不断扩大侨联干部的联系面、侨联组织的覆盖面，持续改进作风，把以人为本、为侨服务落在实处，真正使侨联干部成为真诚贴心的侨胞之友，使侨联组织成为深受信赖的侨胞之家。

四要做纪律上的"干净人"。作为侨联的党员干部，我们的工作与侨界群众紧密相关，广大群众特别是侨界群众对党的认识、对执政党的信心、对共产党员先锋模范形象的认识，更多地会从我们的所作所为中感受。要心有所畏，行有所止，加强党性锻炼和道德修养，心存敬畏，手握戒尺，廉洁从政，从严治家，坚持把纪律和规矩挺在前面，全方位、无条件地遵守党的政治纪律、组织纪律、廉洁纪律、群众纪律、工作纪律、生活纪律，从自己做起、从小事改起、从点滴抓起，筑牢拒腐防变的防线。要加强理论学习，掌握立场观点方法，补足精神上的"钙"，练就"金刚不坏之身"，切实做到防微杜渐、警钟长鸣，在任何时候都能稳得住心神、把得住操守、抵得住诱惑，以干净干事、清正廉明的作风营造侨联系统良好的政治生态，展现侨联干部良好的精神风貌。

1月20日　海外侨胞列席政协会议展现侨界独特风采

安徽省侨联邀请列席安徽省政协十一届五次会议的海外侨胞座谈交流，与会海外侨胞纷纷发言，认为通过参加两会，更深入地了解了安徽发展的战略举措，看到了安徽发展日新月异的变化，感受了安徽创新发展、开放发展的活力，作为江淮儿女由衷地感到自豪，对安徽的发展前景充满信心和期待。他们表示，将按照省委、省政府提出的需求，积极搭建引资引智载体，促进高新技术人才、项目与省内对接交流，扩大合作，发挥自身优势，积极宣传安徽、推介徽文化，为家乡经济社会发展积极贡献力量。海外侨胞受邀列席省政协会议，是近年来省两会的一股新风，提供了侨胞参政议政的平台，也彰显了侨界"人才荟萃"的优势，海外侨胞提出的许多意见建议，站位高、专业性强、具有国际视野，对加快建设创新、协调、绿色、开放、共享的美好安徽很有建设性和启发性，赢得了省领导及有关部门的高度赞誉，展现了侨界的独特风采，成为两会的一道亮丽风景。

1月21日　桐城六尺巷"基地"揭牌

六尺巷故事千年传唱。今天上午，"中国华侨国际文化交流基地"——桐城六尺巷揭牌仪式在桐城市举行。安庆是长江城市带重要港口城市，文化底蕴深厚，历史传承厚重，山清水秀，人杰地灵，侨务资源丰富。桐城是文坛"桐城派"故里、黄梅戏之乡，是安徽历史文化名城，享有"文都"盛誉，"六尺巷"的故事更是家喻户晓、源远流长，成为彰显中华民族和睦谦让美德的见证。桐城六尺巷"中国华侨国际文化交流基地"的揭牌，标志着桐城又多了一个国字号的金字招牌，向海外推介中华文化特别是徽文化又多了一个重要窗口，满足侨胞文化需求又多了一个重要阵地。六尺巷，位于安徽省桐城市的西南一隅，全长100米，宽2米，建成于清朝康熙年间，巷道两端立石牌坊，牌坊上刻着"礼让"二字。史料记载：张文端公居宅旁有隙地，与吴氏邻，吴氏越用之。家人驰书于都，公批书于后寄归，云："千里修书只为墙，让他三尺又何妨。长城万里今犹在，不见当年秦始皇。"家人得书，遂撤让三尺，吴闻之感服，亦让三尺，故六尺巷遂以为名焉。

2月19日 "亲情中华·欢聚滁州"精彩呈现

由中国侨联、安徽省侨联、中共滁州市委、滁州市人民政府共同主办的"亲情中华·欢聚滁州"慰问演出在滁州市大剧院举行。滁州籍海外侨胞、当地归侨侨眷及社会各界人士欢聚一堂，共同观看了演出。滁州市演艺集团表演的舞蹈《欢庆2017》热闹欢腾，跳出了对新年的期盼与美好生活的向往。安徽省歌舞剧院庄群演唱的安徽民歌《王三姐赶集》，原汁原味地展现了安徽的地方风貌。滁州市演艺集团精心编排的舞蹈《凤阳花鼓》活泼喜庆，令人赞叹这一非物质文化遗产的宝贵。北京大越众艺签约歌手蔡鹏演唱的《东方姑娘》，婉转悠扬，唱出了东方姑娘的美好。空军政治部文工团歌唱演员喻越越演绎了一首《丝路》，展现出中华民族伟大的盛唐神韵以及丝路情怀。她和蔡鹏共同演唱的经典民歌《茉莉花》，节奏欢快，将传统与现代完美地结合在了一起。滁州市演艺集团表演的舞蹈《醉翁亭记》，山涧鸟鸣，悠然自得。中国戏曲学院艺术家孙云岗为观众带来的民族管乐串吹《华夏同心曲》，用唢呐、横笛等乐器，奏响了一曲盛世欢歌，节目迸发出的激情与感染力，引来现场叫好声阵阵。中国铁路文工团蒙古利亚组合的两位蒙古族演员弹奏着悠扬的马头琴，为观众带来了极具蒙古族特色的《黑骏马》等歌曲。安徽省杂技团张成君表演的魔术《鸽子与牌》，变化莫测，在一来一去之间彰显了魔术的魅力。安徽省黄梅戏剧院的两位演员邬云、梅院军带来的经典黄梅戏选段《对花》《夫妻双双把家还》，用流畅优美的唱腔展现了黄梅戏艺术的永久魅力。安徽省杂技团的杂技表演《阳光》充满极限的挑战引得观众时时赞叹。中国人民解放军火箭军文工团军旅歌唱家金波接连带来了《常来常往》《爱家乡》等脍炙人口的歌曲，唱出了亲情中华的精彩，唱出了中华儿女的豪迈。海外侨胞、侨团代表从海外发来视频，给安徽父老乡亲拜年送祝福，让现场观众深受感染、感动。

3月9日　接待香港东方启音集团执行董事姚秋顺一行

香港东方启音集团执行董事姚秋顺一行到访省侨联，我代表省侨联介绍了近年来安徽经济社会发展情况和省侨联工作情况，重点介绍了省侨联近年来"侨爱心工程"开展情况。侨联是党和政府联系广大归侨侨眷和海外侨胞的桥梁和纽带，省侨联将发挥好"桥"的作用，积极协调相关部门，为侨资企业做好政策咨询和服务保障工作，为更多的具有世界先进水平的社会公益康复机构来皖发展牵线搭桥，让更多的残疾人士早日得到救助和治疗。姚秋顺一行对省侨联的热情接待以及对香港东方启音集团给予的关心和支持表示感谢，详细介绍了该机构发展运营情况，并表示将进一步加强与省侨联和省残联的联系，推动合作交流，努力实现东方启音尽早落户合肥，为安徽康复和公益事业贡献一份力量。

3月23日　交流大统战格局下的侨务工作

今天上午，我应省委统战部邀请，为全省统战系统港澳台海外工作会议作专题讲座。我以"大统战格局下侨务工作新侨情、新使命、新担当"为题，讲解了侨的历史，华人华侨在各个历史时期对祖籍国和住在国的重要贡献，介绍了新的侨情和安徽侨情的发展变化特点，并结合新侨情下侨联改革任务，重点阐释了大统战格局下侨务工作的新任务和新使命。在介绍侨联工作时，结合近年来侨联重大活动开展情况和取得的系列成果，从服务发展、海外联谊、为侨服务、维护侨益、人才工作、参政议政、文化宣传、侨爱心工程等方面，重点介绍了新形势下侨联工作的新担当。

3月30日　赴广东省侨联座谈交流

今天，我和部分省辖市侨联负责同志赴广东省侨联座谈交流，听取了广东省侨联负责同志有关广东省情和侨情，以及广东省侨联近年来积极发挥侨联独特优势，助推"一带一路"建设，特别是以"党建带侨建，侨建为党建"工作为抓手，全面推进侨联基层组织建设等情况的介绍。广东省是侨务大省，侨务资源丰富，同时广东也是改革开放的排头兵，近年来广东省侨联充分发挥自身优势特别是侨界社团作用，助力经济社会发展，强化为侨服务，很多做法和经验对安徽省侨联很有借鉴意义。希望两省侨联进一步加强合作与交流，共同促进侨务资源和人才共享，欢迎广东省侨联引荐更多的侨商、侨企和高科技人才到安徽投资发展，安徽省侨联将做好牵线搭桥和服务保障工作。在广州期间，还参观了广东华侨历史博物馆和辛亥革命纪念馆，进一步加深了对华侨史的了解，受到了一次深刻的华侨精神的教育。

4月28日 送省侨联扶贫工作队进驻长冲村

　　打赢脱贫攻坚战，是党向人民立下的"军令状"，是历史赋予的光荣使命。按照省委选派第七批扶贫帮扶干部有关要求和部署，省侨联由三名机关干部组成扶贫工作队，赴舒城县张母桥镇长冲村驻村帮扶。今天上午，受会党组委托，我带领有关部室负责同志，带着全体机关干部的重托，送扶贫工作队到村入驻，并在长冲村部召开座谈会，听取镇村情况介绍，研究驻村帮扶工作。我介绍了省侨联扶贫工作队人员组成和有关情况。省侨联党组高度重视选派工作队工作，坚决贯彻落实省委有关要求，克服困难，坚持优选人和选硬人标准，选派的几位同志政治坚定，党性观念强，干事创业热情高，相信在各级党委政府和村两委班子的支持下，一定会打赢脱贫攻坚战，让村脱贫、民致富。扶贫工作队要转变角色，扑下身子，积极调查研究，倾听村民诉求，务实开展工作，立足村情实际，按照镇村脱贫规划，制定工作计划，争取项目支持，充分发掘和利用各种资源，多做利长远、惠民生的实事好事，根据贫困户致贫原因和特点，有针对性开展扶贫帮扶工作，争取早日让贫困户实现脱贫。送战友，踏征程，祝工作队的同志们保重身体、工作顺利！

5月2日　接待旅日二胡演奏家甘建民

今天上午，接待到访的旅日二胡演奏家、日本徽商协会理事甘建民，对其心系家乡、积极促进中日民间文化交流活动和致力于二胡民乐在日本的教育事业给予高度评价，听取其介绍在东京创建的"黄山二胡乐团"有关情况，并就拟组织二胡乐团来安徽和回其母校安徽师范大学开展艺术交流活动进行了交流。甘建民团长介绍，"黄山二胡乐团"自组建以来，在日本举行了多场演奏会，吸引了一大批日本二胡爱好者，他表示，将发挥自身在二胡演奏和教育方面的专长，积极组织乐团到国内交流演出，搭建中日民间艺术友好交流的平台。

6月22日　走访侨爱心小学

美国德州安徽同乡会爱心人士和安徽爱心企业代表于2016年10月17日，在泗县大庄镇三杨小学开展了捐资助学活动。今天下午，我陪同美国德州安徽同乡会爱心人士走访三杨小学，看望三杨小学师生，详细了解受助学生学习情况，考察三杨小学电脑室、多功能室、图书室、美术室、音乐室等建设情况，并观看了三杨小学师生汇报演出。看到乡村孩子们欢快的身影，心中由衷地高兴。向侨界爱心人士致敬！

7月9日　播撒好徽文化的种子

由中国侨联主办，安徽省侨联、黄山市侨联、歙县侨联承办，歙县育鸿学校协办的"亲情中华·美好安徽"夏令营安徽歙县营开营，来自新西兰、澳大利亚、西班牙、意大利、柬埔寨5个国家的40名华裔学生参加此次夏令营活动。在为期两周的夏令营活动中，营员们将学习传统礼仪、中文知识，并参与汉语交流、手工制作、中国舞蹈、黄梅戏、竖笛演奏、剪纸、抖空竹、中国书画、陶泥制作以及传统风味小吃制作体验等活动，还将与歙县育鸿学校学生结对，到学生家中做客，体验地道的皖南生活。

"亲情中华"夏令营是全国侨联系统积极拓展海外工作、拓展新侨工作的重要举措，是中国侨联近年来着力打造的文化交流品牌，也是服务海外华裔青少年文化需求、推进海外华文教育、弘扬中华优秀传统文化的创新实践，旨在提高海外华裔青少年对中华文化的认知力，增强华裔学生的爱国情怀和家乡情结。近年来，省侨联先后在黄山市歙县等地举办了两期海外青少年夏令营，收到了很好的效果，也为我省其他地方举办海外青少年夏令营探索了一些有益的经验。此次夏令营在徽文化的主要发祥地和历史文化名城歙县再次举办，相信一定能够取得圆满成功。

　　参加这次夏令营的营员大多第一次来到安徽，还有几位学生出生在海外、成长在海外，对中华文化的了解比较少，对安徽、对徽文化的了解或许更少，希望他们用心感受徽文化的丰富内涵，切身体验徽文化的独特魅力。安徽历史悠久，山川秀美。黄山、九华山、天柱山，以及长江、淮河、新安江等山川和水系，构成了安徽多姿多彩的山水版图。安徽文化底蕴深厚，淮河文化和徽文化都在中华文明史上留下了光辉的一页，在近现代史上有着广泛的影响，为人类文明进步和中华文化的璀璨作出了重要贡献。安徽人杰地灵，名人辈出，像中国古代道家思想创始人老子、庄子，东汉神医华佗，三国时期政治家、军事家曹操，活字印刷术发明者毕昇，明朝开国皇帝朱元璋，近代京剧鼻祖程长庚，洋务运动领袖李鸿章，诺贝尔物理学奖获得者杨振宁等，都是安徽名人。安徽敢为人先，勇于创新，发端于凤阳的农村大包干，开启了中国农村改革的先河，农村税费改革也在安徽率先推行，奇瑞汽车是中国自主创新的一面旗帜，如今的科大讯飞、量子通信、机器人等领先世界的先进技术，都是安徽创造。希望同学们借助这次夏令营的学习交流和学习生活，更多更好地增进对安徽的了解，加深对徽文化的热爱。

　　参加这次夏令营的营员大多是华侨的二代、三代，他们的祖辈和父辈对侨联组织并不陌生。侨联是党委、政府联系归侨侨眷和海外侨胞的桥梁和纽带，也是促进国际文化交流、传播中华文化的重要窗口，侨联被海外侨胞誉为"侨胞之家"，所以，侨联组织与各位营员是天然的朋友。营员们将来或许会成长为科学家、艺术家，成为中国与世界各国友好交往的使者，也有可能成为团结凝聚海外侨胞的侨领，希望他们能够认真学习中国语言和中国文化，增进对"根亲文化"的了解，为将来发挥更大作用、展现更大作为做好铺垫、打牢基础，也希望他们能够抓住参加这次夏令营的机遇，利用这次难得的机会，多看、多学、多思，近距离感受祖国的改革巨变，领略中华优秀文化，体验安徽风土人情，回去之后，为更多的海外朋友讲好安徽故事，传播安徽文化，努力成为中华优秀文化同世界各国文化交流的积极促进者、热心传播者。

7月24日　与侨企共商脱贫帮扶之计

今天，陪同侨企负责人再赴省侨联驻村帮扶点长冲村开展扶贫调研工作，这是我今年第三次到村实地调研，与侨商侨企一起共商帮扶之计，共同打赢脱贫攻坚战。省侨联一定会充分发挥侨界资源优势，按照省委、省政府的部署和要求，统筹安排，精心谋划，主动作为，多项举措并进，切实抓好对长冲村的帮扶工作，确保取得实效，使长冲村真正实现精准脱贫。

8月21日　接待新加坡徽商商会会长陈加品

新加坡徽商商会会长陈加品到访省侨联，我简要介绍了安徽经济社会发展情况和省侨联近期主要活动安排，特别是下半年即将举行的"海外侨胞故乡行"活动，希望新加坡徽商商会能够派员参加，并就中新经贸往来、文化交流、民间交往、华文教育以及独具特色的徽文化在海外的推广传播等交换了意见，同时希望陈加品会长继续发挥自身优势，积极搭建中新交流的桥梁和纽带，致力于推动商会与国内特别是家乡安徽的各类往来活动。此次回到家乡，希望陈加品会长能够安排一些时间到各地多走走，多看看，进一步促进中新更广领域的合作，努力实现互利共赢。我们还就省侨联"亲情中华·美好安徽"艺术团拟赴新加坡慰侨演出有关事宜进行了磋商。陈加品会长表示，此次回到安徽看到家乡的快速发展非常高兴，感触很深，倍受鼓舞，商会将进一步加强与省侨联的联系与合作，为安徽与新加坡的经贸往来、文化交流、互利合作多做贡献。

8月28日　接待侨领

今天上午，接待了美国之友安徽联谊会副会长、美国联邦食品医药管理局官员吴传庆博士，澳门安徽商业联合会理事长、阳光医疗科技股份有限公司董事长王邦侃，省侨联常委、澳门印尼归侨协会会长陈海磷等一行。对吴传庆博士、王邦侃会长、陈海磷会长等一行来访表示欢迎，对他们关心家乡发展、支持安徽经济社会建设表示感谢，并介绍了省情及省侨联近期的主要工作安排。在听取吴传庆博士关于我省在美国马里兰州成立安徽人才工作站的筹备情况介绍时，希望人才工作站能早日成立，并积极发挥在美国的人才、技术等优势，推动更多的在美华人华侨科技人员回国创新创业；希望王邦侃、陈海磷会长能抓住"五大发展"美好安徽建设的机遇，积极寻求更多的商机，为安徽发展多做贡献。

9月15日 "侨爱心·光明行"公益复明活动启动

在中国华侨公益基金会、省侨联的指导支持下，由蚌埠市侨联和蚌埠爱尔和平眼科医院合作承办的"侨爱心·光明行"公益复明活动启动仪式在蚌埠市举行。我代表省侨联对中国华侨公益基金会和蚌埠爱尔和平眼科医院对此项活动的大力支持表示感谢。"人间有情，光明无限"，"侨爱心·光明行"公益复明活动是一项精准扶贫措施，更是一项实实在在的惠民工程。蚌埠市侨联在三家爱心企业的大力支持下，与当地眼科医院积极对接，使此项活动得到落实，得到了相关部门和广大患者的充分认可。其间，蚌埠市侨联与蚌埠爱尔和平眼科医院合作，将在淮上区免费实施200例白内障手术。

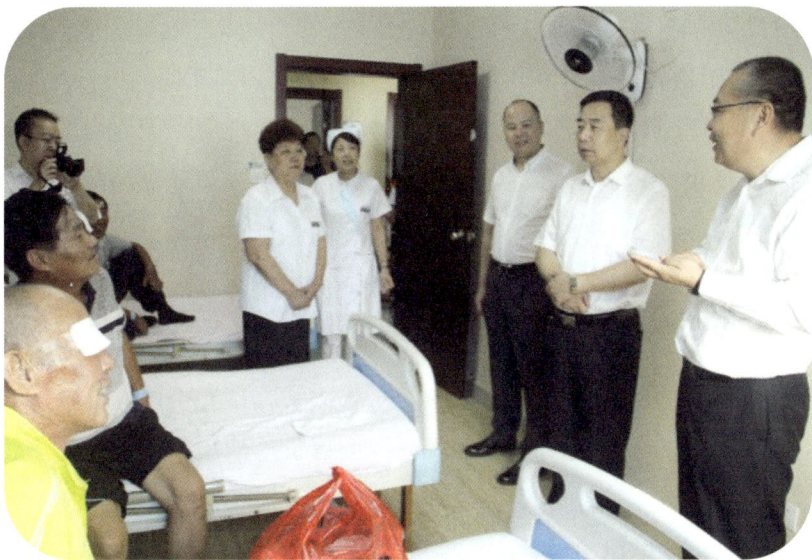

10月12日 "亲情中华·美好安徽"艺术团赴美国、日本、新加坡慰问演出

受中国侨联委托，由国内和省内一流艺术家组成的安徽省侨联"亲情中华·美好安徽"艺术团于10月3日至12日辗转美国、日本和新加坡，进行慰侨演出，共有3000余名华侨华人和国际友人观看，还先后走访20余个侨团和数十位侨领。带去祖国和家乡的惦念，带回海外侨胞的祝愿，文化交流，联络联谊，成果丰硕，广受侨媒关注。感谢各位艺术家不辞辛劳、倾心献演，感谢各海外侨团的热情接待、精心安排。

省侨联"亲情中华·美好安徽"艺术团访问美国、日本、新加坡圆满成功

（安徽侨之声）应美国华夏学人协会、日本徽商协会、新加坡安徽商会邀请，受中国侨联指派，安徽省侨联党组成员、专职副主席兼秘书长杨冰率"亲情中华·美好安徽"艺术团，于2017年10月3日至10月12日赴美国、日本、新加坡执行慰问演出、文化交流访问任务，所到之处，

受到海外侨胞的热烈欢迎。

"亲情中华·美好安徽"艺术团于当地时间 10 月 4 日、10 月 6 日、10 月 10 日和 10 月 11 日，分别在美国休斯敦和大纽约地区、日本东京和新加坡举行四场正式慰问演出，受到我国驻外使领馆、当地部门的重视和欢迎。我国驻休斯敦总领馆总领事李强民、副总领事王昱、刘红梅，我国驻日本大使馆总领事王军、我国驻新加坡大使馆参赞兼总领事王家荣及使馆工作人员、纽约市议员顾雅明等分别同当地华人华侨和国际友人共同观看演出。四场次慰问演出及两场联欢活动，精彩不断，一时间在海外引起强烈反响，也受到中国侨联的高度评价。演出结束后，许多侨团表达了将以此次"亲情中华·美好安徽"艺术团为成功案例，明年继续承接"亲情中华"团组的意向。

在节目方面，由中国侨联推荐的国家级专业演员具有感染力的表演，保证了演出的艺术水准。此外，为丰富节目内容，展示安徽文化的独特魅力，安徽省侨联分别从安徽省黄梅戏剧院、安徽省杂技团选调黄梅戏和杂技节目参与演出，并首次创新形式，把沙画和非遗文化剪纸创作成节目随艺术团带到海外，受到观众的喜爱和欢迎，底蕴深厚的徽文化受到海外华侨华人和国际友人的广泛关注和喜爱。每场演出，在友好侨团的推荐下，当地艺术学校、演出团体和侨界艺术家也积极参与其中，他们精心编排了舞蹈、器乐演奏、旗袍秀等节目，让演出更加多姿多彩。

按照中央提出的"要适应海内外侨情的新变化，积极拓展海外工作，多渠道、多层次、多形式开展海外联谊，加强与海外侨团的联系，深交老朋友，广交新朋友"的要求，"亲情中华·美好安徽"艺术团在紧张的演出之余，广泛开展联络联谊活动，先后与华夏学人协会、休斯敦国庆基金会、休斯敦中国人活动中心、德克萨斯州安徽同乡会、德克萨斯州广东商会、休斯敦中科大校友会、纽约中科大校友会、中国旅美科技协会、中国旅美专家协会、美国"一带一路"总商会、全美徽商联合会、美东安徽文化交流协会、美东华人社团联合总会、美国福建联合总会、日本徽商协会、日本安徽联谊会、中国留日博士总会、新加坡安徽商会及专程赶到新加坡欢迎艺术团一行的印尼、越南、柬埔寨等国家的皖籍侨团侨领；还拜访看望了美国交通部长赵小兰父亲赵锡成博士，美国"吴阿姨服务热线"创始人、美国"华人第一妇女"、皖籍著名侨领吴世珊女士，休斯敦中科大校友会创始人、顾问黄婉治女士，新泽西华人社团联合总会主席林潔辉女士，哥伦比亚教授毛剑等侨界知名人士和高层次人才。这些联谊活动为我省开放发展、创新发展进一步丰富了侨务资源储备。

10月23日　**分别与睿哲科技杨国良博士和加拿大安徽同乡会赵完全一行座谈交流**

上午，在与睿哲科技杨国良博士一行座谈时，听取了睿哲科技关于数据网络中心IPv6网络平台的研发和应用介绍，肯定睿哲科技团队主动应对国际互联网发展的创新能力，简要介绍了安徽省情、侨情和侨联工作情况，特别是服务新侨创新创业情况，希望睿哲科技聚集更多侨智侨力，与安徽省相关职能部门主动对接，为安徽的电子政务、平安城市、智慧城市等提供服务。省侨联将主动作为，积极为海外侨界高科技人才和项目落户安徽做好服务对接工作。杨国良博士表示，安徽已成为科技创新高地，期望睿哲科技能落户安徽，助力安徽大数据发展。睿哲科技是一家与工信部深度合作，获得CNGI专家委推介的新三板挂牌高科技企业，成为中国资本市场专注于下一代互联网的第一股，是国内下一代互联网商业应用综合解决方案提供商。

　　下午，接待加拿大安徽同乡会赵完全、加拿大凤凰教育集团总监张健、凤凰卫视加拿大节目中心主任祖克勤等一行，听取了加拿大安徽同乡会、加拿大凤凰教育集团与宿州市埇桥区开展教育合作的情况，简要介绍了近年来省侨联举办华裔青少年夏令营情况，希望加强与加拿大安徽同乡会、凤凰卫视加拿大节目中心、加拿大凤凰教育集团的联系交流，进一步促进安徽与加拿大在各方面的友好合作。赵完全会长对安徽省侨联多年的关心支持表示感谢，他表示，加拿大安徽同乡会将凝聚加拿大安徽籍侨胞，为安徽与加拿大的经贸文化交流作出积极贡献。

10月28日　用党的十九大精神指引侨联工作奋勇向前

党的十九大是在全面建成小康社会决胜阶段、中国特色社会主义进入新时代的关键时期召开的一次十分重要的大会，全省各级侨联组织要把学习宣传贯彻党的十九大精神作为当前和今后一个时期的首要政治任务，坚定不移地用党的十九大精神武装头脑、指导实践、推动工作，进一步团结引导全省广大归侨侨眷和海外侨胞深怀爱国之情、笃行强国之志、奉献报国之才，为建设"五大发展"美好安徽、实现中华民族伟大复兴的中国梦贡献侨界的智慧和力量。

坚定不移地用党的十九大精神武装头脑，引导侨界群众矢志不渝跟党走。党的十八大以来的五年，成就是全方位的、开创性的，变革是深层次的、根本性的，成绩的取得关键是有以习近平同志为核心的党中央坚强领导，有习近平新时代中国特色社会主义思想作为根本遵循，有习近平总书记这位党的核心、人民的领袖、全军的统帅掌舵领航。中国特色社会主义进入新时代，这是我国发展新的历史方位，是以习近平同志为核心的党中央作出的重大政治判断，是一项关系全局的战略考量。我国社会主要矛盾已经转化为人民日益增长的美好生活需要和不平衡不充分的发展之间的矛盾，我们要深刻学习领会我国社会主要矛盾发生变化的新特点，充分认识和理解习近平新时代中国特色社会主义思想这一马克思主义中国化的最新成果、新时代改革开放和社会主义现代化建设的总纲。党的十九大报告提出的"十四个坚持"，是新时代坚持和发展中国特色社会主义的基本方略，涵盖治党治国治军、内政外交国防，是指导和推动党和国家事业发展的重要理念、重大原则、重要方法。中国共产党人的初心和使命，就是为中国人民谋幸福，为中华民族谋复兴。进行伟大斗争、建设伟大工程、推进伟大事业、实现伟大梦想是新时代党的历史使命。我们要朝着"两步走"的新目标，全面建设富强民主文明和谐美丽的社会主义现代化强国，走好新时代的长征路。侨联是党领导下的人民团体，必须旗帜鲜明讲政治。我们要坚决维护党中央权威，坚决服从党中央集中统一领导，不折不扣执行党中央决策部署，始终在思想上政治上行动上同以习近平同志为核心的党中央保持高度一致，树立"四个意识"不动摇，坚定用党的十九大精神统一思想和行动，矢志不渝带领侨联群众听党话、跟党走，全面加强侨联党的建设，切实发挥政治引领和思想引领作用。

坚定不移地用党的十九大精神指导实践，推动十九大精神在侨联系统落地见效。采取侨界群众喜闻乐见的形式，在全省侨联系统迅速掀起学习贯彻党的十九大精神的热潮，推动十九大精神家喻户晓、深入侨心、落地见效。在学习中见效，通过举办全省侨联系统"贯彻十九大精神、推动侨联改革"专题研修班以及各种形式的读书班、培训班等，坚持原原本本学、联系实际学、突出重点学，深刻学习领会党的十八大以来取得的成就和历史性变革，增强自豪感、自信心；深刻学习领会中国特色社会主义进入新时代、我国社会主要矛盾发生变化的重大政治论断，把准历史方位和时代要求；深刻学习领会习近平新时代中国特色社会主义思想的历史地位，增强理论自觉；深刻学习领会分"两步走"全面建设社会主义现代化国家新征程的目标，增强责任感和使命感；深刻学习领会新时代推进中国特色社会主义伟大事业的决策部署，找准工作切入点和着力点；深刻学习领会新时代党的新使命和党的建设新要求，自觉找准定位，切实履行主体责任。在宣传中见效，通过组织利用宣讲队、座谈会、宣传栏以及新媒体等多种形式和手段，向全省广大归侨侨眷和海外侨胞宣传党的十八大以来党和国家事业取得的辉煌成就，宣传新时代中国共产党的历史使命，宣传习近平新时代中国特色社会主义思想和基本方略，宣传新时代党和国家事业发展的目标、决策部署，宣传党的十九大对侨胞的重大利好。用侨界群众听得懂、能领会的方式把党的十九大精神讲清楚、讲明白，团结联系海外侨胞和归侨侨眷，共同致力于中华民族伟大复兴。在贯彻中见效，坚持用习近平新时代中国特色社会主义思想引领侨联工作，在统筹推进"五位一体"总体布局、协调推进"四个全面"战略布局中充分发挥独特作用；坚持以人为本、为侨服务，当好党和政府联系归侨侨眷和海外侨胞的桥梁纽带；坚持新发展理念，织好侨联系统内部的组织网络和与其他涉侨部门、相关群团组织、相关政府部门之间的工作网络；坚持全面从严治党，切实提高全省侨联系统党的建设水平。在落实中见效，发扬钉钉子精神，全力推进侨联改革，深化"党建带侨建"，全面加强全省侨联基层组织建设和基层工作。围绕建设现代化经济体系、发展社会主义民主政治、坚定文化自信、加强和创新社会治理、建设美丽中国，做大、做强、做优侨联品牌工作，在建设"五大发展"美好安徽、分两步走全面建设社会主义现代化国家进程中充分发挥侨联组织应有作用。

坚定不移地用党的十九大精神推动工作，开创新时代侨联工作新局面。侨联是党和政府联系侨胞的桥梁纽带，是侨胞之家。广大侨胞是中国发展和现代化建设的宝贵资源和重要力量。党和国家历来对侨联工作高度重视、亲切关怀。党的十八大以来，以习近平同志为核心的党中央对侨务工作特别是侨联改革发展提出了一系列新思想新要求，对群团改革和群团工作作出重要指示，党的十九大又进一步为深入推进侨联改革、开创侨联工作新局面指明了方向、提供了根本遵循。我们要按照党的十九大的部署和中国侨联的要求，努力开创新时代侨联工作新局面。勇于担当抓改革，聚焦强"三性"、去"四化"，深化"两个并重""两个拓展"，改进和创新侨联工作方式方法，激发侨联组织活力；提升侨联干部队伍综合素质，建设以专职为骨干，挂职、兼职为重要力量，志愿者为补充，结构合理、充满生机活力的侨联干部队伍。紧扣经济社会发展热点和全省工作中心，汇集侨界集体智慧，把侨联组织建设得更加坚强有力。突出服务创品牌，深入推进"创业中华·创新安徽"活动，吸引更多的海内外顶尖科技人才来皖进行科技成果转化；筹备成立安徽省新侨创新创业联盟、建设新侨创新创业基地，发挥侨界在创新创业中的优势，大力推动安徽创新发展。继续举办"亲情中华·美好安徽"系列文化宣传活动，弘扬中华传统文化特别是徽文化，讲好中国故事，传播中国声音。大力开展"法治中华·和谐安徽"系列活动，维护侨界群众合法权益，进一步推动侨界和谐，促进社会和谐。持续打造"侨爱心工程"，广泛汇聚侨界爱心力量，引导更多公益项目落户安徽，千方百计配合地方政府开展好精准扶贫工作。持之以恒强基层，深入调查研究，摸清底数、掌握侨情，了解侨胞所思所想所盼。立足侨联组织优势在基层、活力在基层、生命力在基层，坚持党建带侨建，扩大侨联组织有效覆盖面，提高吸引力凝聚力。突出"强基层、强支撑、强服务"，建立完善侨联干部、侨联委员直接联系服务侨界群众制度，强化作风建设，争做侨胞的贴心人、侨务工作实干家，让侨联工作更接地气。加强"网上侨联"建设，全力推动新媒体融合平台发展，把侨联的基层基础工作打得更牢。开放创新汇资源，树立开放协同的理念，既开发好资源，又涵养好资源，用好党政资源、组织资源和社会资源，形成工作合力。特别是要进一步发挥好省侨联海外顾问、海外委员的凝聚引领作用，加强与华裔新生代、新华侨华人和留学归国人员的联谊，加强与海外侨团商会以及重要侨领的友好往来，深交老朋友、广交新朋友，扩大"朋友圈"，团结更多海外侨胞及国际友人支持安徽开放发展，为加快建设"五大发展"美好安徽、同圆共筑中国梦汇聚更多优质资源。

11月29日　加强高校侨联组织建设

就加强高校侨联组织建设工作，与省委教育工委负责同志今天在省侨联交流协商。我在交流时表示，高校是归侨、侨眷和新侨、归国留学人员最为集中的地方，高校侨联工作是高校统战工作和全省侨联工作中不可或缺的有机部分。在新时代新的历史条件下，在高校建立侨联组织，做好归侨侨眷特别是新侨、归国留学人员工作，充分发挥归侨侨眷、新侨、归国留学人员作用，在加强高校人才建设等方面都具有特殊的重要意义。中国侨联章程、《中国侨联改革方案》、全国高校统战工作会议和全省高校统战工作会议以及刚刚召开的中国侨联基层组织建设工作会议，对加强高校侨联组织建设工作也都提出明确要求，希望抓住此次机遇，联合省委教育工委共同出台加强高校侨联组织建设的意见，为服务人才强省战略、建设"五大发展"美好安徽作出积极贡献。省委教育工委负责同志表示，加强高校侨联组织建设工作是深入贯彻党的十九大精神的一项重要举措，对于进一步服务我省人才引进、推动教育事业发展具有重要意义，也十分必要，省委教育工委将给予大力支持和配合。省委教育工委有关处室将作为具体承办处室，积极主动对接，就有关事项进行具体沟通和协商，共同制定工作方案，力争尽快取得成效。

1月12日　精彩演出到侨乡

肥东县长临河镇(六家畈)是我省第一批侨乡,长临河籍海外侨胞遍布世界各地。今天,由省侨联、省演艺集团主办的"宣传党的十九大、讴歌伟大新时代"送文化进侨乡慰问演出活动在中国华侨国际文化交流基地——长临河古镇举行。长临河镇归侨侨眷、留学生家属及当地群众300余人观看演出。一个个精彩的节目,把党带领全国人民所取得的巨大成就和党的十九大确定的宏伟蓝图呈献给侨乡群众,让侨乡群众通过观看演出加深了对党的十九大精神的理解,这种寓教于乐的形式受到群众的热烈欢迎。

3月4日　"亲情中华·欢聚包河"慰问演出圆满成功

由中国侨联、安徽省侨联、合肥市包河区委、区政府共同主办,合肥市侨联协办的"亲情中华·欢聚包河"慰问演出成功举办。回皖过春节的海外侨胞代表,归侨侨眷、留学生、侨联工作者、在肥侨资侨属企业、在肥高校师生及社会各界人士代表1600余人观看演出。"亲情中华"主题活动启动于2008年,是中国侨联主打的文化品牌,已经成为弘扬中华文化、传播中国声音的一张亮丽的名片,受到了海外侨胞和归侨侨眷的欢迎和喜爱。"亲情中华"走进合肥市包河区,通过慰问演出把吉祥和祝福送给侨界群众,使广大侨胞在艺术盛宴中收获喜悦、收获欢乐。

3月6日　"亲情中华·欢聚池州"慰问演出受到热烈欢迎

由中国侨联、安徽省侨联、池州市委市政府共同主办的"亲情中华·欢聚池州"慰问演出受到热烈欢迎。演出邀请回乡过春节的海外侨胞代表，归侨侨眷、留学生家属、侨资侨属企业负责人、侨联工作者，以及劳动模范、道德模范、"池州好人"等社会各界代表1200余人。现场播放了海外侨团给家乡人民拜年的祝福视频，现场观众深受感染，引起强烈共鸣。演出还通过网络平台向全球直播，精彩的演出赢得广泛好评。

3月22日　赴江苏、浙江考察学习并邀商

为学习借鉴先进地区侨联工作经验和做法，推动安徽省侨联事业改革发展，同时为筹备2018世界制造业大会"百家侨企"对接活动做好邀商工作，3月19日至22日，我和部分省辖市侨联负责人以及省侨联机关各部室同志赴江苏、浙江考察。在考察期间，先后与江苏省苏州市侨联、昆山市侨联和浙江省青田县侨联负责同志及部分侨商、侨界人才就推动侨联改革发展、优化服务新侨举措、促进两地产业和人才对接等进行了深入座谈交流，并参观考察了青田县仁庄镇华侨历史陈列馆、青田侨乡进口商品城等。重点拜访了侨商企业家，并进行了交流洽谈，介绍了安徽省情、侨情以及经济社会发展和2018世界制造业大会"百家侨企对接"活动情况，对大会组委会梳理出的120个重点招商项目进行了详细说明，盛情邀请苏浙两地的侨商和新侨人才出席大会和投资考察。江苏、浙江是侨务大省，在侨团建设、联络联谊、文化交流、为侨服务等方面积累了丰富经验，特别是在拓展新侨工作方面有着许多特色做法和亮点，尤其是苏浙侨联工作者踏实苦干的敬业精神、务实进取的工作作风、开拓创新的工作理念，值得我们认真学习和借鉴。

3月27日　在全国侨联文化宣传工作会议上作交流发言

2018年全国侨联文化宣传工作会议在北京召开，中国侨联主席万立骏出席会议并讲话。北京、广东、安徽等地方侨联做经验交流发言，我在会上介绍了安徽省侨联近年来文化宣传工作的创新举措和取得的成果。

3月28日 安徽省侨联以"八项行动计划"为抓手整体推进侨联文化宣传工作

近年来，安徽省侨联着眼侨情发展变化，按照中国侨联工作部署，紧紧围绕省委、省政府中心工作，以学习、宣传、贯彻党的十八大、十九大精神为主线，以推进侨联改革为契机，以重大活动为平台，以"八项行动计划"为抓手，整体推进"文化交流、涉侨外宣、华文教育"等各项文化宣传工作，取得明显成效。

实施"学习宣讲行动"，着力强化侨联组织政治性。按照增强政治性、先进性、群众性的要求，安徽省侨联始终把增强政治性作为首要任务，组织各级侨联利用标语、宣传栏、电子显示屏、墙报、微信等多种载体，学习宣传党和国家政策及法律法规，引导侨界群众坚定不移听党话、跟党走。特别是党的十九大召开后，按照省委"大学习、大宣讲、大培训、大调研、大落实"要求，积极引导全省侨联组织和侨界群众深入学习贯彻党的十九大精神。一是举办专题培训班。在全国侨联系统率先举办"学习贯彻党的十九大精神 深入推进侨联改革发展"专题研修班，邀请中国侨联领导、安徽省委党校专家授课，辅导、解读党的十九大精神，帮助各级侨联干部学懂、弄通、做实。二是搭建学习平台。通过多种有效平台和手段，推送各级侨联的做法和侨界的学习心得，掀起全省侨界学习、宣传、贯彻党的十九大精神的热潮。三是开展集中宣讲。组织党的十九大精神进基层、进侨乡、进社区、进高校、进侨企"五进"活动，深入宿州市埇桥区大泽乡大韩村、舒城县张母桥镇长冲村、合肥市包河区望湖街道沁心湖社区以及侨资侨属企业、在肥高校等开展集中宣讲，赢得侨界群众的广泛好评。四是创新宣传形式。联合省演艺集团赴肥东县长临河镇开展"宣传党的十九大、讴歌伟大新时代"送文化进侨乡活动，用基层群众喜闻乐见的形式宣传党的十九大精神。

实施"主题外宣借力行动"，提升重大活动影响力。注意借助国家和全省重大活动平台，加强对外宣传工作，扩大宣传效果。近年来，先后策划中博会、中国国际徽商大会等专题宣传。加强与安徽广播电视台合作，专业策划、高水平制作、全球视野，制作"追梦中华·圆梦安徽"海外侨商与高层次人才项目对接会宣传专题片，由安徽广播电视台国际频道面向海外滚动播出，在海内外引起强烈反响。开展中国科学技术大学海外杰出校友"巢湖侨创峰会"主题宣传活动。邀请海外媒体和省内主要媒体参与报道，充分利用现代信息技术手段，利用网络直播平台和新媒体，向全球发布活动动态，通过海外华文媒体立体化宣传网络，集聚宣传效应，集中宣传推介安徽省创新创业环境、优惠政策和项目信息，为开展精准对接提供了服务。

实施"文化品牌培育行动"，丰富侨界精神文化生活。近年来，安徽省侨联加大全省侨联系统各类文化宣传活动品牌的培育，在侨界群众和社会上产生了广泛影响。一是举办"翰墨丹青歌盛世 不忘初心跟党走"——安徽侨界喜迎党的十九大暨安徽省侨联成立35周年书画摄影展，征集海内外侨界书画、摄影作品200余幅，3000多人次参观展览。二是举办侨界文化访谈活动，邀请多位海外侨领代表现场访谈，通过他们不同的经历和感受，以不同角度畅谈了对家乡的浓浓乡情依恋和对安徽取得巨大发展成就的自豪，激发了他们宣传安徽、投身安徽创业的热情，200多位侨界人士参加了活动。三是探索在基层建设"侨文化长廊"，通过指导合肥市包河区沁心湖社区建立"侨文化长廊"，搭建起社区侨界群众了解侨的历史、展示侨界风采的平台。四是结合节庆组织开展"学华侨史""送春联下侨乡"等各类主题活动。五是举办主题文化沙龙，先后开展了"唤醒读书之心 发现阅读之美"皖籍旅美作家读书分享会、"牙健康沙龙"等活动。六是联合省政府参事室、省政协港澳台侨和外事委员会、省立医院、省二院等单位举办多项"送健康·送文化"下基层扶贫公益活动，与省文联共同主办安徽美术名家巴西采风作品展。

实施"亲情中华嫁接行动"，彰显徽文化特色。以中国侨联"亲情中华"主题活动为载体，结合安徽实际，创新活动形式。一是从2015年起，连续四年承接"亲情中华"下侨乡活动，通过在合肥、马鞍山、宿州、蚌埠、滁州、池州等地的慰问演出，为在皖侨胞、归侨侨眷及社会各界人士送去文化大餐，深受基层群众欢迎和喜爱。二是"亲情中华"首次走进高校，举办了"亲情中华·欢聚中国科大"慰问演出，邀请回皖过春节的海外侨胞、港澳台同胞代表，在肥归侨侨眷、侨商、侨联工作者代表，中国科学技术大学教职工、校友及社会各界人士代表1800余人观看演出，世界各地的科大校友通过微信平台观看演出盛况，纷纷为"亲情中华"叫好，为母校点赞。三是举办"亲情中华·美好安徽"安徽省侨界喜迎党的十九大文艺演出，邀请海外侨胞、侨商、归侨侨眷代表及社会各界群众1500余人观看演出，充分体现了海内外侨界迎接党的十九大胜利召开的喜悦心情。安徽广播电视台全程录播，20余家海外华文媒体负责人应邀观看演出，通过海内外媒体多渠道、多形式的宣传，近百万人次关注活动。

实施"国际交流拓展行动"，大力弘扬中华优秀传统文化。在中国侨联的指导和支持下，安徽省侨联先后组织"亲情中华·美好安徽"艺术团赴阿联酋、印尼、肯尼亚、南非、澳大利亚、新西兰、斐济、美国、日本、新加坡等地开展慰问演出，带着"徽风皖韵"特色，让"黄梅"飘香海外，近2万海外侨胞、国际友人到现场观看演出，50万人次通过各种载体观看或关注活动，赢得广泛好评。与此同时，积极促进国际文化交流，引荐俄罗斯圣彼得堡华人华侨联合会与省杂技团进行对接，促进双方交流合作，更好地把安徽本土特色的杂技精品推出国门、走向世界。支持省侨联海外委员、海外侨团利用各自渠道，分别在冰岛、阿联酋、巴西、日本、泰国、法国等10余个国家和地区开展文化交流活动，通过文化产品参与展会，举办书画展、音乐会等活动，大力弘扬中华优秀传统文化。

实施"交流基地布点行动"，搭建多个海内外文化交流平台。安徽因天地造化而物华天宝，得历史传承而人文荟萃。深厚的文化底蕴、丰富的文化古迹、多彩的地方文化，为安徽开展文化交流活动提供了得天独厚的条件。安徽省侨联充分发掘文化资源，注重调动地方侨联积极性，按照中国侨联要求，2017年，在成功申报10家"中国华侨国际文化交流基地"的基础上，又成功申报了寿县古城、亳州古城、歙县古城、泾县宣纸文化园、滁州醉翁亭文化园5家单位为"中国华侨国际文化交流基地"；完成淮北隋唐大运河博物馆、合肥长临河古镇、芜湖徽商博物馆、安庆桐城六尺巷4家"中国华侨国际文化交流基地"挂牌仪式。目前，全省基地总数已达15个。这些基地遍布全省各地，为传播徽文化、提升地方特色文化影响力、满足侨界群众精神文化生活需求提供了重要载体。

实施"华文教育战略行动"，多渠道传播优秀中华文化。根据中国侨联的部署和要求，省侨联先后在合肥、六安、池州、宣城、黄山举办"亲情中华·美好安徽"华裔学生夏令营活动，来自美国、日本、新西兰、泰国、意大利、西班牙、阿联酋等地的500余名华裔青少年来皖参加活动，让他们在安徽学习中华文化的同时，体验独具特色的风土人情，参观如画的大好河山，追寻先贤的踪迹，品味文人墨客的诗情画意。安徽各营成果丰硕，赢得海外侨团、华裔营员的青睐，在海内外产生广泛影响。同时，积极组织参与中国侨联举办的世界华人学生作文大赛，共推荐1万余篇作品参赛，3000余篇作品获得表彰；连续十年邀请美国洛杉矶"安徽之友"组织语文交流团来皖开展为期两周的中英文交流活动；指导安徽省刘少雄博爱基金会捐赠"爱心书屋"5个；鼓励柬埔寨安徽商会暨安徽同乡会积极融入和回馈住在国，全额资助53名柬埔寨学生完成合肥学院4年大学学业，为促进中国与柬埔寨之间的友好交往作出了积极贡献。

实施"'网上侨联'探索行动"，强化宣传手段和效果。根据侨情新变化，对省侨联网站进行全新升级，着力完善栏目设置，提升宣传效果。在省文明办指导下，加强省侨联文明网页建设，借助安徽省"文明大展台"平台，展示侨联组织良好形象。用足用活"微"平台，创新运用微信新兴载体，通过微信公众号、微信工作群等，适时发布动态信息，加快信息推送，有效提升了工作效率和宣传实效。目前，省侨联网站阅读量突破200万，微信公众平台点击阅读量超过30万。加强与华文媒体合作，巩固与《中东侨报》等平台的合作关系，开设"徽商侨商"专版，推介安徽政策、文化旅游资源和侨联工作，为进一步拓宽与海外华文媒体合作积累了经验。

4月12日　接待美国侨领

今天，分别接待全美湖南同乡联合会主席、美国旧金山湾区湖南同乡会会长黄厚德、美国德州安徽同乡会副会长赵美萍。对各位侨领的到访表示欢迎，简要介绍了省情、侨情和安徽经济社会发展情况，以及近年来省侨联搭建活动平台开展引资、引智、引才，依托"亲情中华·美好安徽"文化品牌，积极组织艺术团赴海外演出、举办夏令营、打造"中国华侨国际文化交流基地"，加大与海外侨团和广大华侨华人的文化交流等方面所做的工作，并希望进一步加强与海外侨团的联系、交流与合作，凝聚侨心侨力，为促进中外经贸合作、文化交流等多做贡献。各位侨领对安徽省侨联的热情接待表示感谢，并表示将发挥在外的资源优势，积极推动在经贸、文化以及社会公益等方面与安徽省和省侨联的交流合作。

5月10日 "七个着力"抓好机关党建工作

作为班子成员和机关党总支书记，我始终把学习摆在突出位置，积极发挥表率作用，带头参加学习研讨，带头撰写学习心得，深入学习习近平新时代中国特色社会主义思想和党的十九大精神，努力在学懂、弄通、做实上下功夫，牢固树立"四个意识"，坚定"四个自信"，做到"四个服从"，坚决维护习近平总书记在党中央的核心、全党的核心地位，自觉在思想上政治上行动上同以习近平同志为核心的党中央保持高度一致，持之以恒加强党性锤炼，强化宗旨意识，坚持高尚追求，端正思想品行，提升自身境界。与此同时，认真贯彻落实中央、省委和省直机关工委的各项部署要求，思想上高度重视，拿出足够的精力抓好机关党建工作，严格落实党建工作责任，切实履职尽责，持续推进机关党建工作制度化、规范化建设，突出做到"七个着力抓好"。

着力抓好理论武装。认真组织好会党组理论学习中心组学习会、机关党总支和各支部学习会，以及机关各种形式的学习活动，严格落实"三会一课"等党内组织生活制度，组织好领导班子"讲、重、作"警示教育专题民主生活会等，组织召开好机关各党支部组织生活会。按照省委要求，扎实推进"两学一做"学习教育常态化制度化。

着力抓好素质提升。及时选派党总支成员、各党支部书记参加省委组织部、省直工委、省委统战部举办的各类党建工作培训，不断提升机关党务干部做好党建工作的能力和水平。组织机关党员干部参加安徽省干部教育在线学习，人均超过40个学时，合格率达100%。及时组织党员干部订阅共产党员网、安徽先锋网微信公众号，订阅率达到100%。

着力抓好活动组织。结合工作实际，鼓励支持机关各支部组织开展丰富多彩的党建活动，建立省侨联机关党员活动日制度，定于每月 10 日为机关党员活动日，先后组织赴六安市皖西博物馆、巢湖李克农纪念馆和铜陵市新四军抗战史迹陈列馆等开展了"党员活动日"的活动。

着力抓好标准化建设。突出支部建设重点，持续用力，扎扎实实推进党组织标准化建设，确保取得实效，特别是在机关办公用房紧张的情况下，安排一间办公室作为党员活动室，达到了"六有"标准，机关党总支被省直机关工委考核验收通过。

着力抓好作风转变。按照"双联系"要求，制定省侨联对口帮扶宿州市埇桥区大韩村和六安市舒城县张母桥镇长冲村办法，建立省侨联机关干部联系群众制度，组织文宣部党支部与包河区沁心湖社区、办公室党支部与舒城县张母桥镇长冲村开展结对帮扶，组织省侨联在职党员干部赴所在社区报到并开展服务群众等活动。带头深入合肥市庐阳区水西门社区为基层干部、侨界群众上党课，赴合肥市包河区沁心湖社区、舒城县张母桥镇长冲村宣讲党的十九大精神，为机关各党支部书记上题为"如何当好党支部书记"的"微党课"；深入基层调查研究，帮助基层解决实际问题，2017 年赴基层调研和开展工作共 61 天次。

着力抓好基础工作。及时核定党员应缴党费数额，督促各支部按时足额缴纳。加强组织关系管理，建立党内激励关怀机制，先后走访慰问机关困难党员、群众 7 人。加强党建宣传，组织机关党总支定期向省直工委报送党建工作动态、特色做法、工作总结等，一年来共报送机关党建宣传信息 20 多条。

着力抓好党风党纪。联系机关实际，围绕权力运行和监督，进一步强化了"三重一大"制度及党务政务公开制度的落实。召开机关党风廉政建设工作会议，组织机关党支部书记述职述廉，会党组与各部室负责人签订党风廉政建设责任书。组织机关党员干部参加驻省委统战部纪检组举办的预防职务犯罪专题报告会，并组织党员干部到廉政教育基地接受党性党风党纪教育。完善领导干部定期谈心谈话制度，在关心爱护身边工作人员的同时，坚持做到严格教育管理下属，经常深入机关各部室一起研究防范部门廉政风险的具体措施，对全体干部职工提出廉政要求，结合岗位实际提出严格的工作要求和纪律约束，近年来省侨联机关党员干部中没有一起违法违纪的案件发生。

8月10日　对省侨联驻村帮扶工作的调研和思考

省侨联按照省委的部署和要求，组建由一名处级干部带队、三名机关干部组成的驻村扶贫工作队，于2017年4月底赴对口帮扶点——六安市舒城县张母桥镇长冲村开展帮扶工作。长冲村位于张母桥镇西南，万佛湖上游，距县城30多公里。全村总面积4.6平方公里，耕地面积2300亩，林地400亩，山场700亩，辖33个村民组，共735户2733人，党员93人，村民代表54人，2015年被纳入全县80个贫困村之一、张母桥镇3个贫困村之一。2014年，通过村民自愿申请，村"两委"入户调查，经村民评议等，确定建档立卡贫困户92户245人，其中致贫原因：因病48户，因残23户，因学5户，因灾9户，缺劳力7户。后经动态调整，目前建档立卡贫困户83户237人。

一、工作和成效

对口帮扶以来，省侨联认真学习贯彻习近平总书记关于脱贫攻坚工作重要讲话精神，按照中央和省委、省政府的工作要求，紧密结合实际，发挥自身优势，多措并举，切实做好帮扶工作。

高度重视，认真研究部署。省侨联党组对驻村帮扶工作高度重视，在机关工作人手十分紧张、工作任务繁重等情况下，抽调得力人员组成工作队。两年来，班子成员先后10次听取驻村工作队关于扶贫工作的汇报，8次召开专题会议研究驻村帮扶工作，特别是针对长冲村贫困实情，如何选准项目、推进扶贫资金精准投入，如何细化措施、确保扶贫目标精准落实等，进行了专题研究、部署和安排，对驻村工作队开展帮扶工作提出要求。

实地走访，寻求扶贫良策。省侨联领导先后多次深入长冲村，开展实地调研走访，为长冲村脱贫把脉问诊、寻求良策。

创造条件，建立保障机制。为切实帮助扶贫工作队消除后顾之忧，保障工作有效开展，省侨联第一时间为驻村工作队配置了办公电脑，购置电动车用于工作队入户走访、建档立卡。帮助长冲村进一步加强基层党建和党群活动，为村部和村群众活动中心购置了空调。此外省侨联还从结余党费和工作经费中共拿出2.6万元作为扶贫专项款，用于资助长冲村党员活动室建设，为长冲村配置跑步机、乒乓球桌等体育活动器材。

多措并举，确保取得实效。进一步发挥侨界资源优势，积极引导侨资侨属企业和侨商代表，为帮助村集体销售农副产品打开销路出谋划策、献计出力。例如，组织省侨商联合会等帮助长冲村销售村集体所有的农副产品，累计销售额14.44万元，直接收益6.0136万元，村集体经济获得净利润5.3935万元；积极发挥侨联组织联系广泛优势，号召海内外爱心侨商侨领为村集体经济发展筹措项目资金40万元；大力支持教育扶贫，帮助高考取得优异成绩的贫困生继续完成学业；动员、鼓励和引导侨商开展科技扶贫、金融扶贫、产业扶贫等。

驻村以来，驻村工作队强化驻村职责，发扬奉献精神，做了大量工作。经驻村工作队和各方共同努力，2018年，落实产业扶贫涉及108户贫困户；金融扶贫19户，93万元；教育扶贫31户，雨露计划6人；家庭医生签约服务涉及所有贫困户83户237人；光伏发电扶贫21户，每户年收入约3000元，公益岗位39户；危房改造扶贫15户，修缮8户，重建7户，已经全部竣工；基础设施建设已完成，张岭安置点道路硬化、大湾路硬化、长砂支渠硬化、卫生医疗室重建、就业扶贫驿站、就业扶贫车间建设等。2019年，产业扶贫涉及93户，光伏发电收益21户，光伏公益岗位41户；教育扶贫中雨露计划5人，教育补贴省外8户、省内29户；

危房改造 1 户。充分发挥能人大户的作用，对无种养殖能力的贫困人员，利用第三方托管代养的方式，落实 5000 元扶贫标准。落实五保户、低保户的危房改造；完成 39 户的就业扶贫，其中辅助性岗位 5 户，护林员岗位 8 户。2017 年，长冲村如期实现整村出列，2018 年脱贫 4 户 10 人，2019 年拟脱贫 15 户 25 人，2020 年拟脱贫 2 户 2 人。2014 年贫困发生率为 8.9%，2018 年贫困发生率为 1.4%。长冲村成为县级老年教育和民主法治示范村、省级美丽乡村建设示范村，对口帮扶和脱贫攻坚工作取得初步成效。

二、困难和问题

调研中也发现，脱贫攻坚工作虽然取得了一定的成绩，贫困村及贫困户的面貌得到了一定的改善，但脱贫工作中也存在一些突出的问题，如期完成脱贫攻坚工作的任务还很艰巨。

一是贫困户自我发展能力还较弱。多数贫困人口文化素质低、思想观念陈旧落后，安于现状，没有发展动力；少数贫困户不愿积极就业，不谋求发展思路，一心想吃低保，享受国家救助，"等、靠、要"依赖思想严重。

二是产业扶贫成效还不明显。全村产业发展比较缓慢，虽然已有一批优质水稻种植和特色蔬菜等产业，但仅处于起步阶段，带动长效致富的能力不强；在精准扶贫到户实施过程中，在一户一策、因户制宜的引导上做得还不到位，产业项目推进落实困难；同时，大户带散户、公司带农户、合作社带社员涉及贫困户甚少，产业扶贫效果不明显。

三是结对帮扶还需加力。目前帮扶工作仅停留在对贫困户的物质帮扶上，多是看望慰问、送油米等生活必需品，针对贫困户实际开展项目扶持、技术援助、人员培训等方面缺乏有效支持，缺少开发式扶贫。

四是村级基础设施建设还需加强。全村仍有部分农田出水沟渠等基础设施不完善，农田抛荒现象仍有发生，用水难、排水难尚未完全治理。

三、体会和思考

从调研情况看，做好帮扶工作应注重做到"五个突出"。

一是突出思想引领，确保完成帮扶任务。进一步深入学习贯彻习近平新时代中国特色社会主义思想和习近平总书记关于扶贫工作的重要论述，按照中央和省委的部署，确保如期完成长冲村脱贫攻坚各项任务，同时要巩固扶贫成效，持续做好帮扶工作，防止出现返贫问题；要结合长冲村的实际情况，因地制宜发展村集体经济，谋划扶贫工作与乡村振兴工作的衔接，找到一条适合村集体经济发展的好路子，更好地带领全村群众脱贫致富；要进一步加强基层党组织建设，发挥基层党组织和党员干部的示范引领作用。要根据长冲村的脱贫攻坚工作需要，继续利用自身优势，发挥侨界力量做好帮扶活动。

二是突出因户施策，实现精准扶贫。扶贫工作队要协助村"两委"进一步做好深入细致的工作，逐户量身定制帮扶计划；用好用活扶贫政策措施，特别是教育扶贫、医疗救助扶持、民政救助扶贫等惠民政策；因地制宜，通过扶持发展特色产业，实现就地脱贫；发挥贫困户主体作用，变要我脱贫为我要脱贫，克服"等、靠、要"惰性心理，自力更生，艰苦奋斗，靠自己的辛勤劳动改变贫穷落后的面貌。

三是突出产业扶贫，助农长效增收。积极引导和树立产业扶贫理念，狠抓市场前景广阔、具有效益优势的特色产业种植，增加农民收入；积极推行"公司+基地+贫困户"等产业化发展模式，助推贫困户增加收入；加大金融扶贫力度，对资金短缺贫困农户发展产业给予支持和帮助。

四是突出项目资源整合，实施精准帮扶。组织侨资企业和侨商关注支持长冲村的发展，多做合适项目对接工作。完善扶贫规划，加大项目争取力度，力争最大限度地争取优惠政策；进一步加大项目资金整合力度，加强基础设施建设，切实改善农村群众生产生活条件。

五是突出基层组织建设，发挥战斗堡垒作用。加强村"两委"干部队伍建设，发挥基层党组织和党员干部的示范引领作用，培养致富"带路人"，真正把基层党组织建设成为带领群众脱贫致富的坚强战斗堡垒。

8月28日　开启代表履职之行

经党中央批准，第十次全国归侨侨眷代表大会定于8月28日至9月1日在北京召开。肩负着全省侨界的信任和期望，出席第十次全国归侨侨眷代表大会的安徽省代表团一行于8月27日启程赴京，开启为期6天的履职之行。在8月28日上午召开的安徽省代表团分组会议上，传达了省委领导同志的指示精神，还就会风会纪、保密、安全、宣传等进行了集中学习教育，审议了预备会议有关材料。这次出席第十次全国归侨侨眷代表大会安徽省代表团一行共22人，其中代表21人，特邀代表1人，来自基层侨联、机关事业单位、高校、科研院所、企业等多个行业和领域，具有广泛的代表性。作为一名正式代表，我深感责任重大、使命光荣，一定珍惜荣誉、集中精力、履职尽责，以实际行动展现安徽侨界风采。

8月29日　聆听党中央致词和中国侨联工作报告倍感振奋、深受鼓舞

第十次全国归侨侨眷代表大会在北京人民大会堂隆重开幕。习近平、

李克强、栗战书、汪洋、王沪宁、韩正、王岐山等党和国家领导人到会祝贺，赵乐际代表党中央作了题为《为新时代凝聚侨的力量，谱写民族复兴的新篇章》的致词，万立骏代表中国侨联第九届委员会向大会作题为《贯彻新思想 建功新时代 团结凝聚广大归侨侨眷和海外侨胞为实现中华民族伟大复兴的中国梦而奋斗》的工作报告，在安徽省代表团引起强烈反响。我深深感到，党中央致词充分肯定了中国侨联自九代会以来的各项工作，同时为做好新时代侨联工作指明了奋斗的方向，充分体现了以习近平同志为核心的党中央对侨联工作的高度重视。致词中提出的新指示、新要求，是习近平侨务工作思想的重要体现，我们要认真学习、深刻理解、准确把握，内化于心、外化于行，把思想和行动真正统一到习近平总书记关于侨务工作重要论述和中央的指示精神上来。中国侨联的工作报告政治站位高、思想意蕴深、逻辑脉络清、创新意识强、行文风格实，是一个高举旗帜、尊崇核心的报告，是一个继往开来、布局谋篇的报告。报告灵魂主线突出，"四个意识"鲜明，把握了党的要求，把握了侨联组织的属性和职能定位，把握了侨联工作特点和规律，是一篇体现思想性、实践性、时代性、统战性的好报告，将对未来五年和今后一个时期的侨联工作产生重要指导作用。

8月31日　当选新一届中国侨联委员

今天上午，在第十次全国归侨侨眷代表大会召开的第三次全体会议上，我和安徽团的其他7位同志当选委员。这是我第二次当选中国侨联委员，深感使命光荣、责任重大，一定不辱使命，履职尽责！

9月14日　赴淮南市宣讲第十次全国归侨侨眷代表大会精神

今天，赴淮南开展第十次全国归侨侨眷代表大会精神下基层宣讲活动。省侨联部分委员、淮南市侨联委员、驻淮高校统战（侨联）部门、县区侨联、社区侨联工作站负责人，侨资企业代表近60人参加宣讲。我介绍了第十次全国归侨侨眷代表大会的概况，重点围绕习近平新时代中国特色社会主义思想和习近平总书记关于侨务工作的重要论述，赵乐际在开幕式上代表党中央的致词，万立骏代表中国侨联所作的工作报告，《中华全国归国华侨联合会章程》修改情况，第十次全国归侨侨眷代表大会的大会倡议等内容进行重点宣讲，让侨界群众和基层侨联工作者对会议整体情况、党中央的新关怀新期待、侨联工作的新使命新要求等都有了更进一步的了解和掌握。

9月20日　五措并举做好侨情专报工作

近年来，在中国侨联的关心支持和有力指导下，安徽省侨联把做好侨情专报工作作为反映侨界呼声、服务领导决策、推动侨联工作的重要抓手，形成了侨情专报报送工作内容不断丰富、数量稳中提升、质量显著提高的良好局面，为领导决策和推动工作发挥了积极作用。今年上半年，共上报《安徽侨情专报》49期，被采用33期，采用率达67.3%。从报送和采用情况看，今年上半年，报送数量是去年全年的两倍，采用篇数是去年全年的四倍（2017年全年上报《安徽侨情专报》25期，被采用8期，采用率32%）。我们的具体做法如下。

第一，真重视。做好侨情专报工作，既是中国侨联的明确要求，也是基层侨联的重要责任。安徽省侨联高度重视侨情专报工作，把侨联专报工作摆在侨联工作的重要议事日程上，经常给侨情专报工作人员提要求、出题目，交任务、压担子。省侨联每月的主席办公会都要听取机关各部门关于当月侨情专报报送和采用情况的汇报，分析报送情况，把脉报送选题，对报送工作提出明确要求。

第二，有重点。信息是为领导了解情况和科学决策服务，侨联工作中需要报送的内容很多，今年以来，突出报送重点，一方面继续做好动态类和经验类信息的报送，及时反映海内外侨界最新动态以及全省各级侨联创新工作经验和做法，突出新鲜感、真实性和决策参考性；另一方面更加注重报送意见建议类信息，围绕服务国家战略以及社会各界特别是侨界关注的问题，多报送一些有情况、有问题、有分析、有建议的专报信息，努力做到关注热点、剖析难点、捕捉亮点，意见建议类信息报送占95%以上。

第三，拓渠道。为确保信息收集的广泛性、代表性、针对性和有效性，从多方面打通专报信息素材的收集渠道，一是在服务侨界代表人士的过程中收集：主动与省侨联常委、委员以及侨界人大代表、政协委员联系，根据他们所从事行业或研究领域的专长，就某些专业性问题提供专业性的意见建议，整理形成专报信息；二是在接待海内外侨胞的过程中收集：通过与省侨联海外顾问、海外委员、海外侨团侨领以及海内外侨界专家学者沟通交流，认真倾听和了解海内外侨界人士对国内政治、经济、文化、社会、生态文明等热点、难点问题或前瞻性、全局性、苗头性、警示性问题分析，以及从侨界和专业角度提出的希望党政部门改进有关工作的意见和建议，收集整理形成专报信息；三是在出访的过程中收集：注重了解海外侨情变化，包括侨胞分布人数、侨胞从业情况、各类侨团现状、住在国涉侨政策、侨胞生存发展状况，以及需要中国政府和有关部门为海外侨胞提供何种帮助服务的建议等，收集整理形成专报信息；四是在赴基层的调研过程中收集：认真听取侨资侨属企业、基层归侨侨眷及社会各界人士反映的问题和有关意见建议，收集整理形成专报信息；五是在指导各级侨联工作的过程中收集：组织各级基层侨联定期报送综合信息，及时反映各地开展的有创新有特色的工作和活动、取得的重大进展、存在的主要问题以及推动侨联改革过程中的意见和建议，收集整理形成专报信息。由于专报信息收集渠道较广，今年以来被采用的侨情专报内容，涉及服务国家战略、社会民生动态、海外侨情分析、侨联工作创新等多个方面。

第四，建机制。针对侨联机关实际，建立做好侨情专报工作的三个机制：一是建立"全员办专报"工作机制，以各部室从事文字工作的同志为侨情专报工作主体，要求各部门和每位同志都要承担信息报送任务；二是建立侨情专报工作激励机制，专门研究出台宣传奖励规定，年底对各地侨联和机关各部室及每位同志报送侨情专报情况进行通报考核，并给予考评奖励，鼓励机关干部关注侨界、关注社会，勤于学习、善于思考，不断提高侨联侨情专报报送水平；三是建立侨情专报工作保障机制，对机关工作人员报送侨情专报实行"三个优先"：阅读上级文件资料优先，随同领导出访调研优先，参与接待海外侨胞优先，切实为信息报送工作创造良好条件。

第五，提质量。信息质量是信息工作的生命线，也是提高侨情专报采用率的关键。为此，一方面，向中国侨联有关领导和专家多汇报、多请教，争取业务指导，同时，积极主动向兄弟省区学习借鉴侨情专报工作中的一些好经验、好做法。另一方面，进一步加强机关工作人员的学习培训，努力提高机关工作人员政治和业务素质，特别是针对近年来省侨联机关新进工作人员较多，对侨情专报工作不了解、不熟悉的情况，积极选派机关干部参加中国侨联以及省委党校、省直机关工委党校、行政学院等各类业务培训，举办全省侨联系统干部业务培训班，进一步拓宽视野、开阔眼界，帮助机关干部更好地准确把握侨情专报工作思路和报送要求；还鼓励支持机关干部继续深造学习，目前，省侨联机关18名在职干部职工中，硕士研究生学历以上有9人，这些都为做好侨情专报工作提供了有力的人才和智力支持。

10月23日　美国纽约华人总商会"芳草春晖"奖学金、奖教金首次颁奖

美国纽约华人总商会"芳草春晖"奖学金、奖教金颁奖仪式在合肥市长丰县造甲乡中心学校举行。我出席活动并代表安徽省侨联对美国纽约华人总商会的爱心之举表示崇高敬意，对徐家树会长一行来皖出席活动表示欢迎。隔山隔水隔不断中华儿女情。美国纽约华人总商会徐家树会长一行怀着对安徽的深情厚谊，不远万里来到这里，设立"芳草春晖"奖学金、奖教金，充分体现了美国纽约华人总商会"心系祖国、情牵桑梓"的大爱情怀。"芳草春晖"奖学金、奖教金的设立，为安徽侨爱心工程又增添了一个新的爱心项目。希望获奖同学不辜负社会各界关爱，不辜负捐赠人的爱心，树立人生远大目标，好好学习，努力成为国家的栋梁，以感恩之心回馈社会；希望获奖老师保持高尚的师德师范，精心教书育人，为新时代培养更多宝贵的人才；希望造甲乡把"芳草春晖"奖学金、奖教金项目落实好、使用好，不辜负美国纽约华人总商会的大爱善举，让这份爱心在造甲乡点燃更多学生成长成才的梦想，传递尊师重教的好风尚。

11月6日　进一步推进涉侨纠纷多元化解试点

省侨联与省高院联合在合肥召开涉侨纠纷多元化解试点工作推进会，就推进我省涉侨纠纷多元化解试点工作进行研究部署，试点县区侨联、法院负责人参加会议。会上，省高院有关负责同志介绍了试点工作基本情况和具体要求，各试点县区侨联、法院负责人分别介绍了当前工作进展情况、取得成效和下一步工作打算，并提出了意见建议。我们要深刻认识到做好试点工作的重要意义，精心组织人员力量开展好涉侨纠纷多元化解试点工作。要突出试点重点，拓宽试点渠道，采取灵活试点方式，

以点带面务求试点工作取得实实在在的效果。要大胆探索，在做好规定动作的同时，结合实际积极探索自选动作，努力创造可复制的成功经验。要主动作为，积极争取有关部门重视和支持，加强协调配合，努力形成试点工作的强大合力。

11月17日　省侨联代表团访问菲律宾、马来西亚和缅甸并取得圆满成功

（安徽侨之声）11月8日至17日，省侨联党组成员、副主席兼秘书长杨冰率团出国访问菲律宾、马来西亚和缅甸。整个过程安全、顺利，达成了多个合作和交流意向，访问取得圆满成功。菲律宾联合日报、缅甸缅华工商报等10余家海外华文媒体和当地网站对此次活动进行了关注和宣传。

访问团出访菲律宾

11月8日至11日，省侨联党组成员、副主席兼秘书长杨冰率安徽省侨联代表团访问菲律宾。在菲律宾安徽商会会长刘传伏、秘书长张健等陪同下，9日，先后拜会菲律宾中国商会、菲华商联总会、菲华各界联合会等菲重要侨团，与各侨团进行深入座谈，介绍情况，推动交流合作。9日晚，访问团一行出席由菲律宾安徽商会举行的欢迎晚宴，安徽省侨联党组成员、副主席兼秘书长杨冰，中国驻菲律宾大使馆参赞兼总领事罗刚，菲律宾中国商会会长洪及祥，菲律宾安徽商会会长刘传伏先后致辞。菲律宾安徽商会秘书长张健主持欢迎晚宴，菲华商联总会、菲华各界联合会、菲律宾中国商会、菲律宾中国和平统一促进会、菲律宾晋江同乡总会、菲律宾中华和平发展促进会、菲律宾华教中心以及安徽籍外派教师、菲律宾潮汕总商会、菲律宾湖南商会及同乡会、菲律宾湖北总商会及同乡总会、菲律宾浙江总商会、菲律宾福建总商会、菲华泉州公会、菲华联谊总会、菲律宾酒文化研究会、中资企业（菲律宾）协会、世界

福建青年联会菲律宾分会、菲华青商会、菲律宾餐馆总商会、菲律宾福建青年联合会等侨团侨领100余人出席欢迎晚宴。10日至11日，访问团一行先后前往皖籍侨胞在菲已建或在建部分项目进行考察，看望中方工作人员，并前往菲律宾安徽商会看望在菲皖籍侨领侨胞代表，与大家座谈交流，带去家乡亲人的问候和祝福。此次访问，加强了与海外侨团的联络联谊，增进了乡情友情，达成了一些交流合作意向。

图为访问团一行拜会菲律宾中国商会

访问团出访马来西亚

11月11日至13日，应马来西亚沙巴马中联谊协会邀请，省侨联代表团访问马来西亚。11日下午，访问团一行拜访了沙巴马中联谊协会，与沙巴马中联谊协会会长胡逸山博士和部分副会长、理事及秘书长廖志国等进行深入交流。12日，访问团一行考察了沙巴马雅岛海洋生态研究中心，并先后拜访了中国驻哥打基纳巴卢总领事馆，与梁才德总领事亲切会面；拜会了沙巴州卫生及人民和谐部部长拿督黄天发国会议员，沙巴州青年及体育部长拿督潘明丰州议员，首席部长署助理部长拿督黄仕平州议员、冯晋哲州议员、张克骏州议员等。13日，代表团一行前往吉隆坡，拜访了马来西亚-中国贸易促进委员会，与副会长、马中贸促会"一带一路"中心主任蔡宝强和贸促会署理会长张益凡及秘书长杨志军等座谈交流。通过访问，加强了与海外侨团的联络联谊，增进了相互了解，宣传推介了安徽，达成了一些交流合作意向。

图为访问团一行拜会中国驻哥打基纳巴卢总领事馆

访问团出访缅甸

11月14日至17日，省侨联党组成员、副主席兼秘书长杨冰率安徽省侨联代表团访问缅甸，受到缅甸相关侨团和华人华侨热烈欢迎。在仰光，访问团一行先后拜会了缅甸著名华人实业家、缅甸国际贸促会主席、缅甸金山发展有限公司董事长李松枝，中国驻缅甸大使馆参赞于边疆；走访了缅甸双龙集团董事长侯科念，以及部分中资企业驻缅甸代表处及缅甸金永食品有限公司、缅甸东方斑马有限公司等皖籍侨企负责人；在拜访有着110年历史的缅甸中华总商会时，与高景川副主席和部分副会长、理事及秘书长杨芝素等进行了座谈交流。在曼德勒，代表团一行先后拜会了缅北中华商会，与金多堰慈善总会永远荣誉主席周天凤、荣誉主席李祖才、主席黄鹏飞，缅北中华商会常务副会长李继昌，副会长李勤、谢世祥，金多堰妇女慈善会会长李菊芳等知名侨领亲切会面；拜会了中国驻曼德勒总领事馆，与王宗颖总领事等进行了深入交谈。通过访问，进一步加强了与海外侨团的联络联谊，增进了与海外侨胞的亲情友情，宣传推介了安徽，并就成立皖籍侨团、组织海外侨胞安徽行活动以及推动缅甸和安徽在经贸、旅游和文化等各方面的交流合作达成初步意向，访问取得圆满成功。

图为访问团一行拜访中国驻缅甸大使馆

11月22日　陪同中国侨联领导调研侨资企业

今天下午，中国侨联党组书记、主席万立骏在出席"巢湖侨创峰会"开幕式后，前往合肥欧普康视科技股份有限公司调研。中国侨联第十届委员会委员、中国侨界贡献奖一等奖获得者、欧普康视董事长陶悦群向中国侨联领导介绍了公司发展情况。万立骏指出，欧普康视十几年间踏踏实实稳步发展，潜心创新创造，经营成果显著，为新侨创新创业和侨资企业发展作出了榜样，值得广大侨胞借鉴；希望公司上下认真学习贯彻习近平总书记在民营企业座谈会上的重要讲话精神，把广大侨商团结凝聚起来，为更多的海归人才、海外侨胞搭建平台、创造机会；同时侨联也要利用自身的桥梁纽带作用，为广大的侨资企业牵线搭桥、保障服务，让他们在祖国这片热土上实现梦想。

11月28日　加强与长三角地区侨联互动交流

为加强与长三角地区侨联互动交流，应上海市侨联邀请，我和5位侨商及新侨高科技企业负责人组成代表团，出席第三届侨智论坛。此次会议由上海市侨联主办，中科院上海有机化学研究所承办，会议以"长三角区域科技协同创新"为主题，来自沪苏浙皖的专家、学者、企业家、侨界代表，以及政府有关部门负责人共300余人参加会议。"侨智论坛"的成功举办，为长三角地区侨联加强交流、共建共享、合作共赢提供了重要平台，我们要抓住机遇，推动侨联组织发挥作用、侨智力量协同创新，为长三角一体化新一轮发展作出新贡献。

12月3日　接待菲律宾安徽商会名誉会长李年荣

今天，接待到访的菲律宾安徽商会名誉会长李年荣一行，对李年荣会长一行的来访表示欢迎，对菲律宾安徽商会给予省侨联侨务访问团访菲期间的精心安排表示感谢。菲律宾安徽商会虽然成立时间较短，但在商会各位同仁的共同努力下，各项工作开展得有声有色，商会的影响力和号召力不断扩大，展现了安徽海外侨团的良好形象。希望商会充分发挥平台作用，推动菲律宾与安徽的交流合作，为现代化"五大发展"美好安徽建设作出积极贡献。对于李年荣会长反映的有关企业维权问题，有关部室将做好跟踪服务，维护好海外侨胞的合法权益。李年荣会长表示，将充分利用在外的资源优势，把博大精深的徽文化和安徽良好的投资环境向海外推介，推动菲律宾与安徽在经贸、科技、文化等方面的交流合作。

12月13日　"亲情中华·欢聚小岗村"庆祝改革开放40周年文艺演出圆满成功

由中国侨联、安徽省侨联，滁州市委、市政府主办的"亲情中华·欢聚小岗村"庆祝改革开放40周年文艺演出，在安徽省滁州市凤阳县小岗村大包干纪念馆前广场举行。演出现场热闹非凡，现场群众观看演出后认为，在严寒的冬天，中国侨联"亲情中华"艺术团来小岗村演出，这充分体现党和政府对小岗人民的关心和厚爱，小岗人将继续发扬敢闯、敢试、敢为天下先的"大包干"精神，把小岗村建设得更加漂亮，让小岗村人民过上更加幸福的生活。

12月14日　"海外华文媒体安徽行"采风活动成果丰硕

12月8日至14日，由中国侨联主办、安徽省侨联承办的"海外华文媒体安徽行"采风活动在安徽举行，来自13个国家和地区的近30家海内外媒体负责人参加，我陪同采风团一行先后走进合肥、马鞍山、滁州等市采风。参加活动的海外华文媒体负责人纷纷表示，安徽历史悠久，是中华文明的重要发祥地，诞生了淮河文化、新安文化、皖江文化、庐州文化，人文底蕴深厚，古有包拯等正直公正、铁面无私的廉洁之士，今有沈浩等一批干事创业、勤政为民、无私奉献的优秀共产党员。这种乐于奉献、敢于担当、爱民为民的精神在安徽的文化长河中是一以贯之的。此次安徽之行，就是要让参与活动的媒体人将所见所闻、所悟所感记叙出来、传播出去，让安徽历史文化传统、人文价值传承成为推动社会主义文化发展繁荣的积极动力，成为弘扬社会主义核心价值观的价值引领。

1月3日　迎新春暖侨心

新年伊始，赴淮南市慰问归侨侨眷、回国探亲的海外侨领和基层侨联干部，为他们送去党委、政府的温暖和侨联组织的新年祝福。先后看望慰问了回国探亲的肯尼亚侨领、东部非洲中国和平统一促进会主席韩军，蒙古国归侨刘天武和巴西归侨沙兰霞等。每到一处，了解了他们的身体情况和生活保障情况，听取了他们对侨联工作的意见建议，对他们支持和参与侨联工作、积极为安徽经济社会发展作出的贡献表示感谢。在海外侨领韩军家中，听取了东部非洲和肯尼亚中国和平统一促进会开展中非合作的情况，赞许促进会多年来团结东部非洲侨社团，积极融入当地社会，为增进中非人民友谊所做的大量工作。在巴西归侨沙兰霞家里，观看了沙兰霞多年来收集的侨史资料，对她热爱侨联事业给予了肯定。

1月11日　岁寒情更浓

今天，赴肥东慰问部分海外侨领在肥亲属。先后来到肥东龙塘乡和杨店乡，看望缅甸双龙集团董事长侯科念的母亲朱有英和菲律宾安徽商会会长刘传伏的亲属刘道刚、李定珍夫妇，与侨胞侨眷们促膝交谈，详细了解他们的身体、生活和海外亲人情况，向他们致以新春祝福，并送上了慰问金，叮嘱他们要保重身体，并转达省侨联对海外亲人的节日问候。在安哥拉安徽商会会长朱祥增的家里，看望了朱祥增会长的父母和亲属，询问他们的生活和工作情况，希望他们多支持亲属在海外创业发展。各级侨联要多关心海外侨胞的亲属，加强与他们联系，积极邀请他们参加侨联活动，真正地通过基层侨联组织把广大归侨侨眷组织起来、动员起来，解决广大海外侨胞的后顾之忧，为他们在海外安心创业发展提供有力的支持。

1月22日　赴山东看望慰问在皖创新创业新侨亲属

"哈佛八剑客"的事迹广泛流传、感人至深。1月20日至22日，受省侨联党组委托，我和机关有关部门负责同志一道专门赴山东莱西市、泰安市看望慰问"哈佛八剑客"中山东籍在皖创新创业新侨刘青松、任涛亲属，转达省领导和省侨联对刘青松、任涛父母的新春问候，感谢他们为国家培养了优秀人才和给予子女在安徽工作的大力支持。

近年来，安徽作为中部省份，经济社会的快速发展得益于省委、省政府对科技创新和新侨人才工作的重视和支持，在讲究团队合作的大科学时代背景下，"哈佛八剑客"这种"集体式的回归"显得弥足珍贵，他们在安徽这片创新的热土上实现了自己的创新创业梦想，为安徽建设作出了突出贡献。为了使他们能够更专心地进行科研，安徽省及合肥市为他们创造了良好的生活和工作环境，给予了一系列的政策支持，省侨联作为"侨胞之家"将继续做好服务，为新侨在皖创新创业排忧解难、提供精准服务。刘青松、任涛父母对安徽省各方面给予归侨的关心和支持表示感谢，一致感到，临近春节，寒冬腊月，安徽省侨联领导在山东省相关部门领导的陪同下专程赶来看望，并送来新春问候，作为回国创业

子女的父母深受感动。他们表示，将支持子女在安徽安心工作，发挥自身专业特长，为国家科学技术发展多做贡献，不辜负党委、政府的关怀和侨联组织的关心。

1月30日　赴合肥科学岛看望慰问海归人才及其亲属

今天，赴合肥科学岛看望在皖创新创业新侨代表、"哈佛八剑客"领头人王俊峰，以及王文超、刘静的亲属。受中国侨联委托，向王俊峰博士颁发了中国侨联、国务院侨办联合表彰的"中国侨界杰出人物提名奖"奖牌和证书，向其获奖表示祝贺，并送上新春的问候和祝福。

"哈佛八剑客"回到祖国，来到安徽，扎根合肥科学岛创新创业，从事前沿科学研究，他们不计名利，克服家庭的种种困难，为祖国的科学创新事业贡献自己的力量。感谢各位亲属为各自家庭生活提供保障，让他们安心工作、潜心科研，也祝各位亲属身体健康、春节快乐。

2月2日 接待缅甸、泰国侨领

今天，先后接待到访的缅甸双龙集团董事长侯科念、泰国安徽同乡会会长汪洋等回乡过春节的海外侨领，向他们致以新春的问候和节日的祝福。在与侯科念董事长一行交谈时，对其给予省侨联侨务访问团访缅期间的精心安排表示感谢，希望侯董事长利用自身在缅甸的影响力，推动缅甸皖籍侨团早日成立，积极搭建中缅特别是缅甸与安徽的合作交流平台。在与汪洋会长一行交流时，介绍了省侨联近年来通过世界制造业大会、"百家侨企"项目对接会、巢湖侨创峰会等活动平台推动中外合作交流，希望汪会长和泰国安徽同乡会多做牵线搭桥的工作，积极引荐泰国知名企业来皖考察，寻求合作项目，实现互利共赢。各位侨领表示，随着中国"一带一路"倡议的实施，中外合作交流更加紧密，合作发展的空间更加广阔，将会利用侨团和自身的影响，积极宣传推介安徽，推动安徽与住在国在经贸、科技、文化等方面的交流合作。

2月5日 建好线上线下两个"侨胞之家"

新的形势下，要在做好线下侨联组织建设的同时，突出云端优势，更好地运用互联网思维加强和改进侨联工作，进一步团结凝聚归侨侨眷和海外侨胞，既关注实现"天涯若比邻"的有效沟通，又重视打通服务侨胞的"最后一公里"，用线上手段解决线下问题，建好建强线上线下两个"侨胞之家"。一方面，要加强"网上侨联"建设。集中力量推进侨联电子政务、门户网站、微信服务平台建设，使之与侨联各项工作有机融合。特别是要善于运用新兴媒体和网络平台，加大宣传力度，亮出侨联旗帜，发出侨界声音，把广大侨界群众团结凝聚到党的周围，讲好"侨言侨语"。另一方面，要加强互联网服务。不断丰富网上"侨胞之家"和网上侨联阵地的服务内容，即时发布信息，传递家乡好声音，及时回应合理诉求，做好理论宣讲和政策解读等，增强交流互动、维护权益、法律咨询、防疫咨询等功能，更好地服务经济社会建设与对外交往需要。

2月22日　赴黄山、池州调研基层侨联改革工作

为深入贯彻落实第十次全国归侨侨眷代表大会精神，扎实推进基层侨联组织建设，推动侨联事业可持续发展，2月21日至22日，率省侨联调研组分别赴黄山、池州调研侨联改革情况。调研组在黄山市和池州市分别召开座谈会，听取两市组织、编办、侨联等部门负责同志关于本级侨联机构、编制、人员现状、侨联基层组织建设、近年来侨联主要工作开展等有关情况介绍，并就机构改革后的侨联机构设置、职能作用发挥等存在的体制、机制问题进行了深入了解。调研组对黄山、池州各级党委、政府多年来给予省侨联工作的关心和支持表示感谢，传达了中央和省委关于侨联改革相关精神。黄山、池州文化底蕴深厚、侨务资源丰富、新侨人才汇聚，在海内外影响广泛，对开放发展、创新发展前景美好，希望两市对侨联工作多多支持，进一步加强侨联组织建设，为侨联发挥作用创造条件、提供支持，为地方经济社会发展作出侨界的更大贡献。

2月27日　赴淮南、六安、亳州、淮北调研基层侨联改革工作

为深入贯彻落实第十次全国归侨侨眷代表大会精神，扎实推进基层侨联组织建设，推动侨联事业可持续发展，2月25日至27日，先后赴淮南、六安、亳州、淮北市调研，分别与各市领导进行了深入交流，并就侨联改革、基层侨联组织建设、发挥侨联组织作用等方面工作广泛交换了意见。调研组在各市分别召开专题座谈会，听取各市侨联机构设置、人员编制、基层侨联组织建设、工作开展情况等汇报，深入了解侨联改

革特别是党政机构改革后，各地侨联组织建设和工作中存在的一些困难和突出问题，与各市组织、编制等部门和侨联负责同志共同研究探讨加强侨联机构和组织建设的具体措施。

3月7日　赴马鞍山、芜湖、安庆调研基层侨联改革工作

为深入贯彻落实第十次全国归侨侨眷代表大会精神，扎实推进基层侨联组织建设，推动侨联事业可持续发展，3月5日至7日，分别赴马鞍山、芜湖、安庆调研，召开专题座谈会，听取了各市组织、编制、侨联等部门负责同志关于侨联机构、编制、人员现状、基层组织建设等情况介绍，希望各市侨联要按照第十次全国归侨侨眷代表大会的部署要求，进一步推进侨联改革方案的落实，通过改革破解侨联工作的各种难题，理顺侨联工作机制，强化自身建设，切实发挥侨联组织各项职能，特别是要加快基层侨联组织建设，推进县区侨联组织全覆盖，推动在高校及社会组织中成立侨联，进一步延伸侨联的工作手臂，夯实侨联工作基础。

3月15日　赴合肥调研基层侨联改革工作

为深入贯彻落实第十次全国归侨侨眷代表大会精神，扎实推进基层侨联组织建设，推动侨联事业可持续发展，今天赴合肥市调研。在听取合肥市侨联工作汇报后，首先肯定了合肥市侨联近年来各项工作取得的成绩，同时指出，合肥市新侨富集、侨企云集、侨智密集，这是做好新时代侨联工作的独特优势和宝贵资源。希望合肥市侨联围绕中心、服务大局，主动担当作为，积极开拓创新，深入推进侨联改革，充分发挥侨联各项职能作用，推动全市侨联工作再上新台阶，同时，努力为全省侨联工作多创经验、树立标杆。要进一步突出政治引领，深入学习贯彻习近平新时代中国特色社会主义思想特别是侨务工作的重要论述，进一步加强侨界政治建设，更加有效地引导侨界群众听党话、跟党走；要继续抓好侨联改革方案的落实，破解侨联体制机制和工作中存在的困难及问

题，进一步激发侨联组织活力；要立足合肥实际和自身优势，打造具有合肥特色的侨联工作品牌；要持续推进县区、乡镇（社区）、开发园区、新社会组织等基层侨联组织建设，推进"地方侨联+高校侨联+校友会"工作模式，进一步夯实侨联基层基础工作；要针对不同需求，改进工作方式，更好地为侨服务。调研座谈中，还就在推进侨联改革特别是这次党政机构改革中，如何进一步明确侨联相关职能，加强市侨联和县区侨联机构及班子队伍建设等问题提出具体意见。

3月30日　接待缅甸大学校长代表团访问安徽

由中国驻缅甸曼德勒总领事馆组织，并对接安徽省侨联接待安排，3月25日至3月30日，缅甸大学校长代表团对安徽进行了为期6天的参观访问，我陪同并参加相关活动。访问期间，代表团一行先后拜会了省教育厅，与省教育厅负责同志和省属部分高校领导进行了座谈，赴中国科学技术大学、安徽建筑大学、安徽农业大学等高校参观、交流，考察了中国科学技术大学先进技术研究院、科大讯飞股份有限公司等科研机构，并参观了安徽名人馆、包公祠等文化胜地。

在会见代表团一行时，我代表省侨联对代表团一行到访安徽表示欢迎，并向客人介绍了安徽省情和有关情况，表示随着中国"一带一路"倡议的推进和安徽对外开放的进一步扩大，安徽与缅甸在各个领域的合作交流将会越来越多。代表团团长、原缅甸科技部技术促进和协调司司长、曼德勒计算机大学校长吴觉刷梭博士对省侨联的热情接待和周到安排表示感谢，他说，此次来到安徽，真切感受到中国的快速发展和科技进步，所参观的高校先进的办学理念和取得的成绩都给代表团一行留下了深刻的印象，访问非常成功，很有收获，期望与安徽高校开展更多的教学科研和师生往来的交流合作。此次缅甸大学校长代表团一行共13人，分别是来自曼德勒计算机大学、曼德勒理工大学、雅达纳崩大学等缅甸12所大学的校长或副校长。省侨联通过此次接待安排缅甸大学校长代表团来访安徽活动，进一步展示了中国改革开放的成果，宣传推介了安徽，推动了安徽与缅甸相关部门的交流合作，为讲好中国故事、促进中缅友好、助力民间外交作出了积极贡献。

4月10日　"四不两直"到基层

今天，采取"四不两直"方式到省侨联对口帮扶联系点宿州市埇桥区大泽乡镇大韩村走访调研扶贫工作。在听取大韩村有关负责同志关于前期工作进展和近期工作安排后指出，大韩村已经整村出列，说明前期工作是扎实的，群众是满意的。村"两委"一定要按照习近平总书记和省委关于脱贫攻坚工作的一系列要求，按照区委和区政府的工作部署，坚定信心，克服困难，确保如期完成全部脱贫任务，打赢脱贫攻坚战。要立足村情，找准路子，开拓思路，在就业脱贫、产业脱贫、教育脱贫等方面多出实招、管用的招数，不断巩固脱贫工作成果。要有更高目标、更高追求，在完成脱贫攻坚目标同时，注重长远谋划，立足资源优势，做好脱贫、致富相统筹文章，全力以赴建设好美丽乡村，带领全村人民早日过上幸福新生活。要继续弘扬脱贫攻坚务实作风，扎扎实实做好全村各项工作，发挥基层党组织和党员干部的示范引领作用。省侨联将根据大韩村的脱贫攻坚工作需要，发挥自身优势，继续做好帮扶工作。

4月11日　深入推动涉侨纠纷多元化解试点工作

试点以来的工作到底怎么样，还有什么困难和问题？4月10日至11日，我与省高院相关负责同志一起赴全省涉侨纠纷多元化解试点宿州市埇桥区、合肥市肥西县调研。为贯彻落实党的十九大精神，加强预防和化解社会矛盾机制建设，推进涉侨领域矛盾纠纷多元化解，最高人民法院、中国侨联于2018年3月在全国11个省市区开展涉侨纠纷多元化解工作，安徽是试点省。安徽省高院和安徽省侨联高度重视涉侨纠纷多元化解工作，于2018年9月选择庐阳区、巢湖市、肥西县、埇桥区、天长市、和县、无为县、歙县开展试点。从调研结果来看，埇桥区、肥西县涉侨纠纷多元化解工作取得了初步成效，还要进一步加大宣传，以引导更多的侨界群众利用多元化解渠道保护自身合法权益；要持续发力，总结经验，不断深入推进试点工作；要进一步建立健全多元化解工作机制和平台，巩固试点工作成果。

5月26日 欢迎马来西亚华裔小营员们

2018年11月访问马来西亚沙巴时，我邀请当地侨团，在中马建交45周年之际，组织华裔青少年到安徽参加夏令营活动。在双方的共同努力下，今天，由中国侨联主办，安徽省侨联、马鞍山市侨联、马鞍山市二中承办的2019年"中国寻根之旅"夏令营安徽马鞍山营开营仪式在马鞍山市二中举行，来自马来西亚的45名华裔青少年参加此次为期10天的夏令营活动。我代表省侨联对远道而来的夏令营各位领队和营员以及马来西亚驻上海领事馆、沙巴马中联谊协会、亚庇建国中学的各位嘉宾表示热烈欢迎。参加夏令营活动是一次难得的亲情之旅、文化之旅、友谊之旅、寻根之旅，希望营员们珍惜此次夏令营短暂而美好的时光，多学、多看、多悟、多分享，近距离感受中国的改革发展，领略中华优秀文化，体验安徽风土人情，更好地增进血脉亲情和桑梓情怀，牢记自己的根、自己的魂、自己的梦，努力成为中华优秀文化同世界各国文化交流的积极促进者、热心传播者，回到马来西亚后，向更多的同学和朋友讲述中国好故事、传播中国好声音，当好中华文化的传播者和中马友好的桥梁。

2019年"中国寻根之旅"夏令营安徽营

5月28日　提升基层侨联干部能力水平

安徽省基层侨联干部培训班在马鞍山市当涂县举行开班式，我在开班动员时说，举办这次培训班，目的就是要深入学习习近平新时代中国特色社会主义思想、第十次全国归侨侨眷代表大会精神，研究新时期侨联发展和建设方面的理论和现实问题，用党的理论创新最新成果武装头脑、指导实践、推动工作，奋力打造"信念坚定、为民服务、勤政务实、勇于担当、清正廉洁"和"海外侨胞和归侨侨眷的贴心人、侨务工作的实干家"的高素质侨联工作队伍；就是要立足基层侨联干部的思想需求、能力需要、业务需求，紧密结合工作实际，给广大基层侨联干部多充电、多加油、多鼓劲。希望大家能够珍惜此次充电加油的机会，用心去学习，用心去思考，力求学有所思、学有所悟、学有所获、学有所长。要带着使命学，侨联干部既要乐于乘风破浪，高歌猛进，也要甘于抓铁有痕、踏石留印，要敢于担起使命责任，不断解决前进路上的一个又一个问题，做到逢山开路、遇水架桥。要带着问题学，要利用学习培训的机会就坚持"两个并重""两个拓展"，推动"两个建设"，织好"两张网"，构建"两项机制"等遇到的问题进行探讨，努力找到有效解决的路径和方法。要带着纪律学，严格要求自己，严守培训班的各项纪律，保持侨联干部的良好形象。

7月4日　讲党课对自己也是一次深刻教育

按照中央和省委的部署要求，根据省侨联"不忘初心、牢记使命"主题教育实施方案安排，今天下午，我以《永葆初心使命，建设战斗堡垒，为推动侨联事业发展提供有力保证》为题，为机关党总支全体委员和机关处级以上党员干部上了一堂主题教育党课。我觉得，讲党课对自己也是一次深刻教育。我首先从两个故事入题，一是从革命先烈邓中夏"烧成灰烬还是共产党人"的故事中感悟中国共产党人的初心和使命，阐释了"守初心"就是要进一步坚定信仰，进一步坚定信念，进一步坚定信心，只有这样，才能站得高、心胸广、眼界宽，才能对党无限忠诚，才有对人民挚爱的高尚情怀，才有对革命事业生死以赴的英雄气概。二是从新疆巴州和静县侨联主席高莉莉"一个人的侨联的故事"中感悟为侨服务、为党尽责的情怀，阐释了为侨守初心、牢记兴侨使命，就要强化政治引领，强化优势发挥，强化为侨服务，强化改革创新，强化自身建设，以侨为桥、以侨联侨，以侨联外、内外联动，把更多的侨胞凝聚起来，把侨的独特作用发挥出来，共同致力于中华民族伟大复兴。如何永葆初心和使命，进一步做好机关党建工作，充分发挥机关党支部战斗堡垒作用，为推动侨联事业发展提供坚强有力保证？这是机关党员干部特别是各党支部书记在主题教育中应深入思考的问题。无论是从党的历史、党的理论，还是从现实情况看，都要高度重视支部工作。机关党支部应该重点抓好思想政治教育，抓好纪律监督，抓好标准化建设，关心人、尊重人。作为基层党组织建设的组织者和带头人的党支部书记，要做政治上的明白人、思想上的引领人、工作上的带头人、纪律上的执行人、党员干部的贴心人，要善于谋划、乐于奉献、勇于担当、以身作则，切实加强机关党的建设，抓好支部建设，提升党支部书记的能力水平，充分发挥机关党支部的作用，为推进新时代侨联事业大发展提供坚强有力保证。

7月5日　"巢湖侨创峰会"已成为安徽侨联工作的一个重要品牌

经省政府新闻办同意，省侨联举行"2019巢湖侨创峰会"新闻发布会，我代表省侨联向与会中央和省内有关媒体通报相关情况。"巢湖侨创峰会"是省侨联近年来充分发挥自身优势，贯彻落实第十次全国归侨侨眷代表大会提出的"地方侨联+大学侨联+校友会"工作模式的探索实践，是借助省内中国科学技术大学、合肥工业大学、安徽大学等海外校友资源及世界知名高校的海外校友资源，围绕中央加快推进长三角更高质量一体化发展战略和省委、省政府重大决策部署，积极搭建侨界引资、引智、引才的平台，现已举办三届，成为安徽省侨联工作的一个重要品牌，在海内外侨界具有较高知名度，也得到了省委、省政府和中国侨联的充分肯定。本届峰会规模、层次和对接项目都超过往届。相信在各方面的共同努力下，"2019巢湖侨创峰会"一定会取得圆满成功，收到实实在在的效果。

8月1日　"亲情中华·美好安徽"唱响莫斯科

（安徽省侨联莫斯科电）为庆祝中华人民共和国成立70周年和中俄建交70周年，俄罗斯当地时间2019年8月1日晚，由中国侨联、安徽省侨联共同主办，俄罗斯中华文化促进会、俄罗斯安徽华人华侨联合会、莫斯科华人妇女联合会、莫斯科华星艺术团、俄罗斯辽宁华人华侨联合会等参与协办的"亲情中华·美好安徽"欢聚莫斯科文艺演出举行，为莫斯科的华人华侨、留学生和国际友人送去欢乐和祝福，受到热烈欢迎，近千名观众来到现场观看。

艺术团团长、安徽省侨联副主席兼秘书长杨冰在演出前的致辞中感谢中国驻俄罗斯大使馆给予侨联工作和此次演出的大力支持，以及参与协办侨团的精心安排和筹备。杨冰介绍了安徽省情和侨情。他指出，"亲情中华"是中国侨联近年来打造的文化交流品牌，在海内外具有广泛影响，深受海外侨胞和国际友人欢迎，此次演出既是慰问侨胞活动，也是文化交流之旅，希望把问候和祝福送给大家，为中俄人民友好交流贡献力量。中国驻俄罗斯大使馆领事部参赞刘明彻，俄罗斯中国总商会副会长徐金利，俄罗斯中华文化促进会主席张舜分别致辞，对"亲情中华·美好安徽"艺术团表示欢迎，对艺术团一行积极传播中华文化，开展富有特色的中俄文化交流活动给予高度评价。希望"亲情中华"艺术团常到莫斯科，把精彩的艺术盛宴送给华人华侨和国际友人。

　　演出在当地侨胞自编自导的开场舞《舞动中华》欢快的氛围里拉开帷幕。憧憬未来，祝福明天。安徽省歌舞剧院青年演员庄群为大家带来安徽民歌《幸福花鼓》和《慢赶牛》，展现了安徽民歌的独特魅力。安徽省杂技团的优秀青年演员李东安为大家带来杂技《青花瓷·滚杯》，展现了杂技柔美的一面。中央民族歌舞团歌唱家、一级演员肉孜·阿木提为大家演唱《在那遥远的地方》和《可爱的一朵玫瑰花》，展现中国少数民族的风情。在共建"一带一路"的道路上，徽风皖韵正在不断唱响。安徽省杂技团、中国吴桥国际杂技比赛金狮奖获得者张殿勇表演沙画《"一带一路"》，让观众感受了沙画的独特的艺术魅力。安徽省黄梅戏剧院青年演员朱婷婷演唱黄梅戏的经典唱段《谁料皇榜中状元》，并与观众互动合唱《夫妻双双把家还》，黄梅戏优美婉转的唱腔深深打动了现场

观众。中国当代优秀唢呐演奏家、中外民间音乐文化研究会主席、中国戏曲学院教授孙云岗表演的器乐串奏《华夏同心曲》，以其精湛的技艺和多种乐器的完美融合把晚会推向高潮。花鼓铿锵，乐音飞扬，整场演出将中国人的热情奔放与婉约秀美合而为一。安徽省歌舞剧院青年舞蹈演员薛伟、谢梦莹表演舞蹈《花鼓灯》。中国煤矿文工团表演艺术家许国立表演了《手影·口技》，惟妙惟肖的表演赢得观众阵阵掌声。全总文工团的青年歌唱家李昱和演唱歌曲《雁南飞》和《阳光路上》，唱出了广大侨胞心系祖国的赤子情怀，也唱出了身为中华儿女的光荣与自豪。侨胞代表诗朗诵《祖国，是一首唱不完的恋歌》，表达了海外侨胞对祖国、对家乡的深情和思念。安徽省黄梅戏剧院一级演员余顺演唱了京歌《情愿》，还应观众邀请返场，与搭档朱婷婷演唱黄梅戏经典唱段《对花》，赢得阵阵喝彩。安徽杂技团的青年演员胡建新表演杂技《高杆》，展现了杂技的力与美。北京歌舞剧院女高音歌唱家张爱演唱歌曲《我爱你中国》，表达了海外侨胞和留学生的爱国情怀。在当地侨胞伴舞下，张爱还演唱了歌曲《今夜无眠》，令观众久久回味。演出最后，全场合唱《我和我的祖国》，把气氛再一次推向高潮，充分表达了侨胞和留学生对祖国和家乡的深深眷恋，祖国和家乡是他们心中永远的牵挂。

据了解，中国侨联"亲情中华"实施10年来，已先后组织220多个艺术团，赴80多个国家和地区的230余座城市进行了1000余场演出，充分展示了中华文化的独特魅力，得到海外侨胞和当地民众的广泛赞誉。此次"亲情中华·美好安徽"艺术团还将在俄罗斯圣彼得堡、荷兰海牙、英国伦敦分别进行演出。

8月3日　"亲情中华·美好安徽"惊艳圣彼得堡

（安徽省侨联圣彼得堡电）为庆祝中华人民共和国成立70周年和中俄建交70周年，俄罗斯当地时间2019年8月3日晚，由中国侨联、安徽省侨联共同主办，俄罗斯中华文化促进会、俄罗斯《龙报》社、圣彼得堡华人妇女联合会、圣彼得堡华人华侨联合会、圣彼得堡华侨华人协会、圣彼得堡俄中青年联合会等参与协办的"亲情中华·美好安徽"欢聚圣彼得堡慰问演出精彩呈现，800多位侨胞、留学生和国际友人观看演出。

"亲情中华·美好安徽"艺术团团长、安徽省侨联副主席兼秘书长杨冰在致辞时，对中国驻圣彼得堡总领事馆大力支持和协办侨团的精心筹备表示感谢。他介绍了安徽省情、侨情和侨联工作，希望海外侨胞当好传播中华文化的使者，为促进中俄友好和交流合作贡献力量。中国驻圣彼得堡总领事馆领事部主任李琦代表领馆对"亲情中华·美好安徽"艺术团一行表示欢迎。他说，在喜迎中华人民共和国成立70周年之际，艺术团带着祖国亲人的问候，把精彩的艺术盛宴送到圣彼得堡，对于传播中华文化和促进中俄友好交流具有积极意义，希望亲情中华艺术团多到圣彼得堡，把高水平文化艺术送给侨胞和俄罗斯人民，让中俄文化交流更加丰富多彩。俄罗斯《龙报》社长、圣彼得堡华人妇女联合会会长李双杰对中国侨联和安徽省侨联给予圣彼得堡侨胞和留学生的关心关怀表示感谢，对艺术家一行表示欢迎，并表示将积极发挥侨团凝聚侨胞的作用，搭建中俄文化交流的平台，拓展交流合作的渠道，为深化中俄人民友好关系贡献力量。

演出在当地侨团编排的《舞龙》表演中拉开帷幕。中央民族歌舞团歌唱家、一级演员肉孜·阿木提演唱《在那遥远的地方》和《可爱的一朵玫瑰花》，展现中国少数民族的风情。中国煤矿文工团许国立表演了《手影·口技》，惟妙惟肖的表演赢得观众阵阵掌声。全总文工团青年歌唱家李昱和演唱的歌曲《雁南飞》和《阳光路上》，唱出了广大侨胞对祖国深深思念，也唱出了身为中华儿女的光荣与自豪。北京歌舞剧院女高音歌唱家张爱演唱歌曲《我爱你中国》和《今夜无眠》，表达了海外侨胞和留学生的爱国情怀。中国当代优秀唢呐演奏家、中外民间音乐文化研究会主席、中国戏曲学院教授孙云岗表演的器乐串奏《华夏同心曲》，以其精湛的技艺和多种乐器的完美融合赢得观众阵阵喝彩。安徽省歌舞剧院青年演员庄群为大家带来安徽民歌《幸福花鼓》和《慢赶牛》，展现了安徽民歌的情与韵；舞蹈演员薛伟、谢梦莹表演的花鼓灯舞蹈《十七十八小兰花》，让观众感受了"东方芭蕾"的独特艺术魅力。安徽省杂技团青年演员李东安表演的杂技《青花瓷·滚杯》，以杂技的柔美的一面深深打动了观众，掌声不断响起；杂技演员胡建新表演的杂技《高杆》，展现了力与美；沙画演员张殿勇表演沙画《"一带一路"》，描绘了"一带一路"国家的风光和世界大同的美好未来。安徽省黄梅戏剧院一级演员余顺演唱的京歌《情愿》，把观众带入幽远而美妙的意境中，让他们陶醉其中。余顺与青年演员朱婷婷合唱的黄梅戏经典唱段《对花》，让观众大饱耳福，掌声不断。朱婷婷担纲此次演出的主持，应观众热情邀请，演唱了黄梅戏经典唱段《谁料皇榜中状元》，并与观众互动《夫妻双双把家还》，既调动了现场气氛，又为黄梅戏赢得许多戏迷。全场合唱《我和我的祖国》，台上台下亲情互动，嘹亮的歌声响彻全场，令人心潮澎湃，充分表达了侨胞和留学生对祖国的深深眷恋，对家乡的梦绕魂牵，祖国和家乡是他们心中永远的牵挂。

旅俄侨胞赵先生带着妻子和女儿观看了演出，他激动地说："今天演出太精彩了！很多节目及祖国发展的背景画面都让我激动不已，祖国的繁荣昌盛是我们共同的心愿。身在海外，心与祖国从来都是那么近，紧紧连在一起。"国际友人洛沙夫先生特别喜欢中国文化，每年都到中国去自由行，此次在家门口欣赏到来自中国的精彩文艺演出，让其完全融入其中，他说他要为中华文化的博大精深和丰富多彩点赞，还特别要求与演员们合影留念。几位来自中国的留学生为精彩的演出喝彩，他们早早地来到剧场，主动担当起志愿者，参与活动让他们很高兴。他们很喜欢黄梅戏，也会哼几句经典唱段，让我们很惊喜。特别是全场合唱《我和我的祖国》，他们用心用情地与台上演员共同合唱："我和我的祖国，一刻也不能分割……"在那一刻，对祖国的热爱是真情的流露。祝福祖国，也祝福明天。

"亲情中华·美好安徽"艺术团团长、安徽省侨联副主席兼秘书长杨冰向参与协办的侨团代表赠送锦旗。其间，杨冰一行拜访了俄罗斯《龙报》社，参观了报社发展历史墙，听取了报社发展历史的介绍，就加强华文媒体交流合作与《龙报》社管理层进行了座谈交流，还与圣彼得堡华人妇女联合会、圣彼得堡华人华侨联合会、圣彼得堡华侨华人协会、圣彼得堡俄中青年联合会等侨团开展交流联谊活动。艺术团一行于8月2日上午抵达圣彼得堡，受到当地侨团的热烈欢迎。

8月4日　荷兰又结安徽缘，"亲情中华·美好安徽"艺术团与荷兰侨胞座谈

（一网荷兰）以安徽省侨联副主席兼秘书长杨冰为团长的"亲情中华·美好安徽"艺术团一行，从俄罗斯抵达荷兰，将在荷兰举行慰侨演出活动，暨荷兰温州华人华侨联谊会成立庆典。8月4日下午，由荷兰温州华人华侨联谊会组织的多个荷兰华人社团，在代尔夫特上海花园饭店举行欢迎晚宴，并安排了安徽侨联与荷兰侨胞的交流座谈。出席当晚活动的还有全荷华人社团联合会、旅荷华侨总会、欧洲荷比卢客家崇正总会、荷兰中国总商会、荷兰瑞安教育基金会、荷兰华人青年联合会、荷兰中饮公会、荷兰贵州商会、荷兰湖北同乡会等多个华人社团代表，还有多位在荷兰的安徽乡亲，也赶来与家乡的亲人见面。值得一提的是，当晚的座谈和8月5日的文艺演出，是由一个新诞生的华人社团荷兰温州华人华侨联谊会组织主办的，得到了荷兰多个侨团的支持，显示了这个年轻的华人团体的先声夺人、出手不凡。

座谈会上，荷兰温州华人华侨联谊会会长池素洁首先致辞，代表荷兰温州华人华侨联谊会对代表团一行的到来表示热烈欢迎和诚挚的问候。她表示，近年来，安徽全面参与长江经济带建设，为海内外广大战略投资者去皖投资兴业提供了更加广阔的合作商机和市场空间，安徽的发展速度和巨变让身处海外的侨胞感到惊喜。她希望荷兰温州华人华侨有机会到安徽走一走、看一看，为更好地推动两地文化交流与共同发展出谋划策，共同为构筑中国梦贡献力量。她预祝艺术团在荷兰的慰问演出圆满成功。

在座谈会上，"亲情中华·美好安徽"艺术团团长杨冰首先向侨胞介绍了这次随团演出的多名国内一流的艺术家。杨冰说，此行是安徽与荷兰的交流与合作之旅。他介绍了安徽的经济、文化、科技和投资等省情和侨情，并邀请荷兰侨胞参加9月份举行的国际徽商大会和世界制造业大会，组织华裔青少年参加夏令营活动，前往安徽参观考察，走走看看，寻找商机。杨冰也指出，"亲情中华"是中国侨联近年来打造的文化交流品牌，在海内外具有广泛影响，深受海外侨胞和国际友人欢迎，此次演出既是慰问侨胞活动，也是文化交流之旅，希望大家享受具有安徽特色的精彩演出。

季增斌代表全荷华人社团联合会致辞，欢迎并感谢艺术团的艺术家们不远万里，前来荷兰慰问演出。他介绍了荷兰社会和荷兰华人情况，并结合自己曾去安徽的经历，谈到了安徽与荷兰合作的可能，表示全荷华人社团联合会愿意牵线搭桥，把握"一带一路"机遇，积极促成双方合作，实现共赢。旅荷华侨总会会长张永首、欧洲荷比卢崇正客家总会会长张挺宏、荷兰中国总商会会长钱旭东先后发言，欢迎艺术团一行来荷访问，并祝演出成功。座谈会上，安徽籍的荷兰华商黎斌说，看到来自家乡的亲人十分激动，虽然荷兰的安徽乡亲人数不多，但是希望成立一个同乡会一类的组织，为家乡的经济建设尽力。座谈会由荷兰华人青年联合会会长董莉丽主持。

"亲情中华·美好安徽"艺术团于8月5日晚在当地进行文艺演出，同时参加荷兰温州华人华侨联谊会成立庆典。此后，艺术团还将前往英国伦敦继续慰问侨胞。

8月5日 "亲情中华·美好安徽"欢聚海牙，侨胞齐声歌唱祖国

（安徽省侨联荷兰电）当地时间8月5日晚，"亲情中华·美好安徽"慰问演出在荷兰海牙举行。艺术团团长、安徽省侨联副主席兼秘书长杨冰，全荷华人社团联合会主席季增斌，荷兰温州华人华侨联谊会创会会

长池素洁、执行主席黄麒麟，荷兰知名侨领潘世锦，荷兰各大社团负责人、华侨华人、留学生代表及荷兰友人等400余人观看演出。

此次"亲情中华·美好安徽"欢聚海牙慰问演出由中国侨联、安徽省侨联主办，荷兰温州华人华侨联谊会、全荷华人社团联合会、荷兰华人青年联合会、旅荷华侨总会、荷兰华星艺术团、荷兰中国总商会、荷兰中饮公会、荷兰瑞安教育基金会、荷兰青田同乡会、荷兰文成同乡会、荷兰中华书画协会、荷兰中华摄影协会、荷兰华人总会、荷兰中国和平统一促进会、荷兰欧洲妇女联盟、世界传统文化研究院荷兰分院、荷兰华人中医药学会等参与协办。

杨冰代表安徽省侨联和艺术团全体成员，对参与筹备活动的有关侨团和媒体的大力支持和精心安排表示感谢，向在荷侨胞留学生表示问候，同时，对新成立的荷兰温州华人华侨联谊会表示祝贺，充分肯定荷兰侨胞在改革开放和现代化建设中发挥的积极作用。"亲情中华"是中国侨联近年来打造的文化交流品牌，深受海外侨胞和国际友人欢迎，此次演出既是慰问侨胞活动，也是文化交流之旅，希望通过文艺演出，传播中华优秀文化，把问候和祝福带给大家。季增斌代表全荷华人社团联合会，祝贺荷兰温州华人华侨联谊会首届理事会成立和池素洁荣任会长，欢迎并感谢安徽侨联组织的"亲情中华·美好安徽"艺术团送来文化大餐，在荷侨胞倍感温暖，也为中华文化丰富多彩而自豪。他表示，将积极发挥桥梁纽带作用，为推动中荷及荷兰与安徽之间的交流与合作贡献力量。池素洁在致辞时表示，联谊会将在弘扬中华文化、促进中荷交流、关爱社会、支持公益事业、维护华人华侨合法权益等方面付诸行动，充分发挥沟通纽带、桥梁和窗口的作用，用热情和辛勤工作不断提高联谊会的凝聚力、战斗力和影响力。她欢迎并感谢"亲情中华·美好安徽"艺术团在中华人民共和国成立70周年之际，带着祖国人民的亲切关怀和精心编排的文艺节目，慰问荷兰侨胞。

演出在荷兰华星艺术团自编自导的欢快的开场舞蹈中拉开帷幕。来自中央民族歌舞团歌唱家、一级演员肉孜·阿木提，中国当代优秀唢呐演奏家、中外民间音乐文化研究会主席、中国戏曲学院教授孙云岗，北京歌舞剧院女高音歌唱家张爱，中国煤矿文工团表演艺术家许国立，全总文工团的青年歌唱家李昱和分别表演了独唱、器乐演奏、口技等节目，融入亲情的表演深深感染了观众，赢得阵阵喝彩。安徽省歌舞剧院青年演员庄群，安徽省杂技团的优秀青年演员李东安、胡建新，中国吴桥国际杂技比赛金狮奖获得者张殿勇，安徽省黄梅戏剧院一级演员余顺、青年演员朱婷婷，安徽省歌舞剧院青年舞蹈演员谢梦莹等安徽省文艺院团的演员们，分别表演了安徽民歌、杂技、花鼓灯、黄梅戏等，精彩的表演让观众沉浸在徽风皖韵之中。演出在全场合唱《我和我的祖国》歌声中圆满结束。

艺术团团长、安徽省侨联副主席兼秘书长杨冰为参与协办的侨团代表赠送锦旗。在荷期间，杨冰一行与当地侨团座谈交流，介绍安徽省情和侨情，希望侨团积极凝聚侨胞，做传播中华文化的使者，推动中荷友好往来，同时也欢迎他们到安徽考察项目，体验徽文化。杨冰一行还专程看望了在荷皖籍侨胞，勉励他们积极推动安徽商会暨同乡会筹建工作，广泛凝聚皖籍侨胞，搭建起皖籍乡亲联系家乡的桥梁，为推动安徽与荷兰的交流合作贡献力量。

演出前，为庆祝中华人民共和国成立70周年，"亲情中华·美好安徽"艺术团与荷侨团共同开展了"歌唱祖国"快闪活动，300位侨胞挥动着五星红旗与艺术家们共同合唱《今天是你的生日，我的中国》等爱国歌曲，表达侨胞的爱国之情。"亲情中华·美好安徽"艺术团一行于8月4日下午抵达荷兰，受到在荷侨胞的热烈欢迎。

8月8日 "亲情中华·美好安徽"七夕夜伦敦送温情

（中新社伦敦8月8日电）"亲情中华·美好安徽"欢聚伦敦慰问演出7日晚在伦敦格林威治剧院举行，时值中国传统节日七夕（农历七月初七）夜晚，为旅英华侨华人送上了浓浓的故乡温情。

作为中国侨联品牌活动"亲情中华"的组成部分，该慰问演出与英国华人社会一道，共庆中华人民共和国成立70周年。慰问演出中，来自中国的艺术家们表演了歌曲、舞蹈、器乐演奏、杂技、沙画等精彩节目。其中，黄梅戏《对花》、《女驸马》选段《谁料皇榜中状元》、《天仙配》选段《夫妻双双把家还》，让观众领略了黄梅戏独特而经久不衰的艺术魅力。台上台下，表演者与观众互动踊跃，剧场内气氛热烈。

中国驻英国大使馆侨务参赞卢海田，"亲情中华·美好安徽"艺术团团长、安徽省侨联副主席兼秘书长杨冰，英国安徽商会会长庆龙分别在慰问演出前发表致辞，伦敦华人社会各界人士及英国民众近千人观看了演出。

该慰问演出由中国侨联、安徽省侨联主办，英国安徽商会、伦敦华埠商会、英国辽宁同乡会协办。自2008年以来，中国侨联先后组织230多个艺术团，赴全球70多个国家和地区200余座城市，举办海外巡演1000多场。

10月22日　始终做到初心不改

参加省委党校第73期市厅干部进修班学习以来，我进行了系统的理论学习，特别是深入学习习近平新时代中国特色社会主义思想，结合主题教育对全体党员干部牢记全心全意为人民服务的根本宗旨，以坚定的理想信念坚守初心的明确要求，认真思考、深刻领悟。通过学习，我体会到，"守初心"，这是中国共产党不忘初心、牢记使命的精神原点，铭刻着共产党人立党为公、执政为民的价值坐标，凝聚着共产党人顶天立地、上下求索的奋斗情怀。习近平总书记指出，坚定理想信念，坚守共产党人精神追求，始终是共产党人安身立命的根本。对马克思主义的信仰，对社会主义和共产主义的信念，是共产党人的政治灵魂，是共产党人经受住任何考验的精神支柱。不忘初心，方得始终。进入中国特色社会主义新时代，我们每一名党员干部坚守初心，就是要按照习近平总书记的要求，始终坚守马克思主义信仰，坚守中国特色社会主义信念，坚守实现中华民族伟大复兴中国梦的信心，更加自觉地为新时代党的历史使命而努力奋斗。

守初心，就要让信仰更加坚定。共产党人的初心来源于崇高的信仰。习近平总书记多次强调，对马克思主义的信仰，对社会主义和共产主义的信念，是共产党人的政治灵魂，是共产党人经受住任何考验的精神支柱。无数事实表明，从革命战争年代血与火的洗礼，到改革开放时期名与利的考验，一代代共产党人始终怀抱崇高信仰，为远大理想不懈奋斗，为人民幸福无私奉献，树立一座座令人敬仰的时代丰碑。今天，多数共产党员都是马克思主义的坚定信仰者，做到了学思用贯通、知信行统一。但很多反面典型警示我们，也有少数党员干部信仰不真信，有的部分信，有的装着信，有的根本不信，这是他们精神"缺钙"、思想"滑坡"的根本原因。没有理论上的清醒，就没有政治上的坚定。坚定马克思主义信仰，就要坚持不懈地学习，读原著、学原文、悟原理，用马克思主义立场、观点、方法认识世界、把握规律、追求真理、改造世界，真正解决好世界观、人生观、价值观这个"总开关"问题。作为共产党人，一旦认定了信仰，就要信上一辈子，时刻警醒自己思想上不掉队、信仰上不滑坡，永远忠诚于党、忠诚于人民、忠诚于马克思主义。

守初心，就要让信念更加坚定。共产党人的初心熔铸于坚定的信念中。习近平总书记深刻指出，中国特色社会主义是改革开放以来党的全部理论和实践的主题，是党和人民历尽千辛万苦、付出巨大代价取得的根本成就。中国革命、建设和改革开放的实践充分证明，只有社会主义才能救中国，只有中国特色社会主义才能发展中国。坚定对中国特色社会主义的信念，必须深刻认识到这是科学社会主义理论逻辑和中国社会发展历史逻辑的辩证统一，是全面建成小康社会、加快推进社会主义现代化、实现中华民族伟大复兴的必由之路。我们这一代共产党人的任务，就是继续把坚持和发展中国特色社会主义这篇大文章写下去。中国特色社会主义进入新时代，坚定对中国特色社会主义的信念，关键是要学懂弄通做实习近平新时代中国特色社会主义思想，以真学力求深化、以真懂力求净化、以真信力求消化、以真用力求转化，进一步增强"四个意识"、坚定"四个自信"、做到"两个维护"，在思想上政治上行动上同以习近平同志为核心的党中央保持高度一致。唯其如此，才有"不畏浮云遮望眼"的清醒，才有"乱云飞渡仍从容"的自信，才有"直挂云帆济沧海"的豪情。

守初心，就要让信心更加坚固。共产党人的初心彰显于强大的信心。习近平总书记指出，实现中华民族伟大复兴是近代以来中华民族最伟大的梦想。今天，我们比历史上任何时期都更接近中华民族伟大复兴的目标，比历史上任何时期都更有信心、有能力实现这个目标。当然，中华民族伟大复兴，绝不是轻轻松松、敲锣打鼓就能实现的。当今世界正经历百年未有之大变局，我国发展既面临前所未有的重大历史机遇，也面临前所未有的诸多风险挑战。面对风云变幻的国际形势、艰巨繁重的国内任务，我们为什么敢说中华民族伟大复兴的中国梦一定能够实现？因为我们党来自人民、为了人民、造福人民，党与人民风雨同舟、生死与共，始终保持血肉联系，这是党战胜一切困难和风险的根本保证。江山就是人民，人民就是江山。坚定实现中华民族伟大复兴中国梦的信心，要始终把人民对美好生活的向往作为奋斗目标，始终与人民心心相印、与人民同甘共苦、与人民团结奋斗，充分激发人民的创造伟力，只有这样，才能不断推动我们的各项事业从胜利走向新的胜利。

11月18日　出席中国侨商联合会第五次会员代表大会

经党中央批准，中国侨商联合会第五次会员代表大会于2019年11月17日至18日在北京召开。我和安徽侨商代表团一行出席大会。本次大会是在深化党和国家机构改革工作取得重大成效、涉侨机构改革工作取得积极进展、全国各级侨商组织整合融入工作稳步推进的背景下举行的，在海内外侨界影响深远。会议结束后，我们要结合安徽实际，把会议精神落实好，特别是要把省级侨商组织整合融入这一改革工作任务完成好。

11月22日　推动"百家侨企"签约项目尽快落地

为了解项目签约后的进展情况，推动项目尽快落地，11月20日至21日，到马鞍山和芜湖，调研世界制造业大会"百家侨企"签约项目推进情况。深入实地走访调研2019世界制造业大会"百家侨企"签约项目企业——马鞍山安达泰克科技有限公司和芜湖赫为科技有限公司，2018世界制造业大会"百家侨企"签约项目企业——安徽颐博水泵科技有限公司、安徽迈德福新材料科技有限公司。每到一处，都与有关项目负责人座谈交流，听取项目进展情况汇报，了解项目建设、技术研发、市场效益等情况，特别是详细询问签约项目在推进过程中遇到的困难，以及需要协调解决的问题。省委、省政府高度重视世界制造业大会签约项目推进工作，要求及时跟踪签约项目推进情况，确保签约项目早日落地见效。省侨联作为"百家侨企"签约项目牵头单位，有责任做好项目协调服务保障工作。省侨联有关部门以及市、县（区）侨联要提高政治站位，主动加强与侨企项目联系，经常走访签约项目企业，了解项目推进情况，认真做好后续跟踪服务，不折不扣地完成省委、省政府交办的任务。

11月23日　接待乌干达、西班牙侨领

今天，分别接待乌干达徽商总会会长李士青、副会长刘培虎，西班牙安徽同乡会会长齐政友、执行会长刘仁付、秘书长徐凯，对李士青、齐政友等侨领到访省侨联表示欢迎，对他们长期关心家乡发展、支持侨联工作表示感谢。随着安徽经济社会的蓬勃发展和对外开放程度的不断加深，越来越多的安徽人到海外创业发展，成立海外皖籍社团组织具有重要意义。希望李士青和齐政友会长始终秉持办会宗旨，团结凝聚当地皖籍侨胞，不断发展壮大侨团组织，提升侨团的凝聚力和影响力；引导带领皖籍侨胞与住在国人民和睦相处，为住在国经济社会发展贡献力量；立足自身资源优势，积极向海外推介安徽、宣传安徽，为安徽企业走出去牵线架桥。我向到访嘉宾介绍了近年来安徽省经济社会发展情况以及省侨联举办的"百家侨企"对接活动、巢湖侨创峰会、海外侨胞故乡行、"亲情中华"海外慰侨演出、"中国寻根之旅"夏令营等活动情况。希望海外侨团发挥桥梁纽带作用，进一步加强侨团与侨联的联系合作交流，特别是组织海外华裔青少年回安徽参加"寻根之旅"夏令营等活动，让更多的侨胞和华裔青少年近距离感受祖国的改革巨变，领略中华优秀文化，体验安徽风土人情，成为中华优秀文化的传播者。李士青、齐政友等分别对省侨联的热情接待表示感谢，表示中国的发展成就令世界瞩目，作为身在海外的侨胞，由衷地为祖国的发展成就感到自豪；同时作为安徽人，为家乡日新月异的变化感到无比骄傲。他们纷纷表示，将团结凝聚当地皖籍侨胞，发挥自身优势，为推动中国与住在国的友谊和交流合作多做贡献。

11月25日　以侨为"桥"助发展

来自罗马尼亚、芬兰、瑞典、柬埔寨等12个国家的13名海外侨团负责人到访省侨联,我与大家座谈交流,对各位侨领到访省侨联表示欢迎,对大家长期关心安徽发展、支持侨联工作表示感谢。我说,安徽高质量发展离不开侨胞和海外侨团的支持,省委、省政府以及省侨联重视发挥侨界人士资金优势、智力优势、海内外联系广泛的人脉优势,通过搭建"中国国际徽商大会""世界制造业大会""巢湖侨创峰会"等平台,一大批海外高新技术企业落户,大量海外高科技人才来皖创业,为建设现代化"五大发展"美好安徽作出了积极贡献。我向客人介绍了安徽的侨情、侨联职能及近年来安徽省侨联围绕中心、服务大局开展的一系列工作。近年来,安徽省侨联认真学习贯彻习近平新时代中国特色社会主义思想,深化侨联改革,加强侨联组织建设,以深化联谊集聚资源,以招商引智助力发展,以文化宣传扩大影响,以为侨服务凝聚侨心,以参政议政建言献策,以侨爱公益促进和谐,以"地方侨联+大学侨联+校友会"新机制探索新侨人才工作新路子,侨联各项工作不断取得新成效。希望大家常回家看看,多到安徽走一走,感受安徽发展的蓬勃势头;同时,积极参与省侨联主办的一些品牌活动,立足融通中外的优势,主动配合做好中外经贸合作和文化交流等工作，为国内企业走出去牵线搭桥，做中华优秀文化的传承者，做祖国统一、民族团结的促进派，为"一带一路"倡议和人类命运共同体建设，为实现中华民族伟大复兴的中国梦作出应有贡献。会上，罗马尼亚华商联合总会执行会长许健、芬兰安徽商会会长吴立新、瑞典安徽科技商业协会副会长鲁贤风等侨领，分别介绍各自侨团有关情况，并就进一步加强联络联谊与合作交流提出建议。

12月10日　作全国涉侨纠纷多元化解试点工作交流发言

12月9日至10日，由中国侨联和最高人民法院共同举办的涉侨纠纷多元化解试点地区工作经验交流会在京召开。江苏、浙江、安徽、福建、广东、广西、云南等7个试点地区高院、侨联领导和相关人员参加了会议并作经验交流。我代表安徽省侨联出席会议并在经验交流中作题为《和为贵 息讼端 促进侨界和谐稳定》的交流发言。一年来，在最高人民法院、中国侨联以及中国侨联法顾委的精心指导下，安徽省侨联和安徽省高院在合肥、宿州、滁州、马鞍山、芜湖、黄山等6个市的8个县区开展了第一批涉侨纠纷多元化解试点工作，积极探索，不断创新，涉侨纠纷多元化解试点工作取得阶段性成果。一是以"和为贵"为理念，探索涉侨纠纷多元化解工作机制化，重在加强顶层设计，出台系列文件；强化组织保障，构建"一纵三横"的组织体系；注重资源统筹，合力公检法司多方力量。二是以"息讼端"为目标，促进涉侨纠纷多元化解工作成果化，体现在坚持重心下移推动落实，积极开辟多元化解"绿色通道"，积极建言献策丰富涉侨纠纷多元化解成果。三是以"重制度"为根本，推动涉侨纠纷多元化解工作法治化，主要是强化法治促转化，打造品牌促宣传，巩固成果重推广。与会的领导以及各兄弟省侨联表示，安徽涉侨纠纷多元化解的许多做法值得全国侨联系统借鉴和学习。

12月20日　长三角高校院所侨（留）联联盟合作备忘录在杭州签订

　　12月19日至20日，长三角高校院所侨（留）联联盟合作备忘录签订仪式和长三角高校院所侨（留）联联盟成立启动仪式在杭州举行，我和上海市侨联、江苏省侨联、浙江省侨联负责同志出席会议并签订长三角高校院所侨（留）联联盟合作备忘录。浙江大学、复旦大学、南京大学以及中国科学技术大学、合肥工业大学、安徽大学、安徽医科大学、安徽农业大学等20所长三角重点高校侨（留）联负责人出席仪式并成为联盟首批成员。其间，举行了长三角三省一市侨联服务长三角一体化发展座谈会，各省市侨联负责人和重点高校院所侨联负责人认真学习了中共中央、国务院印发的《长江三角洲区域一体化发展规划纲要》有关精神，深入讨论了长三角高校院所侨（留）联联盟合作机制等。与会人员还出席了"汇聚侨之力，建设'国际滨'——助推长三角一体化发展华人华侨协作大会"，参加了杭州市高新区（滨江）"5050"政策推介会、第四届侨界精英强国论坛、耶鲁校友看滨江（项目路演推介）等活动。

2020 年

1月29日　省侨联发出紧急呼吁书

今天，省侨联发出紧急呼吁书：新冠疫情十分严峻，部分救护物资告急，阻击战进入关键期。根据党中央和省委、省政府的部署，为打赢疫情防控阻击战，安徽省侨联紧急呼吁海内外侨胞、侨团和侨商立即行动起来，想尽一切办法，捐赠或代为采购救护物资，以最快的速度寄回国内。当前，最急需的物资是 N95 口罩、医用外科口罩、一次性医用口罩、丁腈手套、橡胶手套、医用连体防护服、防雾护目镜、防护面罩、医用靴套、隔离衣、一次性手术衣、医用帽子等，所捐赠的物资由安徽省疫情防控应急指挥部物资保障组统一管理调配。

2月3日　国有所需侨有所应

新年上班第一天，省侨联召开疫情防控和做好捐赠工作会议，传达学习省有关疫情防控的文件精神，听取接收海内外侨胞为抗击疫情捐款捐物及与省有关部门及时转赠物资情况的汇报，研究部署联防联控疫情工作。在省侨联发出倡议后，海内外侨胞、归侨侨眷、留学生积极响应，在一周时间里，共接收海内外侨胞捐款近 300 万元（其中除定向捐赠外，接收捐款 106.66 万元）和价值 50 余万元的一次性口罩、防护服、手套等物资，彰显出侨界时刻与祖国同呼吸、共命运的爱国情怀。

2月4日　省侨联向省红十字会转赠海内外侨界捐款壹佰余万元支持疫情防控工作

今天，省侨联向省红十字会转赠海内外侨界捐款 106.66 万元。自 1 月 29 日省侨联发出紧急呼吁以来，海内外华侨华人、侨团侨社、归侨侨眷、侨资侨属企业等发挥"一方有难、八方支援"的大爱精神，积极捐款捐物，关心支持抗击疫情。截至 2 月 3 日，共收到乌干达徽商总会、英国安徽商会、泰国安徽总商会、北美小芳黄梅艺术团、澳洲安徽总商会、越南安徽商会、柬埔寨安徽商会、尼日利亚安徽商会等海外社团和安徽侨商联合会、省侨商投资企业协会、黄山茗江纸制品包装有限公司、安徽绿颍置业有限公司、望江世贸置业有限公司等企业和个人捐款共计106.66 万元。海内外侨界爱心捐款转赠省红十字会后，将专项用于疫情防控工作，购买防护物资和用品。

2 月 17 日　在复工复产中展现侨企担当

为进一步贯彻落实中央、省委部署和省委办公厅、省政府办公厅《关于加强疫情科学防控有序做好企业复工复产工作统筹推进经济社会发展各项任务的意见》要求，今天下午，赴侨资企业合肥高贝斯医疗卫生用品有限公司调研疫情防控和复工复产工作，详细了解企业复工运营、一次性医疗防护服生产和疫情防控措施落实等工作情况，对公司全体员工不辞辛劳、加班加点支援一线防疫防控表示慰问和感谢，希望公司再接再厉，优化复工复产，全力以赴满足防疫工作需求。要求省侨联有关部门和省侨商联合会要积极关注企业复工生产情况，用心用情反映企业诉求、帮助解决实际困难。在了解到企业目前生产过程中工人一次性口罩严重紧缺的情况后，省侨联向公司捐赠了一次性防护口罩4000 只。

2 月 18 日　新加坡安徽商会暨同乡会捐赠安徽物资第一时间投入防疫一线

今天，新加坡安徽商会暨同乡会捐赠安徽防疫物资25 万只防护口罩运抵合肥，省侨联现场将12 万只防护口罩转交六安市金寨县。此次爱心捐献由新加坡安徽商会会长陈加品发起并组织货源，副会长范彩虹和秘书长汪翔负责组织与执行。新加坡安徽商会暨同乡会捐赠安徽25 万只口罩总价值50余万元，还从全球各地采购1073箱物资，共计1万3千件医用防护衣、55万只医用口罩、25万双医用手套、1万个医用帽子、包布一箱，捐赠湖北用于防疫。

2月27日　为打赢疫情防控攻坚战贡献侨界力量

今天，省侨联领导班子赴中国科学技术大学附属第一医院和安徽医科大学第一附属医院，各转赠海外侨胞爱心捐款10万元，支持医院疫情防控工作，并请医院领导转达省侨联对援鄂医疗队全体医护人员"逆行"之举的慰问和海外侨胞的敬意。转赠海外侨胞捐款时，了解了两家医院在救治新冠肺炎患者和援鄂医疗队工作开展情况，表示省侨联将发挥自身优势，团结带领全省归侨侨眷和海外侨胞，始终与抗疫一线的医护人员心相连、手相牵，服务和引导海内外侨界捐赠，支援疫情防控一线，为坚决打赢疫情防控人民战争贡献侨界力量。省侨联还向亳州、宿州、六安、马鞍山、安庆及蚌埠医学院、皖南医学院等转赠海外捐款计42万元。

4月1日 为再度"逆行"的旅英皖籍侨胞何彩霞壮行

今天下午，曾于2月中旬从英国逆行回国参加抗疫志愿服务的旅英皖籍侨胞何彩霞女士，带着安徽省侨联、安徽省侨商联合会及社会各界捐赠的防护物资再度逆行启程，返回英国参加抗疫工作。省侨联班子成员赴合肥火车站为何彩霞女士壮行，对何彩霞女士不辞辛劳，选择再次逆行回到疫情严重的英国参加抗疫工作给予高度赞誉，对其展现出的牺牲精神和大爱情怀表示钦佩，并叮嘱何彩霞女士一定要做好防护、注意休息、常报平安，并请她转达安徽省侨联和家乡人民对海外侨胞的问候和祝愿。何彩霞女士说，回国参与志愿服务的这段日子，看到国家在短时间内建成雷神山、火神山医院，建设一座座方舱医院，快速集结抗疫医疗队，为全国齐心协力、众志成城抗疫等众多奇迹般的创举感到震撼和自豪，能在这场战役中贡献一点点微不足道的力量，是她这辈子最宝贵的经历。这段时间，她也感受到了家乡人民的亲情和各级侨联组织的关爱，倍感温暖，让她更有勇气继续努力工作。英国是何彩霞女士工作生活的第二故乡，当前疫情在英国蔓延，她必须像当初选择回来一样，为英国抗击疫情出一份力、献一份爱。回去后她将积极配合英国安徽商会，第一时间把爱心物资转送给侨胞、留学生及当地医院，为当地抗击疫情贡献力量。得知其4月1日即将启程返回英国时，省侨联联合省侨商联合会采购了10000只医用口罩和1000件防护服，请何彩霞女士带到英国，捐赠给英国安徽商会，用于当地华人华侨、留学生疫情防护。

4月2日　**走访慰问我省侨界援鄂医疗队员及家属**

今天上午，省侨联领导班子赴中国科学技术大学附属第一医院（安徽省立医院）和安徽医科大学第一附属医院，看望慰问援鄂侨界医疗队员及家属。当前，我省疫情防控形势积极向好，取得阶段性重要成果。在这场抗疫斗争中，广大海外侨胞和归侨侨眷积极行动，捐款捐物，奉献爱心，驰援湖北武汉和家乡开展疫情防控工作，充分展现出侨界"心系祖国、情牵桑梓"的大爱情怀。面对疫情，我省援鄂医疗队员舍小家为大家，逆行出征，毫不畏惧，为湖北和武汉疫情防控作出了重要贡献。在抗疫一线的医护人员当中，有不少归侨侨眷医务工作者，他们用生命守护着人民的生命安全和身体健康，在病毒面前奋力筑起一道侨界"钢铁长城"，体现了医者仁心的崇高精神。他们是真正的英雄，是全省人民的骄傲，更是侨界的光荣。

4月3日 安徽省侨联向28个国家44家海外侨团捐赠防护物资

今天上午，安徽省侨联向海外侨胞捐赠防护物资从合肥启运。此次共向28个国家的44家海外侨团侨企捐赠防护口罩14万只、防护服1000件，用于海外侨胞和留学生个人防护，为他们送去祖国和家乡人民及侨联组织的牵挂和关爱。省侨联班子成员到运送现场与机关干部职工一道分装物资。在国内抗击疫情战役中，海外侨胞、留学生时刻关心关注和支持疫情防控进展，他们第一时间通过各种方式、采取各种渠道，积极捐款捐物，用实际行动展现了海外侨胞心系祖国、情牵桑梓的情怀。有的侨团发起捐款接龙，有的采购物资驰援，有的全家老小排队采购物资，有的逆行回来志愿服务……大爱之举感动江淮。当前，海外疫情形势严峻，部分海外侨胞和留学生防护物资缺乏。安徽省侨联迅速行动，及时发出《致海外侨胞的一封信》，引导他们积极参与住在国疫情防控，及时做好自我防护。同时，积极响应中国侨联号召，多方筹措资金，组织省侨商联合会和部分侨企开展捐赠，全员参与物资采购、分装工作，争取尽快把爱心物资送达海外，为海外侨胞和留学生解燃眉之急，让他们感受祖国和家乡的温暖。

4月30日　网上为你讲故事

由中国侨联主办，安徽省侨联承办的"亲情中华·为你讲故事"网上夏令营安徽营第一期第一营举行网上开营仪式。本次参加夏令营的营员，由泰国泰中教育交流中心组织的40名华裔青少年组成。办营期间，省侨联将积极推送视频、音频等资料，让营员们在网上学习打卡、录制视频，谈感受、谈收获、谈心得。由于受新冠肺炎疫情影响，今年海外华裔青少年无法来中国参加夏令营。为帮助广大海外华裔青少年在疫情期间继续学习中文，让他们更好地了解中华文化，中国侨联于近期推出了"亲情中华·为你讲故事"网上夏令营活动，即以微信为载体，所有营员在网上通过微信群参与夏令营活动。中国侨联将每天定期推出故事链接，每个小故事都配有小任务，便于营员围绕故事主题进行线上互动、打卡交流，通过讲故事的形式，把底蕴深厚的中华优秀文化介绍给海外华裔青少年，让更多的海外青少年了解中国的改革发展成果，了解真实的中国，成长为熟悉住在国、往来中国通的华裔青年，自觉做起中外友好交往的使者。

5月24日　发挥侨务资源在"一带一路"建设中的重要作用

"一带一路"共建国家是海外华侨华人的聚集区，约有4000万人，也是华商实力最强的区域。海外华侨华人已经融入当地社会，了解中国和住在国的情况，在语言、文化、法律、环境等方面具有不可比拟的优势。在实施"一带一路"建设过程中，海外华侨华人是可以信任的重要资源，可以发挥多方面的作用。

一是可以助力中国企业"走出去"。海外华侨华人可发挥其对住在国经济社会情况比较熟悉，了解资源分布、市场竞争环境、产业发展潜力等优势，为国内中小型民营企业"走出去"提供市场信息和市场调查服务，助力中国企业发掘潜在市场。

二是可以帮助中国企业更好融入海外市场。海外华侨华人了解住在国市场规则、文化风俗习惯，在帮助中国企业成功适应海外市场方面大有可为，可以起到牵线搭桥、出谋划策的作用。

三是可以帮助中国企业解决纠纷、规避风险。中国企业"走出去"后，在经营过程中不可避免地会遇到种种法律问题。如果中国企业遇到诉讼案件，聘请华侨华人律师，具有语言等方面的便利条件。

四是可以成为中国企业的合作伙伴。随着中国的快速发展，海外华商越来越多地认识到中国发展带来的机遇。"走出去"的企业可与当地华商建立良好的合作伙伴关系，创造合作共赢的美好未来。

五是海外侨团可以成为家乡开放发展的"桥头堡"。海外侨团是海外侨胞自己的组织，可以利用亲情、乡情为家乡发展、对外开放和引资引智等做很多工作，发挥"桥头堡"和桥梁纽带的作用。

5月25日　安徽省侨联积极参与"一带一路"建设成效显著

近年来，省侨联按照中央和省委的决策部署，发挥侨联组织优势，围绕参与"一带一路"建设，积极搭平台、建机制、造氛围，取得积极成效。

一是打造交流合作平台。积极打造"三个平台"。第一，经贸合作平台。近年来着力打造世界制造业大会"百家侨企"对接、巢湖侨创峰会、国际人才与安徽高新技术产业对接会等引资引智工作品牌。连续3年邀请中国侨联作为世界制造业大会和中国国际徽商大会支持单位，举办"百家侨企"项目对接会，40多个国家和地区400余位侨界人士参加，促成71个共300亿元侨企项目落户安徽。连续举办3届"国际人才与安徽高新技术产业项目对接会"、3届"巢湖侨创峰会"，邀请60多个国家1000余位中国知名高校海外杰出校友出席，促成40个高新项目、20个人才团队落户安徽。第二，人文交流平台。组织"海外华文媒体安徽行"活动。连续5年举办"亲情中华"夏令营、"寻根之旅"夏令营，邀请20多个国家700余位华裔青少年来皖体验中华优秀传统文化。连续5年联合中国侨联组织艺术团赴南非、肯尼亚、阿联酋、安哥拉等16个国家慰侨演出20余场，约2万余名海外华人华侨和国际友人观看演出，引起强烈反响。第三，联络联谊平台。连续举办三届"海外侨胞故乡行——走进安徽"活动，邀请500多个侨团商会和2000余位海外侨胞，走进安徽、感知安徽。

二是建立联系海外侨团和海外校友会工作机制。一方面，推动海外侨团建设，建立"基层侨联+海外华侨华人社团"工作机制，指导和推动亚洲、欧洲、美洲、大洋洲、非洲五大洲新成立38个安徽同乡会、联谊会、校友会、商会等，目前海外皖籍侨团已达62个，另有20多个皖籍海外侨团正在积极筹备之中。依托海外皖籍重要侨团，分别在美国、加拿大、澳大利亚、肯尼亚、日本、越南、菲律宾、柬埔寨、印度尼西亚等23个国家建立29个安徽省侨联海外联络中心，进一步延伸为侨服务工作手臂。全力服务国家总体外交大局和"一带一路"倡议，两次邀请缅甸高校校长代表团共计25位校长赴中国科学技术大学、安徽建筑大学、安徽农业大学座谈交流、洽谈合作；在中马建交45周年之际，组织45名马来西亚青少年来皖参加夏令营活动，为促进中国与"一带一路"共建国家友好合作贡献力量。另一方面，发挥海外校友会作用，加强与海外高层次人才联系，建立"地方侨联+高校侨联+校友会"工作机制。为做好高层次人才工作，省侨联加强与海外校友会、科技社团联系，加强与在皖创新创业新侨和各著名高校安徽校友分会联系。与中国科学技术大学校友会合作，连续举办3届"巢湖侨创峰会"，建立了与美国硅谷、纽约、洛杉矶、休斯敦、波士顿和英国、日本以及北京、上海、广州、深圳等30多个中国科学技术大学校友分会联系网络，与合肥工业大学、安徽大学、安徽医科大学和北大、清华、南开、复旦、上海交大、南大、浙大、武大以及美国哈佛、英国剑桥、新加坡南洋理工、日本京都等著名高校海内外校友会的联系渠道，海外校友资源不断丰富。延伸探索"基层侨联+中学校友会"工作方法，推动基层侨联加强与所在地中学校友会联系合作，联系服务海外校友人才。

三是营造合作交流良好氛围。一方面，突出重点"请进来"。省侨联举办重大经济科技、文化交流活动和联络联谊活动，重点邀请"一带一路"共建国家的侨胞、华商、华文媒体等参加，宣传推介安徽。另一方面，带着任务"走出去"。省侨联利用侨务访问、慰侨演出等活动"走出去"，组团访问新加坡、马来西亚、印度尼西亚、缅甸、泰国、老挝、柬埔寨、越南、菲律宾、阿联酋、希腊、俄罗斯、匈牙利等20多个国家，开展引资引智、文化交流，积极宣传介绍安徽，营造融入"一带一路"建设的友好氛围。支持企业走出去，利用侨胞遍布全球的商业网络，牵线合肥太赫兹、科大讯飞语音等20余家省内企业与国外公司合作，取得较好的效果。

5月28日　为安庆市政协专题学习会作报告

应安庆市政协邀请，为安庆市政协专题学习会作"一带一路"建设辅导报告。安庆市政协党组班子成员、党外副主席出席会议。市各民主党派，群团组织、各县（市、区）政协、侨联相关负责同志以及市政协、市侨联机关全体干部职工参加会议。我在报告中介绍了我省推进"一带一路"建设的部署要求、工作重点和具体举措，指出，要充分发挥政协优势，以侨为"桥"，形成推动"一带一路"建设的组织合力和工作合力。

5月31日　来安县第一次归侨侨眷代表大会召开

赴滁州市来安县出席第一次归侨侨眷代表大会，代表安徽省侨联向来安县第一次归侨侨眷代表大会的成功召开表示热烈祝贺。来安县侨联是新冠疫情发生以来我省成立的第一个县级侨联组织，也是全省成立的第53个县级侨联。来安县侨联的成立，不仅体现了来安县委、县政府对广大归侨侨眷和侨联工作的关心重视，也彰显了来安县委、县政府按照中央和省委的部署，切实加强和推进群团改革发展，更好地发挥广大侨胞和侨联组织独特作用的政治站位和政治自觉。新成立的县侨联要不忘初心、牢记使命，肩负起县委、县政府的重托和全县侨界群众的期待，更好地发挥侨联组织的独特作用，以服务全县建设发展和服务侨界群众的新成绩，不断开创来安县侨联工作的新局面，为来安县经济社会高质量发展作出更大的贡献。在来安期间，还深入侨资企业安徽柏拉图涂层织物有限公司和2018世界制造业大会"百家侨企"签约项目安徽铭瑞新材料科技有限公司调研，了解企业生产经营状况，尤其是在新冠疫情期间企业复工复产情况，鼓励企业坚定信心，加强管理，不断开拓市场，努力做大做强。

6月23日 安徽省第七次归侨侨眷代表大会成功召开

凝聚侨心侨力，同圆共享中国梦。今天上午，安徽省第七次归侨侨眷代表大会在合肥开幕，来自全省各条战线的388名侨界代表参加会议。这次大会的主要任务是全面总结省第六次归侨侨眷代表大会以来的工作，研究确定今后五年的目标任务，选举产生新一届领导班子，团结带领全省广大归侨侨眷和海外侨胞为全面建设现代化"五大发展"美好安徽而努力奋斗。下午，安徽省第七次归侨侨眷代表大会圆满完成各项议程后在合肥闭幕。大会通过了《关于安徽省侨联第六届委员会工作报告的决议》，选举产生了省侨联新一届领导班子。我继续担任专职副主席，也定当一如既往履好职尽好责。

6月24日 努力实现从侨务资源小省向侨务工作大省的转变

中国侨联领导在安徽省第七次归侨侨眷代表大会的致辞中指出："安徽省侨联紧跟新时代，认真履职、开拓进取、倾力服务，团结凝聚归侨侨眷，广泛联络海外侨胞，围绕中心搭建引资引智平台，连续多年承办'世界制造业大会'百家侨企项目对接活动，创立了'巢湖侨创峰会'工作品牌，开展'侨务信息平台'建设，努力实现从侨务资源小省向侨务工作大省转变。"我想，这是对全省侨联工作的充分肯定，也是广大侨联干部共同奋斗的结果。省侨联六代会以来，全省各级侨联组织认真履行服务经济发展、依法维护侨益、拓展海外联谊、积极参政议政、弘扬中华文化、参与社会建设工作职能，不断强化政治性、先进性、群众性，立足安徽省情侨情，科学研判、抢抓机遇、担当作为，全省侨联事业在改革创新中不断发展。

第一，以党建带侨建，夯实侨界共同思想政治基础。深入系统学习党的十八大、十九大精神，以党建带侨建，坚定不移引导侨界群众听党话、跟党走。

增强组织政治性。省侨联深入学习贯彻习近平总书记关于侨务工作重要论述，全面落实第十次全国侨代会精神，坚持走中国特色社会主义群团发展道路。按照中央及省委部署要求，扎实开展党的群众路线教育实践活动、"三严三实"专题教育、"两学一做"学习教育、"不忘初心、牢记使命"主题教育以及"讲严立""讲重作"专题警示教育、"严强转"专项行动等，不断增强"四个意识"、坚定"四个自信"、做到"两个维护"，为侨联事业发展提供坚强政治保证。省侨联领导先后40多次深入基层开展党的十九大精神、"不忘初心、牢记使命"主题教育宣讲活动，凝聚侨界强大合力。

弘扬时代主旋律。举办"亲情中华·美好安徽"安徽省侨界喜迎党的十九大文艺演出、安徽省侨界喜迎党的十九大暨省侨联成立35周年书画摄影展、"亲情中华·欢聚小岗村"庆祝改革开放40周年等系列活动；组织开展黄大年、"哈佛八剑客"、"人民楷模"王文教等侨界先进人物事迹专题宣传；编发多期归侨侨眷、基层侨联干部和皖籍海外侨胞、留学归国人员学习感言、生活感悟、圆梦感想，侨界群众理想信念进一步坚定。

把握宣传主导权。深入学习习近平新时代中国特色社会主义思想、习近平总书记关于侨务工作的重要论述以及中央、省委重要会议文件精神，综合运用干部教育在线、学习强国等平台，不断提升干部业务能力和理论水平；开展以"侨与中国梦"为主题的宣传教育，组织侨界群众观看《我和我的祖国》等主题电影，增进思想认同、情感认同、价值认同。五年来，省侨联网站、安徽侨之声微信公众号编发宣传信息5000余条，阅读量近百万人次。

第二，打造品牌载体，助力安徽高质量发展。充分发挥优势，深化"两个拓展"，创新品牌载体，为全省经济社会高质量发展贡献侨界力量。

打造引资引智品牌。连续3年邀请中国侨联作为世界制造业大会和中国国际徽商大会支持单位，举办"百家侨企"项目对接会，40多个国家和地区400余位侨界人士参加，促成71个共300亿元侨企项目落户安徽。安徽省侨联被授予"最佳组织奖"，合肥市、马鞍山市、芜湖市侨联被授予"突出贡献奖"。连续举办3届"国际人才与安徽高新技术产业项目对接会"、3届"巢湖侨创峰会"，邀请60多个国家1000余位知名高校海外杰出校友出席，促成40个高新项目、20个人才团队落户安徽。"巢湖侨创峰会"被列入省委"五大发展行动计划"、《安徽省实施长江三角洲区域一体化发展规划纲要行动计划》及省统战系统"五大发展行动聚力工程"。注重海外高层次人才工作创新，全省侨联系统在探索"地方侨联+大学侨联+校友会"工作模式中取得积极成果。

引导新侨创新创业。五年来，省侨联深入80多个开发园区、科技园区和项目一线，走访调研新侨企业1500余次，协调解决各类创业难题300多个。承办中国侨联"聚焦十三五·侨界专家建言献策大会"，为国家和我省"十三五"规划编制、新侨创业创新提供智力支持。引导新侨创新创业，在芜湖市、马鞍山市建立新侨创新创业基地，在合肥市庐阳区建立中国科大美国硅谷校友会安徽创新创业基地。24个新侨团队和个人荣获"中国侨界贡献奖"，12家新侨企业加入中国侨联新侨创新创业联盟，25名新侨及专家学者加入中国侨联青年委员会、中国侨联特聘专家委员会、中国侨商联合会等组织。省侨联连续两届荣获中国侨联新侨创新创业成果展优秀组织奖，安徽省侨商联合会荣获2016年度"全国优秀侨商社会组织"称号。

支持各方内引外联。发挥侨联资源优势,积极协助省直有关单位赴海外开展经贸合作、人才引进、文化旅游推介等活动。参与支持马鞍山中国李白诗歌节、中国(铜陵)青铜文化博览会、滁州市中国农民歌会、国际(亳州)中医药博览会、安庆市黄梅戏艺术节等地方经济科技文化活动100多场次。坚持资源下沉,利用"百家侨企"项目对接会、"巢湖侨创峰会"等品牌资源举办省辖市专场推介会。引导支持合肥、亳州、马鞍山市等侨联成立各类新侨组织。利用侨胞遍布全球的商业网络,牵线太赫兹、讯飞语音、古井贡酒等20余家省内企业与国外公司合作,支持砀山酥梨、怀远石榴等安徽地方优质农产品出口印尼、柬埔寨等国家。

第三,系统研判侨情,开创联络联谊生动局面。立足安徽实际,加强侨情调研,深化联络联谊,厚植友好力量,进一步夯实海外工作基础。

积极推进皖籍海外侨团建设。指导和推动亚洲、欧洲、美洲、大洋洲、非洲五大洲新成立38个安徽同乡会、联谊会、校友会、商会等,海外皖籍侨团已达62个,另有20多个皖籍海外侨团正在积极筹备之中。依托海外皖籍重要侨团,分别在美国、加拿大、澳大利亚、肯尼亚、日本、越南、菲律宾、柬埔寨、印度尼西亚等23个国家建立29个安徽省侨联海外联络中心,进一步延伸为侨服务工作手臂。

大力涵养储备侨务资源。省侨联先后组团赴澳大利亚、美国、日本、南非、俄罗斯等21个国家访问,与欧洲华侨华人社团联合会等600余个侨团和海外中资机构建立合作关系,与上千名海内外侨界知名人士建立广泛联系。连续举办3届"海外侨胞故乡行"活动,邀请中国侨联海外侨领研修班、海外侨胞回国参访团等500多个侨团商会和2000余位海外侨胞,走进安徽、感知安徽。五年来,向海外侨团发送贺电贺信和节日问候、祝福视频等12000多封(条),形成网上网下互动、国内海外联动的良好局面。

主动服务国家"一带一路"倡议。全力服务国家总体外交大局和

"一带一路"倡议，两次接待缅甸高校校长代表团共计25位校长来皖考察，与中国科学技术大学、安徽建筑大学、安徽农业大学等高校座谈交流、洽谈合作；引导柬埔寨安徽商会全额资助111名柬埔寨学生在合肥学院完成本科学业；推动印尼安徽商会资助印度尼西亚学生前往宿州学院留学；在中马建交45周年之际，组织45名马来西亚青少年来皖参加夏令营活动，为促进中国与"一带一路"共建国家友好合作贡献力量。

第四，文化宣传引领，建设共有美好精神家园。坚持以传承和弘扬博大精深的中华文化为使命，打造文化宣传活动品牌，进一步增强文化自信、文化自觉、文化自强。

彰显亲情中华品牌效应。持续打造"亲情中华·美好安徽"品牌，连续5年与中国侨联联合组织艺术团赴南非、肯尼亚、阿联酋、安哥拉等16个国家和台湾地区慰问演出20余场，约2万余名海外华人华侨、台湾同胞和国际友人观看演出，引起强烈反响。赴省内7个省辖市和中国科学技术大学开展"亲情中华·走进侨乡"慰问演出，1万余名侨界群众和社会各界观看精彩演出，20万海内外观众网上在线观看。

大力弘扬优秀传统文化。向中国侨联成功申报安徽名人馆、合肥包公园等21个"中国华侨国际文化交流基地"，成立"安徽省中国华侨国际文化交流基地联盟"，推动基地作用发挥和文化交流。连续5年举办"亲情中华"夏令营、"寻根之旅"夏令营，邀请20余个国家700余位华裔青少年来皖体验中华优秀传统文化。承办中国华侨国际文化交流促进会第四次理事大会，来自75个国家和地区的近300名理事出席并开展文化参访活动。成立安徽省侨联国际文化交流促进委员会，邀请来自30多个国家和地区60余家海外华文媒体来皖采访。遴选7900余篇优秀作文参加世界华人学生作文大赛，2180名参赛学生获奖，省侨联荣获组织工作奖。

高度重视安徽侨史研究。集中组织人员力量，加强安徽侨史研究；开展侨史资料征集活动，已征集海内外侨界捐赠实物资料100余件。组织海内外新闻媒体和相关专家学者赴歙县郑村镇、肥东县长临河镇、肥西县三河镇等侨乡，深度挖掘我省侨史资料。

第五，以人民为中心，践行全心全意为侨服务宗旨。始终坚持以人为本、为侨服务的立会宗旨，不断创新服务方式，切实提高侨界群众获得感。

依法妥善处理涉侨纠纷。加强维权力量建设，与省高院联合成立涉侨纠纷对接工作协调指导小组，建立涉侨纠纷诉调对接特邀调解员队伍、"一带一路"律师服务团。五年来，全省侨联系统办理信访2000余件，接待侨界群众来访3500余人次，答复侨界群众电话咨询1万余次，做到事事有回应、件件有落实。发挥各级侨联法律顾问委员会作用，协调处理涉侨案件120余件，出具法律意见函20余件，召开案例研讨会150多次，推动意大利华侨林某、捷克侨胞章某等20多个涉侨复杂疑难案件成功解决。

建立健全联合维权机制。会同省司法厅印发《关于在全省侨联系统设立法律援助工作站的通知》，建立了省、市、县三级侨联联动的法律援助体系；联合省检察院出台《关于服务和保障侨资侨属企业健康发展的意见》，努力为侨资侨属企业发展保驾护航；联合省高院出台《关于进一步开展涉侨纠纷诉调对接工作的意见》等6份文件，在合肥市庐阳区等7个县区推进涉侨纠纷多元化解试点。参加《安徽省多元化解纠纷促进条例》起草论证工作，为广大侨胞依法维权提供制度保障。

倾心尽力服务侨界群众。牵头中国科学技术大学等高校侨联成立在肥高校侨联志愿者联盟，积极开展侨界志愿者活动。组织侨界群众赴全省各地看变化、话发展，举办侨界"文化沙龙""青年活动日""迎新春联谊会"等活动，不断丰富侨界群众精神文化生活。利用春节等传统节日，走访慰问困难归侨侨眷、海外侨胞家属等2000余人，赴省外慰问"哈佛八剑客"等侨界高层次人才亲属，进一步密切与侨界群众感情，增强侨界群众幸福感。

第六，积极参政议政，集聚侨智建言献策。紧紧围绕全省工作大局，充分发挥人才荟萃、智力密集优势，组织开展参政议政、建言献策。

大力提升参政议政水平。组织侨界人大代表、政协委员深入各地开展调研，提交提案议案100多件，20多项提案获省委、省政府领导批示肯定。省侨联关于建设合肥国际人才城的提案已经得到落实。省政协侨联界别提交的《发挥国际文化交流在加快我省开放型经济发展中的重要作用》《打造环巢湖人文走廊 让人文与科技同辉》等3篇提案作大会口头发言；《打造四大工程，助推合肥综合性国家科学中心建设》提案列为2018年省长重点督办件，被省政协评为"好提案"。

积极传递侨界呼声建议。五年来，共邀请200余名海外侨领列席省政协会议，鼓励侨胞建睿智之言、献务实之策。动员海内外侨界高科技人才、侨团负责人、侨商企业家、侨联干部围绕中心工作、社会热点、侨界关切等，向中国侨联提交《安徽侨情专报》240期，其中118期被采用并上报中央，报送和采用数量位居全国前列。

第七，实施侨心工程，汇集侨界资源参与社会建设。大力弘扬侨界爱国爱乡、报效桑梓的优良传统，引导广大侨胞积极投身社会公益、参与脱贫攻坚。

主动参与扶贫综治工作。按照省委部署要求，选派3名优秀机关干部驻村帮扶；先后组织100余位侨商企业家赴扶贫联系点实地考察，引导海内外侨界捐赠142.5万元，投入基础设施建设和爱心助学活动。联合安徽医科大学等高校侨联和省侨联法顾委，组织医疗专家、法律专家赴扶贫联系点和综治联系点为1600多名群众免费开展义诊、提供法律咨询。省侨联对口帮扶的宿州市埇桥区大韩村、六安市舒城县长冲村顺利脱贫出列。省侨联获评全省综治工作优秀单位。

大力实施"侨爱心工程"。积极争取中国华侨公益基金会支持，主动加强与浙江新华爱心教育基金会、香港"吴国修端仁助学金"项目管理方、江启荣教育基金会等合作，累计接受捐资捐物价值3362.1万元，在全省捐赠助听器8000余台、棉衣51990件、老花眼镜5000副、医疗器械

771万元，资助"珍珠班""树人班"49个、学生1.45万人，帮助残疾儿童和孤寡老人近5万人。2016年，我省沿江地区遭受洪灾，引导海内外侨界捐赠318万元款物，支持灾后重建。

第八，固本培元强基，筑牢基层基础提升能力水平。坚决贯彻落实党中央和省委关于侨联改革的决策部署，坚持问题导向，激发组织活力，为大局服务、为侨服务能力不断增强。

纵深推进侨联改革。积极争取省委及有关部门的重视和支持，省委办公厅先后出台《关于加强和改进新形势下侨联工作的实施意见》《安徽省侨联改革方案》，海外华侨华人社团联谊等职能顺利承接，机构力量得到加强。注重对市县侨联改革指导，推动合肥、芜湖、安庆、阜阳4市侨联单设党组，16个省辖市侨联改革方案相继出台，"强三性""去四化"要求在基层得到较好落实。

加快基层侨联建设。全省共有16个省辖市、53个县（市、区）、12个开发园区、18个乡镇（街道）、12个村（社区）成立侨联组织，其中合肥、马鞍山、蚌埠3市实现了县（市、区）侨联组织全覆盖。联合省委教育工委印发《关于加强新时代全省高校侨联工作的意见》，推动23所高校成立侨联组织。推进高校校友会、省级示范中学校友会建设工作，摸底重点中学海外校友2000余人，促进"地方侨联+大学侨联+校友会"工作机制建设。

提升干部能力水平。加强侨联干部队伍建设，连续五年举办全省侨联系统业务培训班，选派80余名干部参加中国侨联培训班及省委党校和行政学院学习，组织10批150余人次赴先进地区侨联考察学习。第十次全国归侨侨眷代表大会上，34名个人被授予"全国侨界十大杰出人物""全国归侨侨眷先进个人""全国侨联系统先进工作者"等荣誉称号，8个单位被评为全国侨联系统先进集体、先进组织。

7月1日 "党史学习教育日"受教育

为庆祝中国共产党成立99周年，持续加强党员干部党史、新中国史学习教育，机关党总支组织赴庐江县新四军江北指挥部纪念馆开展"党史学习教育日"活动，缅怀革命先烈丰功伟绩，重温党的光辉历史，机关全体党员干部及退休老干部参加活动。在新四军江北指挥部纪念馆，200余幅图文并茂的历史照片和大量冰冷沉寂的抗战历史文物讲述了江北新四军一个个烽火连天、热血沸腾的抗战故事，仿佛把大家带到那个战火纷飞的年代。机关党员干部瞻仰革命先烈雕像，认真参观馆内珍藏的历史图片、资料及战争实物，仔细聆听工作人员讲解江北新四军在中国共产党的领导下开展的艰苦卓绝的武装抗日历史，领略了新四军将士在民族独立、抵御外侮的伟大斗争中不畏艰难困苦、不怕流血牺牲、敢于争取胜利的斗争精神。作为机关党总支书记，我带领机关全体党员干部庄严重温入党誓词。通过此次参观学习，大家表示，要继承革命文化，弘扬革命精神，带领广大侨界群众永远听党话、跟党走；要牢记初心使命，强化宗旨意识，永葆为民情怀，不断凝聚侨心侨力，为我省统筹推进常态化疫情防控和经济社会发展作出侨界应有贡献。

7月9日　安徽省侨界同心抗疫事迹报告会唱响壮丽凯歌

由省侨联主办的安徽省侨界同心抗疫事迹报告会在合肥举行。来自侨界医务人员代表，省侨联常委、委员，在肥归侨侨眷、侨资企业、侨联工作者，社区抗疫志愿者等200余人参加报告会。报告团成员由援鄂医疗队、核酸检测单位、抗疫志愿者、侨界艺术家、基层侨联干部等各方面六位代表组成。他们结合各自亲身经历和身边感人事迹，讲述了抗击疫情中的"中国故事""安徽故事""侨联故事"，生动展现了海内外中华儿女守望相助、共克时艰的信心和决心。战疫情同舟共济，担使命共克时艰。通过六位报告人的精彩报告和感人故事，让我们从不同的侧面了解到我省侨界在抗疫战场上的勇敢、执着和坚毅，他们用汗水和热血、用敬业和奉献，谱写出一曲曲侨界同心抗疫的壮丽凯歌。全省侨界还有许许多多抗疫背后的感人事迹，这些爱国爱乡、爱岗敬业的力量，汇聚成了攻无不克、战无不胜的中国力量、安徽力量，为建设现代化"五大发展"美好安徽作出侨界新贡献。

7月10日　《世界头条》App上线了

今出席《世界头条》App在安庆的上线仪式，代表省侨联对《世界头条》App的上线表示祝贺，希望《世界头条》App的上线，进一步加强与侨联组织的交流与合作，发挥其独特优势，宣传侨界动态、展示侨界形象、弘扬侨界正能量。

8月11日 推进"侨胞之家"建设

为进一步推进各级"侨联侨胞"之家建设，全省第二批"侨胞之家"集中授牌暨经验交流会在安徽省马鞍山市召开，为21个新命名"侨胞之家"授牌，马鞍山市侨联、合肥市庐阳区侨联、安徽师范大学侨联、滁州学院侨联在会上作了经验介绍。参会人员现场参观了马鞍山市雨山区半山花园社区、花山区佳山社区"侨胞之家"。

8月13日　为江苏省侨联介绍有关工作情况

今天应邀赴南京，为江苏省侨联"地方侨联+高校侨联+校友会"工作机制推进会介绍安徽侨联的工作情况。江苏省侨联相关领导和相关高校侨联、校友会负责人等参加会议。会上，我介绍了安徽省侨联和中国科学技术大学推进"地方侨联+高校侨联+校友会"工作机制的经验做法及体会。与会同志认为，"地方侨联+高校侨联+校友会"工作机制是贯彻第十次全国归侨侨眷代表大会精神的具体实践，是各级侨联组织立足侨情新变化做好侨联工作的有效抓手，安徽省侨联在践行这项机制的探索创新和宝贵经验，值得学习借鉴。希望苏皖两省各级侨联组织之间加强交流互动，共同为侨联事业新发展贡献力量。

8月14日　安徽省侨联关于推进"地方侨联+高校侨联+校友会"工作机制的实践与思考

2017年以来，安徽省侨联在中国侨联的指导下，围绕省委、省政府的工作大局，根据世情、省情、侨情的新变化，加强分析研判，发挥自身优势，把做好大学侨联和大学校友会工作摆在侨联工作的重要位置，从加强与中国科学技术大学侨联和中国科学技术大学校友总会的联系与合作着手，推动地方侨联与大学侨联和校友会的互动联动，整合资源，形成合力，并建立和推进"地方侨联+高校侨联+校友会"工作机制，助力招商引资、招才引智工作，更好地为地方经济社会高质量发展服务方面，进行了有益的探索，取得了初步成效。

一、建立"地方侨联+高校侨联+校友会"工作机制有必要、有条件、有空间

第十次全国归侨侨眷代表大会结合新时代新侨情，总结近年来侨联系统的工作实践，明确提出推进"地方侨联+高校侨联+校友会"的工作

机制，对于更好地发挥侨联组织优势，找准工作着力点，切实提升侨联服务大局的水平，具有重要的意义。从安徽情况来看，建立这一工作机制有以下优势。

一是有必要。安徽拥有众多的海外校友人才，改革开放以来，安徽大批学子赴海外留学，近年来更是以每年30%的速度增长，仅2018年出国留学人员就达1万余人。以中国科学技术大学为例，该校在海外的校友有2万人，其中在美国就有1.5万人，且大多是高科技人才。安徽是出国留学人员大省，这些留学人员后来很多都成为华侨华人，安徽也成了名副其实的新侨乡。目前，从安徽走出去的海外新侨人才有20余万人，这个群体量大质优，分布在世界各地、各个领域，很多已成为世界著名科学家、国际尖端科技人才和高新技术产业领军人才。无论是出生在安徽还是求学在安徽，他们对安徽或母校都有着天然的情感，因此，做好高层次人才工作从海内外校友着手，有着事半功倍的效果，有必要将推进"地方侨联+高校侨联+校友会"工作机制作为做好侨联工作的重要抓手。

二是有条件。据《中国区域创新能力评价报告2019》报道，安徽省区域创新能力综合排名位于全国第10，中部地区前列，连续8年区域创新能力稳居全国第一方阵。安徽拥有中国科学技术大学、合肥工业大学、安徽大学等110所高等院校，各类科研院所5360家，国家级研发平台129个，合肥拥有国家同步辐射实验室、全超导托卡马克核聚变实验装置、稳态强磁场实验装置等国家重大科技基础设施。安徽还有战略性新兴产业集聚发展基地24家，高新技术产业产值突破万亿，战略性新兴产业产值占规模以上工业比重达29.5%，高新技术企业总数已达5403家。因此，一方面，安徽科技创新需要大量海外高端人才；另一方面，安徽众多的科技创新平台成为高科技人才需求的集中区、承载地，为更好地发挥侨联和校友会的优势，做好招才引智工作创造了条件，提供了契机。

三是有空间。安徽省委、省政府为了让各类人才在安徽创新有载体、创业有机会、干事有舞台、发展有空间，让人才有用武之地，能够实现个人的人生价值，积极构建各类创新平台和载体。近年来，通过持续打造"四个一"创新主平台（"一中心"即合肥综合性国家科学中心，"一城"即合肥滨湖科学城，"一区"即合芜蚌国家自主创新示范区，"一省"即系统推进全面创新改革试验省），加快建设"一室一中心"分平台，其中首批 10 个安徽省实验室、10 个安徽省技术创新中心已经组建运行，聚焦原始创新、围绕技术创新、开展产业创新，布局交叉前沿创新平台和产业创新转化平台，构建多类型、多层次的创新体系，较好地实现了人才发展与地方经济发展的紧密融合。安徽为众多高层次人才提供实现其人生价值的平台，既能让有实力的海内外人才在安徽实现"海阔凭鱼跃，天高任鸟飞"，也让侨联组织发挥优势做好海内外人才工作有了更大的空间。

二、"地方侨联＋高校侨联＋校友会"工作机制在安徽省侨联和中国科学技术大学的探索和实践

在侨联组织服务全省工作大局的过程中，我们感到，安徽创新发展、开放发展有大量的人才需求，也有供人才施展才华的平台载体，侨联有联系海外人才方面的优势，而高校侨联和校友会是联系高层次人才特别是海外人才的重要渠道。因此，加强地方侨联、高校侨联和高校校友会三个方面的合作协同，把组织网络、信息、人才的优势相叠加，把地方经济社会发展的智力需求、大学的人才需求与新归侨的发展需求相对接，提升侨联组织服务大局和中心工作的能力，是做好新时代侨联工作的一个新的课题。为此，我们对全省高校、高校侨联和校友会组织情况进行了调研摸排，对如何发挥地方侨联、高校侨联和校友会作用，建立联动机制、形成互动效应、凝聚工作合力，进行了深入研究和探讨。

我们发现，在这方面，中国科大是一个很好的工作切入点。一是中国科大海外校友人数多。现有校友 17 万余人，其中本科校友 5.9 万人，本科学生出国率达 30％左右，据不完全统计，中国科大海外校友约有 2 万余人。二是中国科大海外校友实力强。中国科大本科毕业生不仅保持着较高的出国（境）深造率，更有着较高的境外留学质量。依据2018年U.S.News世界大学排名，在出国（境）留学的学生中，有645位到全球排名前50位的高校留学，占比42.3%。其中，有303人赴全球排名前20位的一流高校留学，占比19.9%。在国外各大高校和科研机构里，常常有中国科大人的身影，如美国国家科学院院士庄小威、杨培东，英国皇家学会沃尔夫森杰出研究奖获得者姚新等，还有数千名校友担任世界著名公司总裁、副总裁，仅仅在华尔街就有近千名中国科大学子跻身于金融领域，担任高级管理人员。三是学成归来的中国科大学子比例高。众多留学海外的中国科大学生，已成为学成归来、报效家国的中坚力量。据不完全统计，目前已有约2000名中国科大毕业生从海外归国在国内高校和科研机构工作；全国青年海外高层次人才引进计划归国人员中，有1/10是中国科大的毕业生。四是中国科大校友会组织全。目前，中国科大全球校友区域性组织共计61个，其中国内38个、国外23个，覆盖全国21个省市和全球欧美日新澳等地。同时，中国科大侨联成立早，工作活跃。成立于1986年1月的中国科大侨联，是安徽省最早成立的高校侨联组织之一。校侨联充分发挥归侨侨眷海外联系广、亲情乡谊深的优势，主动牵线搭桥，协助学校引进高层次人才427名，占专任教师总数的33%，为推动学校国际化办学进程、实施"人才强校"战略发挥了应有的作用。校侨联动员侨界人才服务国家、贡献社会，引进的人才都是各专业的学科带头人和教学科研第一线的重要骨干，是学校科学发展的一支重要推动力量。例如，常务副校长潘建伟院士获得2015年度国家自然科学奖一等奖，2018年荣获"中国侨界杰出人物"荣誉称号；赵政国院士荣获2018年"中国侨界杰出人物提名奖"；等等。

有这样好的工作基础和条件，安徽省侨联以中国科大侨联和校友会为工作着力点，积极开展"侨联+校友会"工作模式的探索。

2017年2月，省侨联联合中国科大共同举办"亲情中华·欢聚中国科大"慰问演出。这场演出是"亲情中华"第一次走进高校，在中国科大海内外校友中引起了强烈反响，增强了侨联与中国科大校友会及海外校友的联系。在此基础上，省侨联多次与中国科大校友总会互动，并加强与美国硅谷、休斯敦、华盛顿，英国、日本以及中国北京、上海、深圳、广州、香港等30多个校友分会联系，对中国科大海外校友资源进行整合与汇集，邀请一大批校友来皖考察对接，与他们建立了广泛的联系与合作。2017年11月，在中国侨联和中国科大指导下，省侨联联合中国科大侨联、校友总会举办了中国科大海外杰出校友"巢湖侨创峰会"，并得到了省人才办、省科技厅、省政府金融办等省直有关部门的大力支持。峰会推动了一批高科技项目对接洽谈，增强了海外中国科大校友回归安徽创新创业的热情和信心，向海内外展示了安徽经济社会发展成就，宣传了安徽科技创新和人才发展环境。目前，安徽省侨联与中国科大侨联和校友会的联系日益紧密，交流不断增多，合作更加有效。

三、安徽省侨联推进"地方侨联+高校侨联+校友会"工作机制的主要做法和初步成效

在与中国科大侨联、校友会加强合作交流取得初步经验的基础上，安徽省侨联进一步在全省侨联工作中，积极探索建立"地方侨联+高校侨联+校友会"工作机制。

一是以点带面，切实加强与在皖创新创业新侨和各著名高校安徽校友分会的联系。省侨联认真总结与中国科大侨联、校友会合作的经验，进一步延伸高校校友会工作。从中国科大校友会延伸到合工大、安大、安医大等40余所省内重点高校及其校友会；从省内知名高校延伸到国内知名高校，加强与北大、清华、浙大、上海交大等20多所国内知名高校的安徽校友分会及海外校友分会的联系；从国内知名高校延伸到与海外著名高校的校友会联系，对海内外知名高校在安徽建立的校友分会进行摸底，与新加坡南洋理工大学、日本早稻田大学和京都大学等18个安徽校友分会建立了联系。为了更好总结经验，学习全国兄弟省市侨联在推进"地方侨联+大学侨联+校友会"工作机制中好的做法，2018年6月，安徽省侨联承办了全国高校侨联与新侨人才工作交流会，交流、研究和推动高校侨联与新侨人才工作，进一步加大推动"地方侨联+大学侨联+校友会"工作机制的力度，统一思想、凝聚共识，也为安徽省侨联继续发挥优势，借助校友会平台，不断开创新时代侨联新侨人才工作新局面奠定了坚实的基础。

二是夯实基础，不断推动高校侨联组织建设。在深入探索加强侨联与高校校友会之间联系的同时，省侨联大力推动大学侨联组织建设。2018年7月，省侨联党组与省委教育工委共同出台《关于加强新时代全省高校侨联工作的意见》，在全省高校推动侨联组织建设，提出实现全省高校侨联组织全覆盖的目标。经过省、市侨联和教育部门、高校共同推动，目前，全省已经有29所高校正式成立侨联组织，并召开了成立大会。

三是以上带下，推动市县侨联加强与高中校友会的对接联系。省侨联立足市情、县情和各地侨情，结合各市及县、区拥有大量省级示范中学的优势，于2018年3月专门下发《关于做好与有关高校、省级示范高中校友会联系的通知》，组织各地侨联对全省195所省级示范高中开展为期2个月的海外校友资源摸底工作。各市及县（区）侨联也积极与人才、教育、公安等多个部门合作，深入各个中学，加强与中学校友会合作，加强与海外校友的联系，探索建立"市县（区）侨联+省级示范中学校友会"的工作模式，取得积极进展。在省侨联推动下，淮北市侨联利用淮北一中60周年校庆契机举办了"百名校友绿金淮北发展座谈会"，中共淮北市委、市政府主要领导部署联系重点校友工作、参加座谈会、推动人才项目对接与落地；蚌埠市侨联利用蚌埠二中90周年校庆契机，广泛邀请海外知名校友参加活动，积极加强与广大海外校友的联络联谊，取得了实实在在的成效。

四是内外联动，利用海外侨团优势引进海外校友人才。省侨联利用血缘、地缘、语缘等纽带，广泛联系海外华侨华人社团和海外侨胞，推动海外皖籍侨团建设，指导和推动五大洲新成立38个安徽同乡会、联谊会、校友会、商会等，目前，海外皖籍侨团已达64个，另有20多个皖籍海外侨团正在积极筹备之中；推进"基层侨联（涉侨社团组织）+海外华侨华人社团"工作机制，指导安庆、亳州、合肥等地建立10余个市级海外侨团。在此基础上，充分发挥海外侨团优势，利用侨团加强与海外校友及校友会的联系，为安徽招商引资、招贤引智搭建联系的桥梁与纽带，形成以侨为"桥"、以侨联侨、以内联外、内外联动的局面。

五是搭建平台，以引才引智活动团结凝聚海外校友人才。省侨联注重加强与海外校友及校友会联系，充分发挥"地方侨联+大学侨联+校友会"工作机制的作用，以校友资源助推地方经济社会发展，进一步打造招商引资、引才引智工作品牌。先后连续三年举办了"巢湖侨创峰会"，承办世界制造业大会"百家侨企"对接活动，还支持省人才办举办"合肥综合性国家科学中心专家学者创新创业论坛"，通过活动加深了与中国科大、合工大等在皖高校海外校友以及世界知名大学的校友联系。同时，积极支持推动合肥中科大校友创业园等承接人才技术项目的载体建设，促进人才项目更好地精准落地，进一步延伸工作机制的内涵。

"地方侨联+高校侨联+校友会"工作机制建立以来，安徽省侨联紧紧围绕全省工作大局，通过搭建一系列高端平台，积极开展招商引资、招贤引智、联络联谊、文化宣传等工作，进一步提升了省侨联服务全省工作大局的能力和水平，提升了侨联组织在党委、政府工作中的地位和作用，也提升了安徽省侨联在海内外侨界的影响力和美誉度。

一是强化了侨联服务大局的精准性和有效性。通过推进"地方侨联+大学侨联+校友会"工作机制，省侨联打造了"巢湖侨创峰会"、"百家侨企"对接会等引资引智工作品牌，提高了招商引资、招才引智的工作实效。近年来，省侨联引进了100多个高新技术项目落户安徽，签约了500多亿元合同金额；引进了一批人才及团队落户安徽。省侨联"巢湖侨创峰会"已经连续3年被列入省政府"五大发展行动计划"、省统战系统"五大发展行动聚力工程"和全省人才工作重点任务。"百家侨企"已成为"世界制造业大会"的重要专题活动之一，成为全省侨资侨企签约和落户的重要平台。合肥中科大校友创业园近年来引进163个高科技项目，有96个是中科大校友领衔的项目。

二是畅通了侨联工作"两个拓展"的渠道。通过推进"地方侨联+大学侨联+校友会"工作机制，利用校友会平台，精准对接了大批海外高端人才、人才组织与科技社团。例如，省侨联加强与中国科大校友总会联系，通过校友总会与美国、日本、新加坡、英国等20多个海外校友分会取得联系，呈现了侨联与校友会互动、国内与海外联动的良好局面。海外校友中大都是高端人才、行业领军人物，他们加入或挂帅了很多专业、行业社团，利用这些海外校友资源，又联系了更多的科技人才社团组织。近年来，省侨联利用海外校友资源，先后加强了与中国旅美科协、旅美专协、硅谷中国华人创业协会、波士顿英才协会、留日博士总会、在日中国科学技术者联盟、瑞典安徽科技协会、新西兰华人科学家协会等的联系和交流，实现侨联以校友会联系人才、以人才联系社团，再通过社团联系更多海外人才，进一步拓展了侨联海外联络联谊工作的渠道和成效。

三是织牢了侨联组织的"两张网"。一方面，通过推进"地方侨联+大学侨联+校友会"工作机制，有力促进了基层侨联组织建设，进一步健全了侨联组织自上而下包括涉侨社团在内的组织网络。近年来，我省新成立100多个县区、乡镇（街道）、村（社区）及楼宇组织；各地侨联根据实际，推动成立了特聘专家委员会、侨商会、侨青委、法顾委、文促会、留联会等20多个涉侨团组。特别是借助推进"地方侨联+大学侨联+校友会"工作机制，省侨联加强与省委教育工委及有关高校的联系和合作，进一步推动了高校侨联组织建设。目前，全省有29所高校成立了侨联组织，还有20多所高校正在积极筹备。一方面，高校侨联组织的建立健全，不仅有利于促进侨联与校友会互动联动，为高校组织服务地方经济建设以及自身人才引进工作发挥重要作用，也有利于更好地凝聚广大高校归侨侨眷、新侨留学生为实现中国梦贡献侨界力量。另一方面，省侨联通过推进"地方侨联+大学侨联+校友会"工作机制，利用招商引资、招贤引智等各种活动契机，主动邀请省人才、财政、商务、科技、金融、开发园区等有关部门参与，切实加强与省内有关部门的互动合作，不仅促进了侨胞与各职能部门之间的联系与对接，也搭建了侨联与其他部门、其他群团组织之间的工作网络，实现了借力发力、协同发展。

四、推进"地方侨联+高校侨联+校友会"工作机制的几点体会和下步考虑

在推进"地方侨联+大学侨联+校友会"工作机制的过程中，我们有几点深切的体会。

一是领导关心重视是推进"地方侨联+大学侨联+校友会"工作机制的重要保证。省侨联在推进"地方侨联+大学侨联+校友会"工作机制过程中得到了中国侨联和中共安徽省委、省政府以及省直有关部门的关心和支持。在省侨联举办或承办的"追梦中华·圆梦安徽"海外侨商与项目对接会、中国科大海外杰出校友"巢湖侨创峰会"、世界制造业大会和中国国际徽商大会"百家侨企"高新技术项目对接会暨签约仪式等重大活动时，中国侨联和安徽省领导莅临指导，给海外校友来皖创新创业创造以极大的鼓舞和支持。中国侨联和省领导对省侨联推进"地方侨联+大学侨联+校友会"工作机制提出明确要求，省政协还将校友会工作列入月调研安排，分管副主席带领侨界政协委员开展专题调研，这些都有力推进了"地方侨联+大学侨联+校友会"工作机制在安徽的探索建立。

二是组织网络覆盖延伸是推进"地方侨联+大学侨联+校友会"工作机制的重要基础。省侨联利用推进"地方侨联+大学侨联+校友会"工作机制契机，加强基层侨联、高校侨联组织建设，推动成立了一批高校、县区、乡镇（街道）、村（社区）等基层侨联组织，进一步夯实了侨联工作的基层基础。在推进过程中，省侨联一方面注重发挥牵头抓总作用，另一方面利用组织的覆盖延伸，充分发挥市县侨联和大学侨联的优势，通过加强校友会的合作交流，进一步拓展了海外联络联谊，较好地储备了一大批新侨人才资源和海外校友资源。

三是多方联动互动是推进"地方侨联+大学侨联+校友会"工作机制的重要支撑。"地方侨联+大学侨联+校友会"工作机制建设需要以活动为载体，在引资引智的各项活动中彰显出活力。为做好招商引资、招才引智的各项活动，省侨联注重加强与省直各有关部门的联系和合作，争取各方面的支持，通过更多地邀请人才、财政、商务、科技、金融、开发园区等部门与单位参与，促进了侨胞与各职能部门之间的联系与对接，增进了侨胞的获得感。省侨联还注重以上带下，积极与市县侨联联合举办重大活动，或利用举办各种重大活动，把参会的重要客商、高端人才等海外资源带到市县，实现了信息共享、资源下沉。

四是侨联主动作为是推进"地方侨联+大学侨联+校友会"工作机制的关键所在。"地方侨联+大学侨联+校友会"工作机制是第十次全国归侨侨眷代表大会提出的两项工作机制之一。安徽省侨联勇于担当尽责，积极主动加强与省委教育工委、各高校党委的联系，大力推进高校侨联组织建设，完善侨联组织网络；在积极建好侨联组织内部自上而下组织网络的同时，发挥侨联组织网络优势，加强与高校、中学校友会的联系，通过国内校友会联系海外校友会，通过校友会联系广大海外校友资源，实现了海外联系有渠道、校友资源能共享的目标。全省侨联系统主动作为、大胆探索，通过建组织、强网络，以内联外、内外联动，推动了全省侨联工作的新突破。

下一步，将按照中国侨联要求，结合安徽实际，努力将"地方侨联+大学侨联+校友会"工作机制推深做实。

一是进一步打通联系和合作渠道，更好地形成地方侨联、高校侨联与校友会之间的工作合力。从我省推进"地方侨联+高校侨联+校友会"工作机制的情况看，目前全省高校侨联工作发展还不平衡，部分高校侨联组织作用发挥还不到位，没有成为地方侨联和校友会之间的重要桥梁和纽带。因此，下一步要突出加强高校侨联组织建设，切实发挥高校侨联的作用，畅通高校侨联与校友会之间常态化联系与合作的渠道，真正建立起地方侨联、高校侨联与校友会良性互动模式。

二是进一步搭建平台载体，利用"地方侨联+高校侨联+校友会"工作机制擦亮侨联工作品牌。切实发挥自身优势，通过"地方侨联+高校侨联+校友会"工作机制，利用好国内外知名大学校友资源，做大做强世界制造业大会"百家侨企"对接活动、"巢湖侨创峰会"等工作品牌；同时，将推进"地方侨联+大学侨联+校友会"与推进"基层侨联（涉侨社团组织）+海外华侨华人社团"两个工作机制建设结合起来，广泛联系海外华侨华人社团和海外侨胞，实施"皖籍新侨团培育建设工程"和"皖籍新侨领发现培养工程"，筹划"皖籍海外侨团发展大会"，建立"一带一路"皖籍侨团联盟，深化"创业中华创新安徽"品牌活动，打造华侨华人创新创业基地，成立全省侨界双创联盟，激发新侨创新创业创造活力，更好地促进人才和项目落地，提升工作机制和各项活动的实效。

三是进一步加强长三角地区侨联的合作交流，提升"地方侨联+高校侨联+校友会"工作机制的整体效能。长三角地区整体的人才特点和各个核心城市的人才优势，有利于长三角地区进一步发挥集聚效应、分工效应、协作效应和规模效应，促进区域经济的高质量发展。在国家战略的大背景下，随着长三角一体化进程加快，人才流动变得更加频繁，需要各地侨联加强合作交流，进一步发挥"地方侨联+高校侨联+校友会"工作机制的作用，共同推进三省一市进一步完善国际人才引进政策，加大国际人才招引政策支持力度，提升国际高端要素集聚能力，更好地为地方高质量发展服务。

四是进一步研究后疫情时代海外侨情发展与变化，以释放民间交流动能更好服务大局。新冠疫情不仅仅是人类卫生健康史的挑战，也对未来世界格局产生重要的影响。以美国为首的西方国家对中国的高新技术产品及人才进行全面打压，采取限制或停止技术人才交流等措施，对海外人才的利用和引进具有很大的负面影响。因此，做好后疫情时代的海外人才工作，需要我们认真研究海外形势的发展与变化，进一步发挥侨团侨社作用，利用校友会、科技社团等组织，加大民间交流合作力度，推动学术交流，促进人才引进，从而更好地为中心工作和大局服务。

9月6日　援藏义诊深受欢迎和好评

第一次进藏，留下难忘的记忆！为认真学习贯彻习近平总书记重要讲话和中央第七次西藏工作座谈会精神，按照省委、省政府对口援藏工作部署和要求，在中国侨联和中国科学技术大学附属第一医院的大力支持下，安徽省侨联首次组织开展"侨爱心·送温暖"援藏义诊活动。8月31日至9月6日，我作为义诊活动领队，率由中国科大附属第一医院全科医学科、心血管内科、骨科医疗专家等15人组成的"侨爱心·送温暖医疗队"，先后赴西藏自治区山南市人民医院、措美县人民医院、昌珠寺、浪卡子县人民医院进行义诊活动和学术交流，深受藏族同胞、涉宗教领域群众和医护人员的欢迎和好评。

9月2日、9月4日，义诊医疗队分别在山南市措美县人民医院、浪卡子县人民医院开展诊疗送药活动。两县海拔都在4000米以上，医疗队队员克服不同程度的高原反应，发扬"老西藏"精神，做到缺氧不缺精神、艰苦不怕吃苦、海拔高境界更高，耐心细致地为前来就诊的每一位藏族同胞诊治。50多岁的乌金卓玛，长期患有类风湿性关节炎，双手关节严重变形，一直没有得到好的诊治。义诊当天，她的家人一大早就骑着摩托车把她带到义诊现场，医疗队员们会诊后，为她提供了免费药品，并指导其用药和护理。据当地医生介绍，心脏病、痛风、关节病、胃病等高原疾病在当地十分常见，医疗队员们针对性的诊疗得到就诊群众的一致好评和点赞。9月3日，应山南市委统战部邀请，医疗队一行来到昌珠寺为涉宗教领域群众开展义诊。义诊现场挤满了前来就诊的藏族同胞和宗教界人士。一位70多岁患有语言障碍的藏胞老阿妈，生活起居由寺庙里的僧侣照顾，双腿关节疼痛多年，十分痛苦。医疗队员对她进行了身体检查，给予了医疗指导。离开时，老阿妈对医生周到细致的服务赞不绝口，双手紧紧抓住医生的手，不停地用藏语说着："谢谢，谢谢！"有两名藏族同胞得知医疗队来到山南市义诊，主动与医疗队联系，义诊队员热心服务，详细了解病情，并积极帮助安排他们到中国科大附属第一医院接受手术治疗。义诊期间，我还赴山南市委统战部进行了座谈，与山南市委常委、市政协党组副书记、统战部部长丹增就侨务（侨联）工作、对口帮扶、干部培训交流等进行了深入交流。这次义诊是省侨联在中央第七次西藏工作座谈会刚刚结束后，首次走进西藏山南开展的活动，彰显了省

侨联按照中央和省委的部署要求，更好地发挥侨界和侨联组织独特作用的政治站位和政治自觉。义诊活动中，共诊疗350余位藏族同胞，40余位宗教界人士，提供医疗建议2000多条，开出各类处方近200份，赠送精准治疗药品共计2000多元。义诊活动得到了山南市委统战部、安徽省援藏工作队的大力支持和藏族同胞、宗教界人士的高度赞扬。藏族同胞对在家门口享受到高质量、热情细致的诊疗服务赞不绝口，对党中央的关怀念念不忘，对安徽人民的无私援助感恩不尽。

9月25日　接待俄罗斯侨领李娜一行

今天下午，接待莫斯科华侨华人联合会会长、莫斯科华星艺术团团长、莫斯科中国大饭店董事长李娜一行，对李娜会长一行到访省侨联表示欢迎，对2019年安徽省侨联"亲情中华"艺术团赴俄罗斯莫斯科慰问演出时，莫斯科华星艺术团给予的支持和帮助表示感谢，对广大在俄侨胞在国内新冠疫情暴发初期，克服各种困难捐款捐物驰援家乡的大爱之举、桑梓之情表示谢意。我们向客人介绍了安徽的省情、侨情，特别是今年举办的"亲情中华·为你讲故事"网上夏令营、世界制造业大会江淮线上经济论坛、"百家侨企"项目签约等品牌活动。当前长三角一体化发展战略的实施、中国（安徽）自由贸易试验区的挂牌给安徽的发展带来了新的机遇。侨联是海外侨胞的娘家，希望李娜会长常回家看看，多到安徽走一走，感受安徽发展的蓬勃势头。安徽是文化资源大省，文化底蕴深厚，希望李娜会长一行多向海外宣传安徽、推介安徽，积极推动中俄之间特别是莫斯科和安徽之间的经贸、文化、旅游等方面的合作；注重团结凝聚海外侨胞，积极构建和谐侨社，服务好当地华侨华人。李娜表示，此次到访安徽省侨联，就相关事宜进行了充分沟通，更加坚定了与安徽合作发展的信心，今后将主动加强与省侨联的联系，立足自身优势，积极推动安徽与住在国在经贸、文化等方面的交流合作。

9月27日　我省第一家民营创业园侨联成立

今天，出席芜湖通全青年创业园第一次归侨侨眷代表大会，并为芜湖通全青年创业园侨联揭牌，这是我省成立的第一家民营创业园侨联。希望民营创业园一要讲政治，二要重服务，三要建好"家"。芜湖通全青年创业园位于国家级经济技术开发区——芜湖市经济技术开发区，创建于2018年，现有设计、电子商务、物流等各类企业97家。

9月28日　多为困难侨眷办实事

今天，赴芜湖市看望慰问侨界困难群众和基层侨联工作者。在芜湖市弋江区都宝花园社区，实地察看了"侨胞之家"现场，对基层侨联工作者长期以来的默默奉献、无私付出给予了高度赞扬，对他们在疫情期间给予侨界群众的关心关爱表示赞赏。无为市泥汊镇保安行政村今年遭受洪灾，在慰问意大利侨眷周光灿、意大利侨眷于景朋时，详细了解了其受灾情况和生活状况，并为他们送上慰问金。对于景朋患眼疾等困难，当场请工作人员联系爱尔眼科医院给予帮助解决，并要求尽快谋划和实施侨界群众有需求的"侨爱心·光明行义诊进侨乡"活动，把为侨服务做深做细。

10月23日　接待泰国侨领余新齐一行

今天下午，接待东盟中华致公总会、泰国陕西总会会长余新齐一行，对余新齐一行到访省侨联表示欢迎，介绍了近年来安徽经济社会发展和省侨联有关工作情况，表示侨联是海外侨胞的"家"，希望泰国陕西总会多来安徽走走，进一步加强联系交流，为促进泰国与安徽友好合作多做工作。余新齐对省侨联的热情接待表示感谢，深切感受到安徽省侨联对侨胞的关爱和温暖。他表示，泰国陕西总会将凝聚在泰侨胞，为积极推进泰国与安徽之间的经贸文化合作交流作出贡献。

11月10日　关注海外涉侨法律服务机制建设新课题

新的侨情下，加强海外涉侨法律服务机制建设是一个新的课题。今天，省侨联和省高院、省司法厅、菲律宾安徽商会召开海外涉侨法律服务机制建设工作座谈会，省侨联就海外涉侨服务中心建设，省司法厅就海外律师服务机构建设等提出了初步设想，菲律宾安徽商会会长作了发言。我和省司法厅、省高院有关负责同志分别就涉侨纠纷多元化解、海外律师服务机构建设、涉侨海外服务中心建设等相关工作提出了意见和建议。大家一致认为，开展海外涉侨法律服务工作，是深入学习贯彻党的十九届五中全会精神和习近平总书记考察安徽重要讲话精神的重要举措，是全力服务"国内大循环、国内国际双循环"工作大局的重要抓手，是服务"一带一路"建设的重要内容，是推进我省外向型经济发展、服务现代化"五大发展"美好安徽建设的重要探索，是依法维护海外侨胞利益、凝聚侨心汇集侨智的重要保障。大家均表示将立足各自的职能和资源优势，按照座谈会达成的共识，做好后续跟踪和落实工作，切实把海外涉侨服务工作做实做细，作出成效。

11月27日 探索侨商企业党建工作新路子

经过精心筹划准备，安徽省侨商企业党建联盟今天成立，这在全国侨联系统还是首家。会议审议通过了《安徽省侨商企业党建联盟工作规则》《安徽省侨商企业"党建带侨建·侨企跟党走"倡议书》，选举产生联盟会长单位、副会长单位、秘书长单位，并举行了揭牌仪式。省侨商企业党建联盟是在省侨联指导下，由在皖侨商企业党组织发起组成，首批联盟成员单位30家，行业涉及集成电路、节能环保、生物医药、智能终端等领域。联盟以党建引领、资源共享、优势互补、共同发展的总体思路，以党的政治建设为统领，以提升组织力为重点，通过政治理论联学、优势资源联享、实践活动联办、党员队伍联建、中心工作联促，旨在深化党建带侨建、侨建促党建的工作机制，有力延伸侨联工作手臂，激发侨企党建新活力，构建侨企发展和党建工作相互促进新格局，不断提升我省侨商党建工作的制度化、规范化、科学化水平。

12月25日 建好"侨胞之家"有四条好经验

"侨胞之家"是侨联基层组织，处在侨联工作第一线和最前沿，可以起到团结、组织、凝聚的作用。自2019年以来，我省已建立省级"侨胞之家"155个，其中，高校"侨胞之家"24个，评定星级"侨胞之家"26个。从近两年各地各单位的创建实践来看，有不少好的经验做法：第一是运用好"党建带侨建"这个工作法宝，积极争取当地党组织的支持，通过与党建工作相结合，把"侨胞之家"建设纳入党群服务中心、社区服务中心建设，推动了制约基层侨联组织发展"四缺"等问题的有效解决。第二是注重处理好"为我所有"和"为我所用"的关系，通过积极争取，把社会服务阵地的资源为我所用、为侨界群众所用。第三是注重调动侨界群众参与"侨胞之家"建设的积极性，积极开展"侨胞回家过节"品牌活动等，让侨胞成为组织者、策划者、参与者、受益者，真正成为"侨胞之家"的主人。第四是注重强化为侨服务和为社会服务的"双向服务"功能，把为侨服务和为社会服务有效地结合起来，取得了良好的效果和广泛的影响。

1月14日　让更多的侨界群众感受党和政府的关怀

1月13日至14日，赴铜陵市慰问归侨侨眷，为他们送上新年的祝福，先后来到侨眷阮艮楼、孙凤梅、蔡玉英家中，详细了解他们的生活情况和身体状况，听取他们的心声诉求，对他们存在的实际困难，希望当地侨联和社区干部积极协调有关部门帮助解决，并做好跟踪服务工作，努力为他们排忧解难。对部分年老多病的归侨侨眷得到了各级侨联和社区干部通过网格化联系和服务、多举措悉心照顾的做法，给予高度评价，希望铜陵市各级侨联与社区加强配合，总结经验做法，根据困难归侨侨眷的不同情况，进一步分类施策、精准服务，注重宣传侨务政策、着力丰富社区文化活动，在生活上照顾，在心理上激励，在精神文化生活上关心，让困难归侨侨眷感受到党和政府的关怀、侨联组织的关爱和社会的温暖。

1月15日　加强新时代基层组织建设是侨联工作的重中之重

我理解，为什么要加强新时代基层侨联组织建设？因为，侨联组织的优势在基层，活力在基层，生命力在基层，侨联工作的重点也在基层；贯彻党的群团工作部署，落实侨联改革要求，强"三性"、去"四化"，破解侨联工作的难题和薄弱环节，都要求我们必须下大力气抓好基层组织建设。从安徽侨联组织建设现状来看，目前16个省辖市成立侨联，机构独立7个（合肥、阜阳、马鞍山、芜湖、安庆、蚌埠、淮北，前6个市党组单设）。成立县区侨联78个，独立机构5个（寿县、霍邱、舒城、当涂、东至）。乡镇（街道）侨联55个，村（社区）侨联工作站285个。高校侨联37个，企业、科研院所、开发园区、楼宇侨联5个。应当说，尽管近年来基层侨联建设有了很大进展，但侨联基层组织整体上仍然比较薄弱。在组织建设方面，与其他群团组织相比差距不小，归侨侨眷的底数还不精准，对侨联基层组织的设置方式、运行机制、活动方式研究还不深不透，规律性的认识有待深化，支持基层的长效机制尚未建立，分类指导的力度还需加大，基层侨联干部培训的覆盖面不够，侨资源分布不平衡，组织发展不平衡等。基层侨联建设中还存在不少问题和困难：基层组织覆盖面不宽，活力不足，重视不够，"五有"（有队伍、有经费、有组织、有阵地、有活动）未落实，存在"四缺"（缺编制、缺经费、缺场所、缺人员）。这些问题有些是历史形成的，有些是经济社会发展过程中的，有些是地方党委、政府需要重视关心的，还有是地方和基层侨联主动性、创造性、攻坚克难不够的，必须高度重视，认真研究分析，有针对性予以解决。面对新形势新任务，我们必须提高政治站位，深刻认识侨联组织的初心和使命，从围绕中心、服务大局的高度，从侨联事业发展的维度，从侨情变化的角度，进一步加深对新时代加强基层侨联建设的认识，奋力开创基层侨联建设新局面。

1月16日　"五个起来"发挥省侨商企业党建联盟作用

安徽省侨商企业党建联盟成立后，如何更好地发挥作用？今天，安徽省侨商企业党建联盟在会长单位博微太赫兹信息科技有限公司召开会长工作座谈会，对此进行了认真研究。我在会上指出，省侨商企业党建联盟要全面落实中央和省委关于基层党组织建设的部署和要求。一要把政治引领扛起来。发挥党建联盟政治引领、政治核心作用，团结带领侨界群众和广大党员干部职工不断增强"四个意识"、坚定"四个自信"、做到"两个维护"。二要把目标导向树起来。坚持"党建带侨建，侨建促发展"，把党建联盟的优势和活力转化为企业发展的优势和动力。三要把工作机制建起来。围绕侨商企业党建工作特点和企业实际，建立务实有效的工作机制。今年要以庆祝中国共产党成立100周年为主线，组织开展具有侨商企业特色的系列活动。四要把优势资源联起来。建好微信群、公众号等信息共享平台，搭建各类活动载体，实现党建联盟成员"联学、联享、联办、联建、联促"。五是把自身建设强起来。强化党建联盟品牌化管理，推动党建标准化建设，切实把联盟会员单位"组织起来""活跃起来""贡献起来"。

3月1日　可喜可贺：我省1180篇作文在世界华人学生作文大赛中获奖

近日，由中国侨联、全国台联、《人民日报·海外版》、《快乐作文》杂志等单位联合主办的"第二十一届世界华人学生作文大赛"获奖结果揭晓。由安徽省侨联及部分省辖市侨联推荐的9468篇作文，获奖1180

篇，获奖率12.5%，其中特等奖1名（全球共20名）、一等奖118名（全球共800名）、二等奖410名（全球共4000名）、三等奖651名（全球共7000名）。世界华人学生作文大赛始创于2000年，至今已成功举办了二十一届。参赛对象为海外各国、各地区中小学或华文学校在校侨生，以及中国（含港、澳、台）小学、初中学生（含归侨学生）。2019年大赛经教育部审批后，参赛对象中国大陆地区为高中在校学生。参赛学生覆盖30多个国家和地区的华人华侨子女，海内外参与者用他们的独特视角，讲述中国故事，传播中国声音，弘扬中华文化，展示真实、立体、全面的中国，增进了中国与世界的民心相通，已成为促进海外华文教育创新发展、拓展青少年海外联谊、增进中外文化交流的一个重要载体。

3月6日　春寒料峭爱心浓

为进一步关心关爱侨界困难群众，深化侨爱心工程，助力乡村振兴，3月5日至6日，安徽省侨联组织开展"侨爱心·送温暖"新春专家义诊活动。我带领由中国科学技术大学附属第一医院和合肥爱尔眼科医院的全科医学科、心血管内科、内分泌科、妇科、眼科等14名专家组成的"侨爱心·送温暖医疗队"，赴芜湖无为市泥汊镇保安行政村，为200多位村民进行了义诊。3月6日一大早，医疗队的专家们就来到保安行政村。屋外春寒料峭、细雨霏霏，屋内人声鼎沸、热气腾腾，前来就诊的村民在志愿者引导下拿号、排队，一切井然有序，医生们耐心细致地为前来就诊的每一位群众进行诊疗。一位70多岁的老大妈因视力不好，走路都看不清，义诊当天，在家人陪伴下来到义诊现场，眼科专家耐心地为她进行检测，经初步诊断这位老大妈患有白内障和飞蚊症，医疗队专家会诊后，建议动手术，并帮助她安排住院事宜。义诊当天，每一位专家都为前来就诊的患者认真检查、听诊，积极解答村民的问题，告知用药安全及生活中需要注意的事项。义诊活动，得到了村民们的一致好评和称赞。保安行政村位于无为市泥汊镇，人口7000余人，其中有200多名村民在欧洲意大利、法国等国务工、经商，是远近闻名的侨乡。

4月25日　侨界群众的文化大餐

今天下午，由中国侨联、安徽省侨联、芜湖市人民政府共同主办，芜湖市委宣传部、芜湖市侨联、芜湖传媒中心承办的"侨心永向党 奋进新征程——亲情中华·走进芜湖"慰问演出在安徽芜湖大剧院举行。活动现场，邀请了在芜的部分海外侨胞、归侨侨眷、侨资侨属企业负责人、留学归国人员、留学生家属、侨联工作者以及社会各界代表，特别邀请了奋战在一线的疫情防控工作者、脱贫攻坚先进人物、中国好人、道德模范等共计800余人观看演出。活动现场开通了网络直播，世界各地的华人华侨、国际友人和全省广大归侨侨眷等35万余人次通过多个网络平台观看演出直播。

4月27日　精彩演出为侨界群众加油鼓劲

今天下午，由中国侨联、安徽省侨联主办，马鞍山市侨联、当涂县人民政府承办的"侨心永向党 奋进新征程——亲情中华·走进当涂"慰问演出在当涂县大青山桃花村文化活动广场举行，用经典红歌、特色戏曲、二胡演奏、杂技表演等精彩节目，为奋斗在乡村振兴一线的干部群众加油鼓劲。到现场观看演出的有在马鞍山市和当涂县的部分海外侨胞、全县归侨侨眷、侨资侨属企业、侨联工作者，以及先进模范人物和社会各界代表等共700余人。慰问演出开通了网络直播，世界各地的华人华侨、国际友人和全省广大归侨侨眷等22万余人次通过多个网络平台观看演出直播。

5月12日　接待法国侨领黄玲国一行

今天上午，接待法国东方华人协会会长黄玲国一行，对黄玲国会长一行到访省侨联表示欢迎，介绍了近年来安徽省情、侨情以及省侨联开展的"巢湖侨创峰会""百家侨企""海外侨胞故乡行"等重点品牌活动，对法国东方华人协会多年来团结凝聚旅法侨胞主动融入当地社会所做的工作表示肯定，对其促进安徽大学海外交流合作，帮助安徽大学留法学生抗击疫情表示感谢。希望协会继续发挥优势，积极向海外宣传推介安徽，为安徽深度参与"一带一路"建设、高质量推进长三角一体化发展贡献力量。黄玲国会长说，此次到访安徽省侨联，进一步坚定了来皖合作发展的信心，将密切与省侨联沟通联系，不断发挥自身海外资源优势，为安徽与法国的经贸文化交流牵线搭桥。

5月13日　知史爱党爱国爱侨

安徽省侨联系统党史学习教育专题报告会在安庆举行，各省辖市侨联、"中国华侨国际文化交流基地"等相关负责同志参加。我以"学党史·话侨史·守初心·勇担当"为题作党史学习教育专题报告。在全党开展党史学习教育，是牢记初心使命、推进中华民族伟大复兴历史伟业的必然要求，是坚定信仰信念、在新时代坚持和发展中国特色社会主义的必然要求，是推进党的自我革命、永葆党的生机活力的必然要求。全省各级侨联、文化交流基地等，在党史学习教育中，要着眼侨情实际，把学党史、新中国史、改革开放史、社会主义发展史和学侨史结合起来。一是要在党史学习教育中总结侨联组织走过的历程。了解历史才能看得远，理解历史才能走得远。侨联组织与侨、与党和国家事业发展紧密相连，总结侨联组织的发展历程，我们要加深对侨联组织的性质和定位的认识，知史爱党，知史爱国，知史爱侨，更好地不忘来时路，走好未来路。二是要在党史学习教育中守正侨联组织的初心。侨联从延安起步，在党的领导下，走过了不平常的历程，为新中国的成立、建设、发展和改革开放作出了重要贡献。抚今追昔，必须不忘党的初心，深刻理解侨联组织的"初心"：对党忠诚的红心，植根侨胞的本心，服务大局的恒心，以人为本的侨心，淡泊名利的清心。三是侨联组织要在党史学习教育中担当作为。当今世界正经历百年未有之大变局，侨联工作也面临着新的机遇、新的挑战，新的使命、新的要求，要把握侨联工作的变与不变，始终牢记党对侨联的新要求，准确把握海内外侨情的新变化，及时顺应侨界群众的新期待，大力推动侨联干部能力的新提升，更好地推动新时代侨联事业创新发展、加快发展。

5月18日　省侨联"我为群众办实事"赢得侨界点赞

安徽省侨联接到中国侨联转来罗马尼亚华侨、安徽星野生态能源开发公司董事长张志础先生信访件后，立即启动涉侨纠纷多元化解诉调对接机制，经省高院协调将信访件转至池州中院和贵池区法院，采取多种方式积极推动解决。其间，省侨联主要负责同志赴池州市对信访件进行专题调研，给出处理意见和建议。经池州市中院和贵池区法院积极努力，推动了法院判决有效执行，这一长达十多年的涉侨信访件得到了妥善解决，侨界群众十分满意。今天，罗马尼亚华侨、安徽星野生态能源开发公司董事长张志础专程赴安徽省侨联表达感激之情、感谢之心，并赠送了锦旗。

5月20日　携手搭建侨平台

　　今天，与机关有关部门负责同志赴四川省侨联交流学习，并与四川省侨联相关部门负责人座谈，相互介绍了侨情以及侨联近年来在推进国际文化交流、深化"两个拓展"、华侨国际文化交流基地建设、助力"双招双引"等工作情况。双方期待加强互动联谊，开展交流合作，探索工作创新，推动资源共享，携手把侨平台搭建好，把侨文章做好。

5月21日　聚焦共建"一带一路"倡议谈合作谋发展

作为第三届中国西部国际投资贸易洽谈会主题活动之一的"一带一路"侨商组织年会在重庆市召开，来自德国、新加坡、哥伦比亚、日本、越南等30多个国家和地区的百余名侨商齐聚年会，聚焦共建"一带一路"倡议，围绕金融、智能等热点领域展开精彩探讨，寻求合作，共话未来。应大会邀请，我和安徽侨商代表赴重庆参加会议和相关活动，与各方广泛交流。

5月23日　牢记侨联组织的初心

侨联从延安起步，在党的领导下，走过了不平常的历程，为新中国的成立、建设、改革和发展开放作出了重要贡献。抚今追昔，我们必须不忘党的初心，深刻理解侨联组织的"初心"。第一，侨联组织的初心是对党忠诚的红心。侨联是党缔造和领导的人民团体，以党的旗帜为旗帜，以党的意志为意志，以党的方向为方向，是侨联组织的光荣传统。侨心向党，必须加强政治引领，团结更多侨界群众听党话、跟党走。第二，侨联组织的初心是植根侨胞的本心。和其他涉侨部门不同，侨联是广大侨胞自己的组织，如果没有侨胞的参与和支持，侨联就是无源之水、无本之木，就失去存在的价值。我们必须始终不忘侨联从哪里来，牢记侨联就是团结服务侨胞的组织。第三，侨联组织的初心是服务大局的恒心。自成立以来，侨联组织团结动员广大侨胞为革命、建设和改革开放作出了重要贡献，在各个时期都发挥了独特作用，侨联工作已成为党和国家事业的重要组成部分。实现中国梦、构建人类命运共同体，离不开广大侨胞的参与，侨联组织必须牢记使命，更好地团结广大侨胞同心同德、持续奋斗。第四，侨联组织的初心是以人为本的侨心。侨联在各个时期，主动关心帮助侨界群众和广大侨胞，温暖了侨心，赢得了民心。新时代同样需要以侨为本，热情做好为侨服务的各项工作，为侨胞谋发展谋幸福，让侨界群众有更多的获得感、幸福感、安全感。第五，侨联组织的初心是淡泊名利的清心。作为群众团体，侨联组织没什么权力，有的是为侨服务的热情、胸怀和无私的付出、奉献，必须树立正确的利益观、得失观，始终保持淡泊名利、宁静致远的高尚情操，树立忠诚、干净、担当的良好形象。

5月27日　在全国高校侨联建设经验交流会上发言

5月24日至27日，中国侨联在上海召开推进全国高校侨联建设工作经验交流会。中国侨联党组书记、主席万立骏出席开幕式并讲话。近80所高校相关领导及31名省级侨联负责同志共150余人出席会议。上海市侨联、安徽省侨联等14家单位在会上作交流发言。我代表省侨联作经验介绍。中国科学技术大学、合肥工业大学、安徽师范大学、滁州学院党委和侨联负责人参加会议并在分组讨论时发言交流。我从抓住重点，加强高校侨联组织建设，扩大机制覆盖面；破解难点，推动地方侨联改革发展，增强机制动力源；疏通堵点，畅通地方侨联、高校侨联和校友会的联系与合作，提升机制联动性；打造亮点，创建工作品牌，注入机制创新力四个方面介绍了安徽在推进"地方侨联+大学侨联+校友会"的主要做法。从强化了侨联服务大局的精准性有效性、畅通了侨联工作"两个拓展"的渠道、织牢了侨联组织的"两张网"三个方面介绍了所取得主要成果，并从强化共建机制、创新机制、激励机制等方面介绍落实会议精神的主要思路计划。

6月9日 乡村振兴再出力

根据省委统一部署和要求，今天，受省侨联党组委托，我带领机关有关部门负责同志，赴省侨联对口帮扶村——六安市舒城县张母桥镇长冲村，送省侨联第八批选派帮扶干部到村任职，并召开乡村振兴工作座谈会。我介绍了省侨联第八批选派干部的基本情况。省侨联党组深入贯彻落实党中央关于实施乡村振兴战略的决策部署，紧密围绕"四个坚持"原则、"三个精准"目标，按照省委要求，高度重视并切实做好机关干部选派工作。近年来，省侨联充分发挥侨联组织的独特优势，多措并举助力决战脱贫攻坚，圆满完成了各项任务，第七批驻村扶贫工作队全体队员也交出了一份令人满意的答卷。希望新选派的第一书记和工作队在镇党委的领导下，紧紧依靠村党组织，带领村"两委"成员开展工作，以深化拓展农村基层党建"一抓双促"工程为抓手，突出抓好宣传党的路线方针政策、推动加强村"两委"班子建设、巩固拓展脱贫攻坚成果、组织实施产业发展项目、促进乡村有效治理、推进民生工程建设等重点工作，全面推进乡村振兴任务落实，为地方经济社会更好更快发展作出侨界贡献。省侨联各有关部门将全力支持第八批驻村工作队的工作，并切实做好相关服务和保障工作。

6月11日　南京都市圈发展高峰论坛暨城际侨界联盟成立

由江苏省侨联、安徽省侨联指导，南京市侨联主办的"南京都市圈发展高峰论坛暨城际侨界联盟成立大会"在南京举行。南京都市圈9市及其县（区）侨联、有关侨团以及南京市有关部门负责人，约150人参加会议。我代表安徽省侨联致辞，向论坛的举办和联盟的成立表示热烈的祝贺。进入新发展阶段，在"十四五"开局之年，《南京都市圈发展规划》成为国家层面批复同意的第一个跨省都市圈发展规划，标志着南京都市圈建设上升到新的战略高度。南京都市圈连通东中部、衔接长江淮河，土地面积广阔，产业实力雄厚，金融体系完整，科教优势明显，文化底蕴深厚，特别是区域内侨的资源丰富、侨的实力雄厚、侨的优势明显、侨的联系紧密，这是南京都市圈建设的宝贵资源。南京都市圈城际侨界联盟的成立，必将进一步促进区域内城际侨联之间的交流和合作，更好地助力南京都市圈发展。

6月23日　文艺汇演表达侨界心声

今天，由安徽省侨联主办，安徽省歌舞剧院、合肥市瑶海区委统战部和瑶海区侨联协办的"侨心永向党 奋进新征程"——安徽省侨联系统庆祝建党100周年文艺汇演在合肥举行。各级侨联组织选送了精彩的节目，归侨侨眷、海外侨胞、留学生及家属代表，侨资企业、省侨联所属侨团及侨联工作者代表等600余人观看演出。整场演出主题突出、特色鲜明、气势磅礴、振奋侨心，台上精彩不断，台下掌声连连，表达了全省侨界的心声。对省侨联来说，举办全省性的文艺汇演还是第一次。

6月24日　皖港澳侨界庆祝建党100周年书画展开幕

由安徽省归国华侨联合会主办，各省辖市归国华侨联合会、安徽省刘少雄博爱基金会协办的"侨心永向党 奋进新征程"——皖港澳侨界庆祝建党100周年书画展在合肥赖少其艺术馆开幕。这次画展共展出皖港澳三地书画名家和各省辖市侨联选送的我省侨界书画爱好者精品力作128幅，形式多样、内容丰富，热情讴歌了党的百年辉煌历程，充分展现了皖港澳侨界爱党爱国的浓厚情怀和昂扬向上的精神风貌。

6月30日　走访慰问老党员老干部庆祝建党100周年

在党的百年华诞到来之际，上午，走访部分在肥侨界老党员、老干部，代表省侨联向他们致以崇高的敬意和诚挚问候。老党员、老干部在侨联事业发展的各个阶段，积极工作、默默奉献、开拓进取、探索创新，发掘和积累了广泛的侨务资源，为侨联事业发展奠定了良好基础，他们团结带领归侨侨眷和海外侨胞在经济社会发展中作出了独特贡献，留下了激励一代又一代侨联干部拼搏奋斗的宝贵精神财富。我们要结合工作职能，学习和传承老党员老干部的优良传统和作风，不断开创侨联事业的新局面，更好地为大局服务、为侨服务；同时，要进一步关心、照顾老党员和老干部，让他们老有所安、老有所乐、老有所为。下午，赴合肥市庐阳区大杨镇雁栖社区"侨胞之家"调研，看望慰问基层侨联党员干部，并出席庆祝建党100周年活动。在雁栖社区，观看了由庐阳区侨联和雁栖社区联合举办的"峥嵘百年路 筑梦新征程"庆祝中国共产党成立100周年文艺汇演。整场演出融入了歌舞、朗诵、情景剧等丰富多彩的艺术形式，礼赞、歌颂伟大的中国共产党带领全国各族人民努力奋斗取得的辉煌成就，抒发感党恩、颂党情、听党话、跟党走的决心和信心，同时也反映了侨界群众"爱党、爱国、爱乡"的情怀，激发了侨界群众投身经济社会建设的积极性和主动性。

7月6日　接待瑞典华人总会叶意平一行

今天，与来访的瑞典华人总会常务副主席叶意平一行交流，在听取来皖投资项目及考察对接相关情况后，简要介绍了安徽省情、侨情和经济社会发展状况以及投资环境。得益于创新科技支撑，近年来，安徽经济社会发展迈入快车道，态势喜人，合肥作为省会城市，坐拥长三角城市带优越区位，发展成为全国尖端科技聚集地，希望瑞典华人总会积极宣传安徽、推介安徽，促进安徽与瑞典经贸文化合作交流，省侨联将切实做好牵线搭桥和各项服务工作。叶意平一行表示将进一步密切与省侨联沟通交流，深化合作，为安徽经济社会的发展作出积极贡献。

8月5日　讲好新侨创新创业故事

今天，赴合肥市调研新侨创新创业情况，首先来到庐阳中科大校友创新园，走访恒烁半导体（合肥）股份有限公司和安徽中科太赫兹科技有限公司并召开座谈会，倾听企业负责人关于产品研发、技术创新、经营管理及发展前景等情况介绍，并重点了解企业发展过程中遇到的困难和问题，以及对如何扶持新侨创新创业方面的政策建议。肯定新侨企业拥有国内外领先的高端技术，致力于突破"卡脖子"核心科技，经营思路清晰，市场前景广阔，是我省新侨创新创业的优秀代表；希望广大新侨企业把握机遇，发挥优势，不断成长壮大，在实现自身价值的同时，更多地为国家为社会作出更大贡献。随后来到高新区考察合肥中德创新中心，参观中心孵化的若干高科技企业，并与企业负责人进行了座谈交流。合肥中德创新中心是由皖籍德国归侨吴凡创办的一家服务中德跨国合作、创新技术转移、提供专业咨询的国际化服务机构。我对中德跨国团队致力于搭建海外高层次人才和留学生创新创业平台，汇集国际资源，推动合肥对外合作交流表示肯定，对中心大力宣传安徽、推介合肥，做中外民间友好使者、讲好中国故事表示赞许，希望中心立足自身优势，强化国际化服务，为新侨来皖创新创业打造优质平台，助推我省"双招双引"和高质量发展。

8月21日　安徽省涉侨部门开展联合调研

今天，省委统战部、省人大民宗侨外委员会、省侨联等省涉侨部门在芜湖开展联合调研。我和省委统战部、省人大民宗侨外委员会负责同志参加调研活动。在芜湖市弋江区都宝社区"侨胞之家"，调研组一行听取了社区侨胞之家作用发挥、社区与侨双向服务机制建设、侨法宣传等有关情况介绍，对都宝社区以服务凝聚侨心的探索与实践给予充分肯定，并看望社区工作人员，与他们交流侨务工作心得。希望他们进一步发挥社区归侨侨眷相对集中的优势，探索基层侨务工作新经验。在2019世界制造业大会签约"百家侨企"项目之一的赫为科技公司，调研组一行与企业团队座谈交流，并实地参观该企业新风产品展厅，详细了解企业总部迁驻安徽以来建设、生产销售情况，对该企业致力于空气净化，着眼世界新风领域科技前沿，在科技研发、成果转化、推广应用、企业文化建设等方面前瞻性规划布局给予高度赞誉，对企业发展前景看好。希望赫为科技有限公司努力克服疫情带来的影响，把握机遇，在国际国内市场上进一步增强核心竞争力，赢得未来。涉侨部门将为企业发展提供联合服务，助力侨企在皖做优做强、快速成长。在侨青企业、归国留学人员创办的安徽彦思信息科技有限公司调研时，调研组一行参观了现代科技在新型物流中的模拟演示和动态监测概况，对该企业致力于内河航运智能化和信息化发展，充分发挥互联网在航运业资源配置中的优化集成作用，探索推动以船联网、大数据及人工智能为基础和工具的航运经济发展新形态给予高度评价。希望彦思科技发挥管理团队朝气蓬勃的优势，在互联网应用方面，加强科技运用的探索创新，进一步激发动力、发掘潜力、彰显活力，争做海归人才创新创业的成功表率。

12月1日　安徽省侨商联合会成功换届

12月1日，安徽省侨商联合会第二次会员代表大会在合肥召开。与会代表听取了省侨商联合会第一届理事会工作报告，审议了《安徽省侨商联合会章程（修正案）》《安徽省侨商联合会第一届理事会经费收支情况报告》等文件和有关决议。根据省侨联党组安排，经省委组织部批准，我当选常务副会长，负责省侨商会日常工作，对我来说，又是一副新担子。

12月18日　多用脚步架"心桥"

12月16日至18日，赴蚌埠市宣讲党的十九届六中全会精神，考察调研侨联基层组织建设，走访慰问归侨侨眷。在市委统战部"同心大讲堂"上，为全市统战、侨联系统干部和部分侨界群众代表作题为《深入学习贯彻党的十九届六中全会精神和习近平总书记关于侨务工作重要论述，立足新侨情、应对新挑战，切实做好新时代海外统战工作和侨务工作》的宣讲报告。

　　在看望部分蚌埠籍海外侨领亲属、走访慰问困难归侨侨眷时，送去党委、政府的关怀和温暖，叮嘱基层侨联干部更多关心关爱困难侨界群众，多为侨界群众办实事、解难题。在新西兰侨领朱玺家中，与其家人亲切交谈，详细了解他们的生活及身体状况，并与朱玺视频连线，希望海外侨胞继续做好个人防护，遵守住在国疫情防控规定，主动融入住在国发展，同时，关心关注家乡建设，讲好中国故事，做中外民间友好的使者。随后实地考察了怀远县河溜镇祠堂村、蚌山区黄庄街道红旗社区、龙子湖区解放街道建新社区等"侨胞之家"建设情况，要求各级侨联重视加强基层"侨胞之家"建设，努力做到以党建引领、凝聚侨心，共建共享、"双向"服务。在出席蚌埠市侨联青年委员会成立大会时，希望蚌埠市侨青会成立后要加强思想引领，提高政治站位；服务中心大局，发挥独特作用；坚持以侨为本，助力侨青发展；坚持开放办会，建好"侨青之家"。

2022 年

1月14日 赴中国科学技术大学走访慰问

在新春佳节来临之际，今天下午，赴中国科学技术大学走访慰问，在中国科学技术大学党委统战部、侨联有关负责同志陪同下，先后看望中国科学院院士、中国侨界杰出人物提名奖获得者、中国科学技术大学近代物理系教授赵政国，美国侨眷、中国科学技术大学教授庄礼贤夫妇等，代表省侨联向他们致以新春的问候，并向他们简要介绍省侨联近年来的工作，感谢他们为国家为安徽发展和人才培养所作出的贡献，以及对省侨联工作的关心支持。

1月18日　张治中故居"基地"揭牌

安徽省华侨国际文化交流基地——张治中故居举行揭牌仪式，我代表省侨联出席并为基地揭牌。2021年，安徽省侨联首批确认了张治中故居等33个机构和单位为"安徽省华侨国际文化交流基地"。张治中故居位于巢湖市黄麓镇洪家疃村，由故居和桂翁堂组成，1989年被定为省级文物保护单位，2019年入选第八批全国重点文物保护单位名单。

1月19日　为侨服务苦中有甜

每逢佳节倍思亲。1月18日至19日，先后赴巢湖市看望慰问加拿大侨眷宋本银、美国侨眷徐经中，赴肥东县看望慰问菲律宾侨眷刘道刚、缅甸侨眷朱有英，赴舒城县看望慰问日本侨眷常光英。每走进一家，都关切地询问他们的身体、生产、生活情况，代表省侨联给他们送去新春的祝福和问候，祝愿他们身体健康、阖家幸福。要求当地侨联组织多倾听归侨侨眷心声诉求，帮助他们解决一些实际困难，让他们生活安心、舒心，让他们在海外的亲属放心，进一步增强侨界群众的归属感、幸福感和自豪感。今晚，收到来自日本的陈建中先生的信函，觉得这就是侨联工作的意义所在，再苦再累也值！

尊敬的安徽省侨联领导：

春节日近，正当我苦苦纠结在思母、思家、思乡之情愈浓与新冠疫情愈重、回国无望的矛盾愁闷之中时，陡然欣闻家乡省、市、县三级领导在杨冰副主席率领下，联袂登门看望家母一事，禁不住鼻子一酸，潸然泪下。春雨过后，顿觉云开雾散，晴空万里，无比轻松、喜悦、感慨、感恩！建中何德何能，敢惊动各位领导大驾光临？纵使做过一点有益家国之事，祖国及其各级领导早已给予莫大的荣誉鼓励和关照厚爱。建中知道，来看望的何止是几位领导，你们代表的是家乡的温暖和祖国的关怀、民族的期望。其义至重，重若泰山。建中懂得，被看望的岂止是家人亲属，他们连带着千千万万身在异国他乡的侨胞们一颗颗炙热的赤子之心。其情至深，深如海洋。建中决心，一定要在有生之年不忘初心、牢记使命，为祖国强大、为民族振兴、为家乡繁荣、为中外友好努力奋斗，绝不辜负党和人民的厚望，绝不辜负各位领导的厚爱！值此春节来临之际，敬祝各位领导佳节快乐，身体健康，阖家幸福，工作顺利！遥祝家乡更美，国泰民安！

日本徽商协会名誉会长　陈建中

2022年1月19日于东京

1月20日　新春里的满满祝福

　　1月17日、19日，先后赴安徽医科大学和安徽建筑大学走访慰问归侨侨眷、侨联工作者。在安徽医科大学，看望了美国侨眷吴连智，归侨侨眷、中心实验室教授朱立新，海归博士、心内科住院总医师郭增，安徽医科大学侨联主席、心血管内科主任医师王爱玲，安医二附院放射科副主任赵红，并与多次参加省侨联组织的侨爱心义诊活动的医务工作者座谈交流，感谢他们对省侨联工作的支持和为疫情防控所作出的贡献，通过他们向侨界医务人员及其海外亲属致以新春的问候和良好的祝愿。在安徽建筑大学，走访慰问了美国侨眷刘仁义、法国侨眷张润梅，详细询问他们子女在外工作、学习情况，感谢他们为国家、为高校发展和人才培养所作出的贡献，以及对侨联工作支持。

1月22日　做实侨界群众天天有感的关键小事

1月20日至21日，先后赴马鞍山、芜湖走访慰问归侨侨眷、侨领家属和侨联工作者，分别来到困难归侨侨眷和侨领家中，为他们送去新春的祝福，通过他们转达对其海外亲人的良好祝愿，感谢他们为经济社会发展作出的积极贡献和对侨联工作的支持。在走访侨界困难群众时，询问了他们的身体和生产生活情况，听取了他们的心声诉求，要求当地侨联组织要认真开展"我为群众办实事",协调解决侨界群众牵肠挂肚的民生大事,做实侨界群众天天有感的关键小事,针对侨界孤寡老人,要特别给予照顾,积极协调养老机构,妥善安置好他们的晚年生活。在走访侨领家属时,与他们家人分享了侨领与侨联组织的暖心事,对侨领们深怀爱国爱乡情怀、无私奉献、团结凝聚当地侨胞,为促进中外友好交流和参与支持祖国及家乡的建设给予高度评价。欢迎侨领家人积极参与各级侨联组织开展的活动,希望他们积极为经济社会发展和侨联工作建言献策,推动侨联事业繁荣发展。

2月10日　立足侨联海外联谊联络工作前所未有的环境变化，深刻认识基层侨联海外工作的敏感性

我认为，侨的工作历来与国际大环境息息相关，随着国际形势发展和中外关系变化，我国的外部环境不确定性增强，海外联谊工作面临更多的挑战。侨联组织是政治组织，侨联工作是为党团结凝聚侨，侨联干部是党的干部的一部分，政治性是侨联的灵魂。基层侨联处于海外联谊联络的一线，要立足侨联海外联谊联络工作前所未有的环境变化，深刻认识基层侨联海外工作的敏感性，尤其需要增强政治意识，牢记涉外工作无小事，提高政治敏锐性，加强分析研判，注意内外有别，讲究方式方法，把工作做细致、做到位。

2月18日　听侨声、访侨企、办实事、解难题

为深入学习贯彻全省改进工作作风为民办实事为企优环境大会精神，根据省侨联关于在全省侨联系统开展"新春进侨企、助力解难题"工作安排，2月17日至18日，赴芜湖市开展听侨声、访侨企、办实事、解难题活动。在芜期间，出席"办实事 优环境 话发展——2022芜湖侨界人士座谈会"，调研世界制造业大会历年"百家侨企"签约项目进展情况和重点侨资企业。座谈会上，认真听取芜湖市部分县（市、区）侨联"为侨办实事、为侨企优环境"经验和市直有关部门关于新兴产业发展情况及政策介绍，并与与会侨领侨商、侨界高层次人才代表面对面交流。还先后走访安徽熙泰智能科技有限公司、芜湖中铁科吉富轨道有限公司以及益海嘉里芜湖公司等侨企，实地勘察了企业生产、施工情况，面对面听取企业负责人意见建议，现场协商解决企业面临具体困难和问题的方案。全省各级侨联组织和侨联干部，要扎实开展"新春访万企、助力解难题"活动，深入侨商企业实地调研，了解诉求，对各类问题坚持"清单化+闭环式"管理；要宣传解读政策，通过上门走访、召开座谈会、发放政策清单等形式，向企业重点宣传解读惠企政策举措；要发挥组织优势开展系统帮扶，动员全省各级侨联及所属社团开展常态化特色帮扶活动；要持续提高服务水平，广泛听取侨商企业、侨界群众对涉侨政策、服务的意见建议，尽侨联所能及时反映问题、协调解决，切实推动我省侨商企业营商环境得到新改善，侨联组织为侨办实事取得新成效，侨联干部干事创业状态实现新提升。

3月2日　机关青年干部要以责为重、以容为大、以德为先

省侨联召开"青年理论学习e家"座谈会，认真学习习近平总书记在2022年春季学期中央党校（国家行政学院）中青年干部培训班开班式上的重要讲话精神。我在与机关青年干部交流时指出，习近平总书记的重

要讲话，饱含对青年干部的殷切希望，为青年干部成长成才指明了努力方向。作为侨联机关的青年干部，要把习近平总书记的讲话要求贯穿于人生成长的全过程，落实在侨联工作的各方面。一是要以"责"为重，锤炼对党忠诚的政治品格，做一个有担当的人。要突出"忠"字，忠于党，忠于党的侨联事业，筑牢理想信念根基，端正人生态度，志存高远，牢记为侨初心，把为侨服务当作最大幸福，在为侨服务中拥有高尚和充实人生。二是要以"容"为大，树立不负人民的家国情怀，做一个有格局的人。要突出"恩"字，感恩党，感恩组织，感恩人民，确立正确的政绩观，发扬奉献精神，哪里有侨胞需要，哪里就能做好事实事，哪里就能创造业绩，努力在大有可为的新时代大有作为，书写人生的青春华彩篇章。三是要以"德"为先，追求高尚纯粹的思想境界，做一个有操守的人。要突出"律"字，以法纪律己，以公德律己，强化党性修养，坚决守住防线。要按照习近平总书记的要求，绷紧旗帜鲜明讲政治这根弦，在大是大非面前、政治原则问题上做到头脑特别清醒、立场特别坚定，时刻把好"政治关、权力关、生活关、交往关、亲情关"，在新时代新征程上留下无悔的奋斗足迹。

3月30日 在中国侨联"亲情中华·为你讲故事"网上营开营仪式上作交流发言

中国侨联在北京举办2022"亲情中华·为你讲故事"网上营开营仪式。近千名基层侨联、海外华文教育机构和营员代表通过网络参加开营仪式，海外营员代表、海外参营单位负责人及班主任代表、部分省市侨联负责人发言，我代表安徽省侨联在开营仪式上作交流发言。2021年安徽省侨联共举办5期36场网上夏（冬）令营活动，先后邀请泰国、比利时、新西兰、博茨瓦纳等8个国家的1600余名海外华裔青少年参加活动，受到各位营员和家长们的一致好评，巴塞罗那孔子文化学校、巴塞罗那中文教育基金会、美国芝加哥芝北中文中心、印尼华裔中华乐趣学苑等多个海外参营单位，还专门向省侨联发来感谢信。2022年，安徽省侨联将按照中国侨联要求，继续承办好网上安徽营活动，注重搞好宣传发动，及时向海内外宣传"亲情中华·为你讲故事"网上营活动；注重与海外参营单位的联系，扩大营员参与面；注重地方特色，组织编写和制作具有浓郁地方特色的故事和视频；注重侨校合作，调动地方侨联和高校侨联参与办营的积极性，进一步办出特色、办出效果。诚挚邀请海外参营单位和广大华裔青少年报名参加"亲情中华·为你讲故事"网上营活动。

4月14日　共同筑牢疫情防控第一防线

先后赴省侨联结对共建社区合肥市包河区望湖街道沁心湖社区、庐阳区大杨镇雁栖社区，看望慰问坚守在疫情防控一线的社区工作人员和志愿者，为他们送去医用口罩等防疫物资和慰问品。面对严峻复杂的疫情防控形势，社区的工作人员和志愿者义无反顾投身抗疫一线，"舍小家、顾大家"，为我们筑牢了健康安全的坚固防线。战疫仍在继续，防控不能松懈，希望社区工作人员和志愿者深入学习贯彻习近平总书记关于疫情防控的重要讲话精神，按照各级党委、政府部署要求，科学抗疫、精准防疫，团结一心、坚定信心，统筹抓好常态化疫情防控，作为结对共建单位，省侨联将全力配合社区做好防疫工作，充分发挥党员志愿者先锋模范作用，用行动践行初心使命，共同筑牢疫情防控第一防线。

5月6日　做好新形势下侨联工作要把握"四新"

当前世情国情侨情都发生深刻变化，做好新形势下侨联工作，我认为，要把握好"四新"。

一是把握后疫情时代海外侨情的新变化。把握海外侨情变化是做好侨联工作的前提。当前，我们要跟踪疫情之后海外侨情的动态，及时关注新情况新问题，加强分析研究。当前，新冠疫情仍在蔓延，国际形势多变，各领域的不确定性、不稳定性增长，特别是美国对我国在政治、经济、科技、外交等方面进行全方位的打压。这些都给海外华人华侨的生存发展带来了更严峻的挑战。我们要准确把握海外侨情的新变化，有的放矢，做好侨联工作。

二是把握服务党和政府中心工作的新要求。我国进入新发展阶段，构建新发展格局。侨联组织为大局服务，就必须认真思考，找准党政所需、侨胞所急、侨联能为的结合点，在"双循环"的新发展格局中找准位置、明确定位、发挥作用。要发挥侨商会等组织作用，开展有针对性服务，为新侨创新创业、涵养侨界人才资源、促进交流合作、服务侨企发展，实现"内循环"助力；同时，发挥海外侨胞悉知国际国内两个市场、两种资源的优势，支持他们在促进中外经济合作中发挥作用，助力"一带一路"建设，更好地联通国内市场和国际市场。

三是把握海内外侨胞的新期待。世情、国情、侨情发生了新变化，为侨服务也要随之跟进。华侨华人在住在国和祖籍国有着双重诉求，需要更加多样。为此，侨联组织要切实增强为侨服务的针对性和实效性。要在为侨服务载体上下功夫，在打造侨联工作品牌上求突破，做好联络联谊、文化交流等各方面工作。

四是把握创新工作方式方法的新课题。如何创新工作方式方法，做好国内归侨侨眷工作，了解、联系、服务、引导海外侨胞，在后疫情时代做好侨联工作，是当前面临的新课题。一方面，要树立网上网下互动的工作思路，充分借助互联网开展工作，将传统工作在网上开展，开展"云服务"，做好"网上侨联"和信息化建设，打造网上活动平台，广泛紧密联系海外侨胞和归侨侨眷。另一方面，要注意工作的敏感性，国际局势多变，工作中要有底线意识、风险意识。

5月26日 省侨联成功举办"侨连五洲·情牵江淮——网上回安徽"暨《区域全面经济伙伴关系协定》（RCEP）国家皖籍侨团联盟战略合作框架协议签订仪式

经过前期精心策划筹备对接，今天下午，由安徽省侨联主办、安徽省侨办支持、RCEP国家皖籍侨团协办的"侨连五洲·情牵江淮——网上回安徽"暨《区域全面经济伙伴关系协定》（RCEP）国家皖籍侨团联盟战略合作框架协议签订仪式活动成功举办。活动得到我驻外使领馆、海外友好侨团、皖资海外企业、海内外新闻媒体以及省直有关部门的大力支持，中国驻日本大使馆、驻印度尼西亚大使馆、越南中国商会、缅甸中华总商会、老挝中华总商会、马来西亚"一带一路"发展总商会、柬埔寨中国江苏总商会等发来贺信贺电。活动在合肥设主会场、在RCEP国家皖籍侨团驻地设14个分会场，通过视频软件线上线下同步开展，200余人在各会场参加，10万余人次观看网络直播。现场播放了安徽省情宣传片，展示安徽优秀传统文化、经济社会发展成就，推介安徽招商引资、招才引智、文化旅游、金融支持等方面政策，邀请省商务厅、合肥海关有关领导分别就安徽省对接RCEP机遇和挑战应对举措、《区域全面经济伙伴关系协定》（RCEP）原产地规则等政策进行解读，举行《区域全面经济伙伴关系协定》（RCEP）国家皖籍侨团联盟战略合作框架协议签订仪式，RCEP国家15位皖籍侨团负责人在各会场同步签订框架协议。活动还为海外侨胞带去乡情乡音，邀请安徽黄梅剧院艺术家现场表演黄梅戏经典曲目，精彩的演出赢得侨胞们阵阵喝彩。

6月1日　建设好高校"侨胞之家"

把高校侨联的"侨胞之家"建设好，对高校的高质量发展具有重要的意义。要坚持党建引领，建设"团结之家"，宣传贯彻党的政策，将"侨胞之家"变成侨界学习的课堂，团结凝聚侨界群众坚定不移听党话、跟党走；要发挥独特优势，建设"奋斗之家"，围绕高校发展，发挥侨界独特优势、专业特长，加大海外联谊交流，充分发挥侨眷侨属的独特作用；要创新活动方式，建设"温暖之家"，发挥家的港湾作用，主动担当作为，开展"侨胞之家"品牌建设，使侨眷侨胞感受到家的温暖，将侨眷侨胞的力量凝聚起来、活跃起来，发挥人才荟萃、智力密集、联系广泛的优势，更好地服务高校和地方经济发展。

7月8日　将高校侨联组织起来、作用发挥出来

我省高校侨联建设不断加强，省属高校侨联实现了全覆盖，如何把高校侨联进一步组织起来、作用发挥出来，这是一个新的课题。今天，安徽省高校侨联联合会成立大会在合肥召开，就此进行新的探索。会议审议通过《安徽省高校侨联联合会工作规则》《安徽省高校侨联联合会第一届轮值会长、副会长、秘书长单位建议名单》。成立安徽省高校侨联联合会是贯彻落实省委教育工委、省侨联《关于加强新时代全省高校侨联工作的意见》的具体举措，是创新"地方侨联+大学侨联+校友会"工作机制的有益探索，是进一步推动高校侨联交流合作、畅通高校人才、项目和技术对接联动的重要平台。希望省高校侨联联合会成立后把工作规则落实好，活动组织好，品牌打造好，作用发挥好。

7月20日　纪念安徽省侨联成立40周年

风雨兼程，安徽省侨联走过40年历程！今天，纪念安徽省侨联成立40周年座谈会在合肥召开。会前，与会人员参观了省侨联《砥砺奋进四

十载，扬帆起航向未来》回顾展。座谈会上，播放了省侨联40周年专题片，宣读了省侨联《关于通报表扬全省先进基层侨联组织和先进基层侨联干部的通知》，6名侨界代表结合自身经历和工作实际作了发言，省侨联负责同志作了工作回顾，省委领导同志作了讲话。新时代新征程，站在历史的节点，作为侨联干部，肩负更大的责任和使命。

7月21日　40年风雨兼程，恰是风华正茂！

省侨联成立40年来走过的奋斗历程以及经验启示，纪念省侨联成立40周年座谈会上作了系统的回顾和总结。40年前，安徽省侨联沐浴着改革开放的春风，迎着春天启航，于1982年正式成立，开启了安徽侨联事业发展的新纪元。40年来，省侨联认真履行"凝聚侨心、汇集侨智、发挥侨力、维护侨益"职能，围绕"服务经济发展、依法维护侨益、拓展海外联谊、履行参政议政、弘扬中华文化、参与社会建设"六大任务，团结带领海外侨胞和广大归侨侨眷，秉承安徽改革开放的创新精神，奏响一曲曲壮丽的凯歌，为安徽开放发展、创新发展作出了侨界应有的贡献。

——40年来，坚持建强组织汇聚合力。安徽省归侨侨眷代表大会先后于1982年、1987年、1996年、2004年、2009年、2014年和2020年成功召开七次全省归侨侨眷代表大会，规模不断壮大，组织不断健全，机制不断完善，特别是省第七次归侨侨眷大会以来，安徽省侨联实施"党建引领侨建，侨建服务党建"试点工作，在地方党委、政府的高度重视支持下，侨联组织正在向县区、乡镇、村（社区）覆盖和延伸，实现了从无到有、从小到大、从弱到强，促成我省从侨务资源小省向侨务工作大省的华丽转变。目前，16个省辖市，61个县（市、区）、53个乡镇（街道）、285个村（社区）、37所高校成立侨联组织。为延伸为侨服务手臂，不断加强所属社团建设，现有安徽省侨商联合会、安徽省张治中文化教育基金会、安徽省刘少雄博爱基金会、安徽省侨联法律顾问委员会、安徽省侨联特聘专家委员会、安徽省侨联青年委员会、安徽省侨联华侨国际文化交流促进委员会等七个省级侨团组织。

——40年来，坚持服务发展贡献侨力。省侨联成立之初，正是改革开放深入推进之时。顺应广大海外侨胞心系祖国、情牵桑梓的心声，积极引导他们回国支援社会主义建设，参与安徽改革开放进程，鼓励海外侨胞发挥资金、技术、管理、人脉等优势，勇立改革开放潮头，勇开创新之先，到安徽大地创新创业。安徽省各级侨联积极发挥自身优势，围绕中心、服务大局，搭建引资引智平台，培育工作品牌，开展形式多样的经济科技活动，在工作中不断探索服务经济建设的新模式，为支持和参与现代化美好安徽建设作出侨界新贡献。据统计，改革开放以来，我省引进的外资中，侨港澳企业约占外资企业总数的60%，投资约占安徽实际利用外资总额的60%以上。近年来，省侨联协同全省侨联系统积极助力"双招双引"，先后举办世界制造业大会"百家侨企"项目对接、"巢湖侨创峰会"等品牌活动，促成136个项目落户安徽，总投资达450多亿元。服务科技兴皖战略，积极搭建合作交流平台，激发侨界创新创业热情，成立由129家高科技侨资企业组成的安徽省新侨创新创业联盟，挂牌首批21家省级创新创业基地，开展多场项目对接洽谈活动，实现了侨商与地方发展的共赢；积极申报中国侨联"侨界贡献奖"，累计34人荣获中国侨联表彰，充分展示我省侨界科技创新实力；整合系统资源，推动省侨商联合会成功换届，400余家会员企业遍及全省各地，涉及科技、金融、服务等诸多领域，汇聚起侨商共谋发展、共创未来的合力。

——40年来，坚持维护侨益凝聚侨心。侨联组织是归侨侨眷利益的代表者和维护者。省侨联将宣传贯彻党和国家关于侨务工作的方针、政策和法律、法规，推动《中华人民共和国归侨侨眷权益保护法》实施，加强对归侨侨眷的法制宣传教育，为归侨侨眷和海外侨胞提供政策咨询和法律服务。通过学习宣传侨法、加强信访工作、深入基层调研、开展扶贫帮困等多种手段依法维护归侨侨眷的合法权益，得到了归侨侨眷、海外侨胞和社会各界的充分肯定。教育引导全省各级侨联组织始终坚持主动维权、依法维权、科学维权，深入开展"我为侨界群众办实事"，通过走访、调研、公开接访等举措，倾听侨界群众诉求，依法依规维护侨界群众合法权益。在中国侨联支持下，在安徽开展了"涉侨纠纷多元化解"试点工作，健全维护侨资侨属企业合法权益机制，及时总结推广成功经验，推动党和国家侨务政策落地见效，为归侨侨眷和海外侨胞解决了一大批急难愁盼的问题。成立省侨联法律顾问委员会，先后聘请40余位法律专家、法律工作者作为委员，为侨界提供公益性法律咨询服务，做到了关口前置，妥善调处了投资纠纷、权益保护等来信来访8000多件次，赢得了海外侨胞和广大归侨侨眷的信赖和好评。

——40年来，坚持拓展联谊涵养资源。坚持"两个并重"，深化"两个拓展"，多渠道多形式地开展海外联络联谊，储备丰富的侨务资源，加深了华人华侨的乡情、亲情、友情，彰显了海内外华人华侨"同根同源亲情重，华夏儿女一家亲"的情怀，先后与150多个国家和地区的800余家侨团侨社建立了友好合作关系。还主动顺应侨情新变化，加大皖籍侨团建设指导力度，从21世纪初皖籍侨团屈指可数，到如今98个皖籍侨团遍布世界各地，部分侨团日渐融入当地主流社会，树立了皖籍侨胞在海外的新形象。皖籍侨团的桥梁作用，为现代化美好安徽建设储备更加丰富的侨务资源。省侨联第七届委员会聘任海外委员134名，连续三年邀请50余名海外侨胞侨领列席省政协会议。着眼国家外交大局和重大战略，成立RCEP国家皖籍侨团联盟，助推安徽与RCEP国家战略交流合作，努力为"一带一路"建设和构建人类命运共同体作出新贡献。香港、澳门与祖国内地血脉相连、人文相通，重视发挥港澳委员、海外委员的骨干作用，宣传"一国两制"成功实践，维护香港、澳门的长期繁荣稳定。国家统一是中华民族走向伟大复兴的历史必然，维护民族团结和领土完整、实现国家的完全统一，是实现中华民族伟大复兴的必然要求，是包括广大海外侨胞在内的海内外中华儿女的历史使命。密切与海外和平统一促进会侨团的联系，为实现祖国和平统一大业夯实民意基础，坚决反对一切分裂势力及其图谋。

——40年来，坚持参政议政贡献侨智。参政议政是广大归侨侨眷和海外侨胞参与国家政治生活的重要途径。安徽的发展离不开侨界的支持，更不能缺失侨界的"声音"。40年来，积极发挥省政协界别牵头单位的作用，引导侨界积极参政议政，主动建言献策。全省各级侨联组织推荐侨界人大代表、政协侨联界委员近300人次，邀请海外侨胞列席政协会议100多人次，全省各级侨联组织牵头开展政协侨联界委员调研考察活动600余次，先后提交提案、议案500余件，涉及侨界重大关切的社会各领域问题，多数提案、议案得到各级党委政府和有关部门的高度重视与妥善调处。

——40年来，坚持文化交流强化引领。博大精深的中华文化是海内外中华儿女共同的魂。中华文明有着5000多年的悠久历史，我们的同胞无论生活在哪里，身上都有鲜明的中华文化烙印，中华文化是中华儿女共同的精神基因，也是牢固联结海内外中华儿女的精神纽带。共同的"根"铸就了我们共同的"魂"，使我们的"梦"更加辉煌光明；共同的"魂"使我们共同的"根"更加牢固，使我们的"梦"更加绚烂多彩。40年来，组织"亲情中华·美好安徽"艺术团，赴美国、俄罗斯、日本、新西兰、澳大利亚、英国、爱尔兰、荷兰、菲律宾、马来西亚、泰国、南非、安哥拉等20多个国家和地区开展慰问演出，中国驻外使领馆人员、海外华人华侨、国际友人等近30万人次在线或现场观看演出；组织"亲情中华"艺术团进侨乡、进高校近20场次，海外侨胞、广大归侨侨眷和社会各界人士100多万人次在线观看演出。先后邀请美国洛杉矶"安徽之友"、德克萨斯州"安徽之友"来皖开展文化交流活动，我省2500余名师生参加交流活动；连续10余年组织全省中小学生参与"世界华人学生作文大赛"，共推荐20多万篇作品参赛，获奖率在全国侨联系统名列前茅。申报中国华侨国际文化交流基地26家，认定33家文化单位为"安徽省华侨国际文化交流基地"。在中国侨联指导下，举办"寻根之旅"夏令营和"亲情中华·为你讲故事"夏（秋、冬）令营30余期，来自加拿大、美国、日本、泰国、西班牙、英国、博茨瓦纳等10余个国家和地区的2万多名华裔青少年参加安徽营活动，增进他们对祖籍国的根亲情感。还积极利用网络和刊物，加强侨界思想政治引领，汇聚起"侨心向党"、同心共筑中国梦的磅礴力量。

——40年来，坚持服务社会彰显大爱。一是助力脱贫攻坚，支持乡村振兴。按照省委部署要求，先后选派两批干部接续驻村帮扶脱贫攻坚和乡村振兴；先后组织100余位侨商企业家赴驻村帮扶点实地考察，引导海内外侨界捐赠近200万元，投入帮扶点基础设施建设和助学、助教、助困爱心项目。联合安徽医科大学等高校侨联和省侨联法顾委，组织医疗专家、法律专家赴帮扶点和综治（平安建设）联系点为1600多名群众免费开展义诊、提供法律咨询。省侨联对口帮扶的宿州市埇桥区大韩村、六安市舒城县长冲村顺利脱贫出列。省侨联获评全省综治工作优秀单位。二是助力和谐社会建设。"爱国爱乡"是海外侨胞的优良传统，他们始终"心系祖国、情牵桑梓"，积极从事各种公益慈善事业，为祖国和家乡建设作出了重要贡献。自省侨联成立以来，积极调动海外侨胞和归侨侨眷参与社会治理和建设、投身于家乡建设和公益事业的积极性。全省各级侨联组织十分关心归侨侨眷的工作和生活，特别注意为归侨侨眷排忧解难，帮助归侨侨眷留守儿童、空巢老人解决实际问题；同时，注重引导、鼓励、支持海外侨胞和归侨侨眷参与各项公益慈善事业和其他社会事业的发展。三是共同擦亮"侨爱心工程"品牌。省侨联大力弘扬海外侨胞扶危济困、乐善好施的优良传统，先后与中国华侨公益基金会、世界胡氏宗亲会联谊总会、马来西亚星洲媒体集团、台湾爱心第二春文教基金会、美国洛杉矶"安徽之友"、香港吴星可慈善基金会等海内外30多家慈善机构及爱心人士建立合作关系，实施了侨爱心小学、爱心图书室、残疾人救助、珍珠生计划、健康光明行、营养工程、健康义诊、网上诊疗服务等 10 余个品牌项目。特别是近十年来，共接收各类爱心捐款 8000 余万元，30 余万人次从中受益，展现了侨界的社会责任感，促进了社会主义和谐社会的建设。

同心抗疫彰显侨界大爱。面对突如其来、始料未及的新冠疫情，始终视疫情为命令、视防控为责任，全面贯彻落实习近平总书记重要指示批示精神和省委省政府、中国侨联工作部署，全力以赴做好疫情防控各项工作。第一时间向海内外侨胞发出倡议和紧急呼吁，组织捐赠防疫物资。广大归侨侨眷和海外侨胞始终与祖（籍）国和家乡人民心连心、同呼吸、共命运，历尽千辛万苦，翻越千山万水，以最快速度将一批又一批紧缺物资，从世界各地源源不断汇聚到国内防疫一线，谱写了海外侨胞与国内同胞血浓于水、骨肉相连的壮丽画卷，奏响了"党有号召、侨有行动"的时代强音。据不完全统计，全省侨联系统接收捐款捐物 8200 余万元。时刻关注新冠疫情全球蔓延的严峻形势，时刻牵挂海外侨胞的安危冷暖，认真贯彻落实中央和省委决策部署，第一时间发出《安徽省侨联致海外侨胞一封信》，引导海外侨胞科学防护；开通全省侨联系统服务侨胞热线，为海外侨胞提供全方位立体化服务；指导地方侨联配合当地政府做好回国回皖侨胞安置安抚工作，开展疫情防控指导和心理疏导，并向海外 28 个国家的 44 家海外侨团赠送防疫物资，解决海外侨胞的燃眉之急。开展"同心战疫·为爱而歌"活动，推送侨界抗击疫情歌曲五期 13 首，用歌声鼓舞了侨界同心抗疫的士气。举办"亲情中华·同心抗疫"网上书画摄影展，收到海内外书画作品 100 余幅，网上展示 30 余幅，用艺术的手法描绘了侨界同心抗疫的大爱情怀。举办"同心抗疫"安徽省侨界事迹巡回报告会，动情讲述侨界抗疫感人故事，彰显侨界大爱之举。

安徽省侨联走过的奋斗历程，是紧跟党的步伐，履职尽责，凝聚侨界力量，创造时代业绩的历程。40 年的工作实践，使我们深刻体会到，只有在中国共产党的领导下，广大侨胞的热情、智慧和力量才能得到充分激发，只有始终坚持党对侨联工作的领导，侨联组织才能确保正确的前进方向，在党和国家事业发展的全局中体现独特价值、作出应有贡献。40年的实践给予我们继续前行许多有益的经验和启示：

——必须始终坚持党的领导、坚持侨心向党，坚定侨联组织政治性。以马克思主义、毛泽东思想、邓小平理论、"三个代表"重要思想、科学发展观、习近平新时代中国特色社会主义思想为指导，走中国特色社会主义群团发展道路，建强政治机关，增强政治性，依法依章程开展工作。强化侨界思想政治引领，团结带领海外侨胞和归侨侨眷听党话、跟党走，坚守"侨心向党"，汇聚起侨界同心共圆共享中国梦的磅礴伟力！

——必须始终坚持围绕中心、服务大局，彰显侨联组织先进性。发挥党委政府联系广大归侨侨眷和海外侨胞的桥梁和纽带作用，紧紧围绕中心工作，助力"双招双引"，积极搭建侨界创新创业的平台，发挥侨联组织"联系广泛、智力密集、人才荟萃"的独特优势，为实现"两个一百年"奋斗目标和中华民族伟大复兴的中国梦贡献侨界力量！

——必须始终坚持以侨为本、为侨服务，体现侨联组织群众性。深入践行"以人民为中心"的理念，深怀爱侨之心、恪守为侨之责、深谋富侨之策、多办利侨之事，以热情服务凝聚侨心。着眼侨情新变化，坚持"两个并重"，深化"两个拓展"，编织"中国结"，画好"同心圆"，延伸为侨服务工作手臂，突出服务和维权工作的针对性实效性，积极解侨忧、纾侨困、暖侨心，增进归侨侨眷和海外侨胞认同感、归属感、幸福感！

——必须始终坚持与时俱进、开拓创新，赋予侨联组织时代性。改革创新是党的要求，是侨联组织履职尽责、紧跟时代的需要。只有秉承安徽"改革开放"精神，立足侨联工作实际，坚持把改革创新作为侨联发展的动力，对标党中央和省委关于群团改革、机构改革等部署，对标国家治理体系和治理能力现代化要求，对标侨务工作大局，才能让侨联事业更加充满活力，生机勃勃。

——必须始终坚持强基固本、提升能力，保持侨联组织斗争性。侨联干部队伍是侨联事业高质量发展的根本。只有对标对表当好"贴心人"、成为"实干家"的要求，着力培养敏锐的政治鉴别能力、创造性开展工作和抢抓机遇能力，才能更好适应世情国情侨变化带来的新挑战、新要求。只有深入学习贯彻习近平总书记关于侨务工作重要论述，全面掌握侨史、侨情、侨务工作知识，在实践中增长才干、提升素质，加快打造一支"知侨、懂侨、爱侨、护侨"的过硬队伍，才能把侨联组织建设成为归侨侨眷和海外侨胞可信赖的团结之家、温暖之家、奋斗之家!

7月26日　把公益活动做细做实

为推动侨界公益活动开展，今天赴合肥名人眼科医院调研"侨爱心·光明行"公益活动情况，听取了医院项目启动以来的工作开展情况、诊治过程中遇到的问题及相关工作建议。"侨爱心·光明行"是中国侨联主导的公益品牌项目。我省的活动自6月22日启动以来，在合肥市侨联及肥东、长丰、瑶海等县区侨联支持下，已组织眼健康科普活动8场、现场眼疾检查近300人，成功进行白内障手术52场、翼状胬肉手术16场，共计68人在活动中直接受益，活动进展顺利，社会反响良好，群众满意度高。希望合肥名人眼科医院能够用优质的服务与过硬技术把"侨爱心·光明行"做细做实，让更多的群众受益；要根据群众需求，适当加快进度和扩大规模，尽可能地满足群众的"光明"需求；要加大宣传力度，提升公益活动影响力和公信力。省侨联各业务处室将增强对相关活动的指导力度，加强与基层侨联沟通协调，为公益活动的安全顺利开展提供良好的环境。

7月29日　打造省侨联法顾委工作品牌

侨联是党和政府联系归侨、侨眷和海外侨胞的桥梁和纽带，依法维护侨益是侨联组织的重要工作职能。法顾委是省侨联重要的法治资源、法治力量、法治平台，要按照法顾委章程要求，发挥法顾委独特作用，完善法顾委工作机制，梳理侨界群众的诉求，创新工作方式方法，切实帮助侨界群众解决实际困难，维护合法权益，为法治安徽、法治侨界、平安安徽建设贡献力量。要强化政治站位，把学习贯彻党的二十大精神作为主线，及早谋划，系统组织，注重实效，用法治思维引导侨界群众听党话、感党恩、跟党走；要围绕侨界群众学法、知法、守法、用法主需求，把服务和参与全省侨联系统"八五"普法的任务落实好，进一步提高侨界群众的法治能力和依法维护权益的水平；要发挥岗位优势和法治知识优势，围绕敏感信访和重点信访，把侨界群众合法权益和信访权益维护好；要发挥法顾委智库作用，把法顾委的智慧和力量运用到参政议政和服务侨界群众中来，多提供侨界的提案议案素材，为国家治理体系和治理能力现代化建设提供有力支持；要坚持顶层设计与需求导向相结合，进一步加强法顾委机制制度建设，把各项制度谋划好、制定好、完善好、落实好，把法顾委打造成充满活力、特点鲜明、品牌响亮、侨界群众信赖的社团组织。

8月3日　多举措为侨资企业办实事解难题

为侨资企业排忧解难，推动侨资企业健康发展，是侨联服务大局的重要工作。近日，先后赴尚京集团、中用科技、安徽建煌置业等侨资企业调研，通过现场走访、座谈交流等，了解企业现况和发展前景，以及遇到的困难和问题，鼓励侨资企业坚定信心、勇于创新，实现高质量发展，要求全省各级侨联组织认真落实"一改两为"大会要求，为侨资企业多办实事解难题。在尚京集团，听取公司负责人韩军关于公司主营业务、运营模式和经济效益等方面情况介绍。在得知上半年公司因疫情反复遭遇较大困境后，勉励企业在筑牢疫情防控坚实防线的基础上，坚定信心、迎难而上、抢抓机遇、做大做强；要求省侨联有关部门要想企业之所想、急企业之所急，细化工作举措，主动靠前服务，与企业携手共克时艰，共渡难关。在中用科技公司，在负责人江大白陪同下参观了公司形象展示中心并召开座谈会，详细了解企业人机交互系统的技术优势、应用场景及市场价值。称赞中用科技的自主创新能力和在工业互联网领域的建设成果，表示中用科技布局新兴产业，技术优势明显，发展潜力巨大，省侨联将充分发挥桥梁纽带作用，积极为侨企发展做好对接服务，期待中用科技为助力企业智慧化转型贡献力量。在建煌置业，听取负责人卫文及其团队对公司发展历程、未来规划和问题诉求后表示，作为港资企业，建煌置业扎根合肥历经 17 年高速发展，为地方经济发展作出贡献，同时不忘履行社会责任，积极开展公益活动，值得肯定和赞赏。希望下一步发挥侨资企业引领作用，瞄准合肥产业布局，主动向新能源汽车领域转型升级，省侨联会一如既往搭建平台，积极为侨界人才创新创业和侨资企业高质量发展提供服务、创造条件。

8月16日　进一步发挥文促会和基地联盟作用

为进一步加强省侨联文促会和基地联盟工作，发挥其应有的作用，今天下午，安徽省华侨国际文化交流促进委员会会长会议暨基地联盟工作座谈会在合肥召开。在肥部分文促会副会长、中国华侨国际文化交流基地负责人及省侨联有关部室负责同志参加会议。与会人员围绕文促会和基地联盟作用发挥进行座谈交流。我在发言时指出，省侨联始终坚定扛牢弘扬中华文化职能使命，积极打造"亲情中华"慰问演出、海外华裔青少年寻根之旅夏令营、华文媒体安徽行等工作品牌，通过文化引领、文化寻根、文化惠侨，团结凝聚侨心侨力，推动中华文化特别是徽文化走向世界。文促会和基地作为侨联文化宣传工作的重要手臂和宣传阵地，在侨联文化交流、涉侨外宣、华文教育中发挥了积极作用。面对世情国情侨情新变化，要进一步做好侨联文化宣传工作，推动文促会和基地更好发挥作用。希望文促会和基地，结合各自所长，积极参与或主动策划开展侨界文化交流活动，讲好"侨故事"，弘扬中华优秀传统文化，传播好中国声音，推动我省侨界文化宣传工作再上新台阶。

8月30日 推动全省"党建引领侨建，侨建服务党建"试点工作走深走实

通过侨联工作实践和调查研究，我一直有个观点，就是非传统侨乡推进侨联基层组织建设，必须用非常规手段，才能取得突破性进展，而以党建引领正是找到了一条正确道路和好的工作抓手。为进一步总结、研究和部署"党建引领侨建，侨建服务党建"试点工作，今天下午，全省"党建引领侨建，侨建服务党建"试点工作座谈会在合肥召开。座谈会上，各试点市分别汇报了试点工作成果、存在的问题及下步打算，与会人员围绕试点工作进行了座谈交流。在各试点市委、市政府的重视支持和各市侨联组织共同努力下，试点工作取得阶段性重要成果。据统计，新增基层侨联组织1527个，其中，市级侨联党组1个，市级机关1个，县（市、区）侨联17个，乡镇（街道）侨联2个、工作站205个，园区侨联工作站2个，中学侨联工作站1个，工作分站1298个。新增侨联信息员525人，专兼职工作人员3523人。试点工作意义深远、影响深远、成效深远，必须进一步统一思想，坚定信心，充分认识试点工作是落实习近平总书记关于侨务工作重要论述、推动群团改革的重大举措，是破解短板弱项，推动基层侨联组织建设的重大探索，事关侨联工作大局、发展长远。要在认识上再提升，成果上再巩固，问题上再梳理，力度上再加大，合力上再强化，按照试点方案要求序时推进各项试点工作，力争年底之前基本完成试点任务。

9月10日 切实把坚持以人民为中心的发展思想贯穿到侨联工作和为侨服务的全过程

坚持以人民为中心，既是理论命题，又是基本方略；既是政治立场，又是根本要求。它以实现好、维护好、发展好最广大人民根本利益为标准，强调把人民摆在心中最高位置，让改革发展成果更多更公平惠及全

体人民，朝着实现全体人民共同富裕不断迈进，深刻彰显中国共产党人的初心和使命。作为侨联组织和侨联干部，我们要进一步深入学习领会、深刻理解把握习近平总书记坚持以人民为中心的发展思想，紧密联系侨联工作实际，切实把坚持以人民为中心的发展思想贯穿到侨联工作和为侨服务的全过程。

第一，坚持以人民为中心就要团结凝聚更多的侨界群众听党话、跟党走。加强政治引领是侨联组织的重大政治任务。我们要旗帜鲜明讲政治，凝聚广大海外侨胞和归侨侨眷共同奋斗的思想共识。要坚持以习近平新时代中国特色社会主义思想为指导，深入学习贯彻习近平总书记关于侨务工作的重要论述，提高政治站位，强化政治担当，切实增强"四个意识"、坚定"四个自信"、做到"两个维护"，自觉在思想上政治上行动上同以习近平同志为核心的党中央保持高度一致，团结带领广大侨界群众听党话、跟党走，坚持面向基层、面向群众，广泛宣传习近平新时代中国特色社会主义思想，不断增强广大侨界群众对中国共产党和中国特色社会主义的政治认同、思想认同、理论认同、情感认同，不断增强对中华民族的认同感、自豪感、自信心，引导激励广大侨界群众为同圆共享中国梦接续奋斗。

第二，坚持以人民为中心就要引导侨界群众为助力现代化"五大发展"美好安徽建设作出更大的贡献。围绕中心、服务大局是各级侨联的工作主线。要充分发挥侨联优势，认真履行侨联职能，紧紧围绕新发展理念和创新驱动发展战略，为安徽创新发展增添新动能。当前要深入学习贯彻习近平总书记关于统筹疫情防控和经济社会发展的系列重要指示精神，按照中央和省委的部署要求，进一步调动整合侨务资源，为高质量完成"六保""六稳"目标任务作贡献。做实"创业中华""巢湖侨创峰会"品牌活动，找准定位、展现作为，提升安徽侨联在服务全省经济社会发展大局中的影响力和实效性，善于运用安徽侨界智力资源富集的优势，综合运用互联网、新媒体等开展工作，进一步丰富活动内容、创新创业方式、扩大品牌影响。要坚持"两个并重"、深化"两个拓展"，把"地方侨联+大学侨联+校友会"和"基层侨联（涉侨社团组织）+海外华侨华人社团"模式和机制做深做实，让更多侨胞了解安徽、支持安徽、投资安徽，成为宣传安徽、推介安徽的重要力量。

第三，坚持以人民为中心就要进一步增强侨界群众幸福感、获得感。"以人为本、为侨服务"是侨联工作的根本宗旨。我们要把为侨服务作为侨联工作的出发点和落脚点，更多地深入基层、深入一线，回应侨界关切，关心侨胞冷暖，优化服务手段，不断增强侨联组织的凝聚力吸引力。特别是要重视加强基层侨联组织建设，着力破解基层侨联组织覆盖面不够、建设不平衡、组织形式创新不足等问题，以党建带侨建为引领，积极探索基层侨联组织建设的思路方法和工作模式，加快"侨胞之家"和基层侨联阵地建设，推进网上"侨胞之家"和为侨服务工作，不断扩大侨联基层组织覆盖面，更好地联系服务侨界群众，真正做到"组织起来、活跃起来、行动起来、贡献起来"。聚焦强"三性"，牢固树立群众观点，自觉与侨界群众想在一起、干在一起，推广涉侨矛盾纠纷多元化解试点经验，积极引导侨界参政议政，通过《侨情专报》等渠道，反映呼声、建言献策。要服务我省打赢脱贫攻坚战，切实帮扶困难侨界群众，实施助侨惠侨行动，进一步发展侨联公益事业，使侨联组织真正成为广大侨界群众的温暖之家、团结之家、奋斗之家。

第四，坚持以人民为中心就要进一步提高为侨服务的能力和水平。深化侨联改革是新时代侨联事业创新发展的重要保障。要通过深化改革，着力建设高素质专业化侨联干部队伍。进一步贯彻落实中央和省委关于群团改革和侨联改革的决策部署，坚持改革创新，着力加强自身建设，真正转职能、转方式、转作风，推动侨联改革各项任务落地见效。要树立大侨务理念，加强制度建设，织好"两张网"，着力构建与相关群团组织、职能部门之间的工作网络，通过联谊交流、项目合作、工作联动、建立机制等，借力发力、借梯登高、借船出海、借喉唱歌，汇聚工作合力，达到事半功倍效果。要精心谋划，落实好省第七次侨代会的工作部署。要进一步加强机关干部队伍和全省侨联系统干部队伍建设，激发侨联干部敢担当、善作为的内生动力，打造政治上强、作风优良、专业水平高的侨联干部队伍，增强为侨服务的能力和水平，努力按习近平总书记的要求当好"贴心人"和"实干家"。

11月21日　期盼已久的"安徽侨史馆"建设正式启动

建设"安徽侨史馆"是海内外皖籍侨胞多年的期盼，是安徽侨界几代人为之奋斗的夙愿和梦想。今天，安徽省侨联与合肥市瑶海区人民政府签订"安徽侨史馆"战略合作协议，标志着由省地共建的"安徽侨史馆"正式落户瑶海区并启动建设。根据协议内容，由瑶海区人民政府提供场地用于安徽侨史馆公益项目、侨联所属社团和侨胞活动场所，地点位于瑶海区坝上街环球中心。"安徽侨史馆"总建筑面积近1600平方米，建成后，将以安徽侨的发展历史为主线，充分展现皖籍侨团、侨胞和全省归侨侨眷的奋斗历程及对安徽社会发展作出的重要贡献，搭建展陈侨史、开展全省侨界学习侨史和爱国主义教育的重要阵地。安徽侨界的大事喜事，值得庆贺！

12月1日　做到"四个坚持"，建好侨商组织

省侨商联合会去年成功换届，这是站在新的历史起点上，推动我省侨商会和侨商事业发展，凝聚侨商力量、为新时代美好安徽建设贡献侨商侨企更大力量的一件大事。应该说，发挥侨商组织的作用，做好侨商会的工作非常重要。从一定程度上来说，做好侨商、侨企的工作事关改革发展的大局。改革开放以来，我国吸引的外资中，侨资占60%，在华投资的企业中，侨企占70%；海外侨胞、港澳同胞向国内公益事业捐赠超过1000亿元人民币。这充分体现了侨资、侨企、侨捐在我国经济社会发展中的重要作用。特别是在我国迈向第二个百年奋斗目标，实现中国式现代化和高质量

发展、推进"一带一路"建设、推动构建人类命运共同体的进程中，侨商、侨企融通中外、联系广泛，可以发挥不可替代的独特作用。

侨商会作为行业协会、商会组织，是商品经济的产物，是发展市场经济的重要组织形式。伴随着我国改革开放、发展社会主义市场经济的历史进程，我国的企业数量不断增加，行业协会、商会组织快速发展。从安徽来看，到去年底，我省实有各类市场主体660.9万个，增长12.4%，其中企业1928万户，增长14.5%。其中，侨资企业有一万余家。在侨商、侨企蓬勃发展的大潮中，为了更好地团结联系和服务侨商、侨企，侨商组织应运而生。特别是随着商会实力不断增强，影响不断扩大，侨商组织已经成为广大侨商、侨资企业家交流协作的重要平台，成为党和政府联系侨商、侨企的重要桥梁，成为开展侨务和侨联工作的重要依托。面对新时代、新使命、新要求，作为省侨联主管的侨商社会组织，作为省侨联联系服务广大侨商的重要工作抓手，换届以后的新一届省侨商联合会，要以习近平总书记关于侨务工作的重要论述为指导，认真落实党中央、省委省政府和中国侨联的部署要求，做到"四个坚持"。

第一，坚持坚定正确的政治引领。坚持党对侨商会工作的领导，这是由侨商会的属性决定的。具体来说，就是"四个必须要"：必须要引导广大会员增强"四个意识"，坚定"四个自信"，做到"两个维护"，始终在思想上政治上行动上同以习近平同志为核心的党中央保持高度一致；必须要坚持以习近平新时代中国特色社会主义思想为统领，指导、谋划、推进和检验侨商会的一切工作，切实把习近平总书记关于侨务工作的重要论述落实到侨商组织各项工作之中；必须要自觉接受省侨联党组的领导，按照侨联事业目标要求，依法依章程开展工作；必须要在省侨联的指导下做好党建工作，发挥党组织的战斗堡垒作用和党员的先锋模范作用，以党的建设高水平保障侨商会发展的高质量。

第二，坚持坚守鲜明的工作定位。"侨商"体现了侨商会特殊的成员定位。侨商、侨企最大的特点，就是有侨的身份、侨的元素，有国际化的视野，有联通中外、遍布世界的商业网络和人脉资源，这是侨商会不同于其他商会的突出特点。离开了这一条，侨商会就失去了特色，也失去了存在和发展的最大价值。"联合会"体现了侨商会的组织定位，即侨商会是一个社会组织。因此，侨商会的所有工作都要按照国家《社会组织登记管理条例》的要求和规定去组织去发展，主动自觉服从民政部门的管理和指导；特别是要依法依规，用章程去管人管事，完善内部治理结构，提高吸引力、凝聚力和公信力。

第三，坚持履行光荣的职责使命。侨商会最重要的使命体现在三个方面：一是服务发展大局。从宏观上讲，就是要服务"两个一百年"奋斗目标、实现中华民族伟大复兴的中国梦、推动构建人类命运共同体。具体来讲，一要服务经济发展，动员侨商、侨企为高质量发展贡献侨界的智慧和力量；二要服务社会建设，动员侨商、侨企积极开展公益慈善事业；三要服务"一带一路"建设，动员侨商、侨企为"走出去"穿针引线、当好表率。二是服务会员发展。要坚持以会员为中心，让会员当主角，竭诚为侨胞为会员服务，重点有三个方面的工作：一要促进学习交流，围绕侨商、侨企的特点和发展需求，组织会员开展系统性、前沿性的学习，开展商会内部的宏观经济信息、行业发展信息、企业经营管理新经验新方法的交流，开展侨商会与有关政府部门、行业组织、国际组织的交流，以及与中国侨商会、长三角以及国内其他侨商组织等的交流。二要促进会员企业成长发展，通过侨商会组织化的力量、优秀企业家的示范，引导和帮助会员提高素质、壮大事业。三要维护侨企侨商合法权益，特别是注意收集和反映会员群体的普遍性利益诉求，注重有序的政治参与，用好政协侨联界别渠道，发挥侨界人大代表作用，为改善侨商群体的成长环境、发展条件、准入机会、重要涉侨政策的制定等多做工作。三是支持和参与侨联工作。此项举措主要包括两方面，一要手臂延伸，通过侨商会开展活动，更多更好地联系服务侨胞；二要依托资源，为侨联完成重要任务提供必要的资源保障，使侨商会与侨联中心工作贴得更紧、参与更多、支持更有效。总的来说，侨商会要在省侨联的领导和指导下，多做组织侨商、宣传侨商、引导侨商的工作，多做统一思想、凝聚人心、保障权益、增进感情、激发动力的工作。

第四，坚持完善科学的治理体系。建立现代社团组织管理制度是侨商组织科学发展的必然要求，也是为侨商侨企服务的重要基础性工作。要以此次换届为契机，进一步对标国内外特别是长三角地区的一流商会，完善内部治理，精心打造品牌，努力把安徽省侨商联合会建设成为省内规模最大、实力最强，在长三角乃至国内外有一定影响力的商会组织。要建立和完善制度体系，进一步提高侨商组织内部管理制度化、规范化、科学化的水平。严格按照章程的要求和有关规定，定期召开会长办公会、理事会、监事会，民主决策、科学决策，制定好重大发展计划安排和相关制度，及时公布财务收支状况，使广大会员充分享有知情权和监督权，切实提升侨商组织管理能力和水平。要建立和完善工作体系，梳理侨商会过去的好做法，借鉴国内外商会组织的有益经验，设计推出工作品牌，打造一批项目，做到工作品牌化、品牌项目化、项目具体化，可操作、可呈现、可检验。要建立和完善组织体系，制定和完善侨商会中长期发展规划，加强顶层设计，体现特点、突出优势、立足长远，将侨商会的发展与安徽的发展紧密结合，与安徽的对外开放发展紧密结合，与侨商自身事业发展紧密结合。要合理设置秘书处机构和职责，加强对秘书处工作人员履职能力和服务水平的培训和提升，通过合理运用正确的激励和引导，加强工作目标考核，使侨商会秘书处工作人员进一步锻造专业精神、专业水平和过硬作风，为侨商会的顺畅运行和工作拓展提供坚实的组织保障。要加强队伍建设，壮大力量。加强侨商会与地方侨联和侨商组织的联系合作和指导，扩大侨商组织的覆盖面和活跃度，形成侨商组织系统性的力量。

2023 年

1月10日　当前基层侨联工作要抓"五板"

结合安徽侨情和侨联工作实际，我思考，当前基层侨联工作要抓住"五板"：一是补齐短板。针对我省侨联系统特别是基层侨联建设中的短板弱项，采取有力有效措施，迎头赶上。近年来，全省各级侨联各项工作都有新的进展，但与形势和任务要求，与先进地区特别是与长三角地区对标对表，我们还有不小差距，还有不少短板。短在适应上：面对新时代新侨情，我们的思想理念、工作机制等有不适应的地方；短在视野上，身处大变革、大发展时代，我们的眼界还不高、眼光还不远；短在能力上，百年未有之大变局加上新科技革命日新月异，我们知识结构、能力水平的差距凸现，侨联干部队伍凝聚力、创新力、服务力还不强；短在基层建设上，由于各种原因，我们的基层侨联建设还相对薄弱，基层组织建设和侨联工作中还存在许多亟待解决的困难和问题。补短板、强弱项，迫在眉睫。二是筑牢底板。从工作规律性和发展不平衡性出发，突出重点、分类施策、分类指导，进一步加强基层基础工作。总体上看，全省侨联系统基层基础工作还比较薄弱，底子还不厚实。要进一步创新工作体制机制，切实加强基层组织建设特别是"侨胞之家"建设，加强侨联工作制度化规范化建设，加快推进"网上侨联"建设，推进侨联工作社会化运作、项目化管理、责任化落实，把钱花在刀刃上，把资源用在关键处，把我们底子打厚实。三是打造样板。认真总结长期以来全省侨联工作的好经验好做法，在过去工作积累的基础上，在中国侨联追梦中华、创业中华、亲情中华的品牌下，进一步发挥优势，扬长避短，勇于创新，久久为功，努力打造为大局服务、为侨服务的有安徽特色的各级侨联工作品牌，让服务更精准、更有效。四是延伸跳板。进一步整合资源，借力发力，形成合力，激发活力。借船出海，借梯登高，借喉唱歌。织好"两张网"，加强与系统内部、涉侨部门、群团组织、社会各方面以及长三角地区乃至全国侨联系统等联系合作，推动上下联动、左右互动、侨界联动。五是说好快板。高度重视侨联的宣传工作。工作既要做好，也要说好，说好侨言侨语。要发挥好侨联系统的自媒体平台作用，加强与新闻媒体包括海外华文媒体的交流合作，大力宣传侨界的典型和侨联工作，营造氛围、展示形象，鼓舞斗志、弘扬正能量。

3月10日　基层侨联工作者要有"四劲"

说一千道一万，侨联的工作需要人去做，需要各级侨联干部奋发有为、奉献拼搏。目前，基层侨联普遍存在人手少、条件差、新手多、兼职多等情况。在这种情况下，如何把侨联工作做好？我体会：要有干劲，有干事的精神，能担当，主动作为；要有闯劲，有干事的态度，有信心，事在人为；要有巧劲，有干事的方法，有智慧，有所为有所不为；要有韧劲，有干事的作风，肯务实，大有作为。这才是一名基层侨联干部的应有的情怀和格局。

5月10日　延伸为侨服务手臂

为加强各级侨联组织的联动、互动和融动，推动优质资源下沉，延伸为侨服务手臂，打通为侨服务"最后一公里"，在学习借鉴兄弟省侨联好经验好做法的基础上，省侨联积极推动法顾委市级工作站的建立。5月9日至10日，安徽省侨联法顾委市级工作站授牌暨法律服务调研座谈会在芜湖市举行。淮北等七市侨联分管领导及工作站负责人，省侨联法顾委部分委员，在芜海外侨胞、归侨侨眷、侨资企业负责人、大学侨联和基层侨联工作者代表等参加会议。作为省侨联法顾委主任，我在会上指出，继省侨联法顾委合肥市工作站授牌后，在芜湖市开展集中授牌并开展专题座谈和调研，标志着省侨联法顾委市级工作站为侨服务工作全面启动、全面展开。省侨联法顾委和市级工作站要不断改进工作方法，将维护侨益、为侨服务工作落到实处、取得实效。要坚持高站位服务与全方位服务、主动服务与精确服务、规范化服务与人性化服务相统筹，让法顾委工作站成为侨情侨法的宣传站、维护侨益的服务站、沟通协调的联络站、凝聚侨胞的爱心站。

5月17日　交流学习中有收获有提高有快乐

我很乐意与基层侨联干部交流学习，记忆中已是数次为家乡芜湖的侨联干部作专题报告了。今天，应芜湖市侨联邀请，参加芜湖市侨联干部业务能力提升专题研讨班开班式并讲授开班第一课。我以《深入学习贯彻党的二十大精神，进一步做好新时代侨联工作》为题，从新时代侨联工作的新遵循、新时代侨联工作面临的新形势、做好新时代侨联工作的新要求等三个方面，坚持理论与工作实际相结合，详细解读了习近平总书记关于侨务工作主题、主线、重要原则、工作格局、工作重点等方面的重要论述；从党中央对侨联工作的重视、党和国家事业发展、新时代侨联工作对象变化、新时代侨胞期待、新时代海外工作环境变化等五个维度深刻分析了侨联工作面临的国内国际新形势；结合侨联基层组织建设现状、存在的问题、面临的新形势新任务，从认识、思路、方法上对侨联基层组织建设做了解读和分析。课间，我与参加培训的基层侨联干部就大家感兴趣的问题进行了互动交流。今天讲述的这些内容，应该说也是我多年侨联工作的总结和思考。

5月25日　推动"侨校企"融合发展

近年来，我一直思考如何推动"侨校企"发挥各自优势融合发展。2022年省侨联组织开展的"侨企走进安徽建筑大学"活动，进行了有益探索，也收到较好的效果。今天开展的走进高校活动，是进一步的推动，也是深入的尝试。由省侨联、安徽职业技术学院主办的"安徽省侨商联合会走进安徽职业技术学院"暨"侨校企"合作对接活动在安徽职业技术学院举行。这既是贯彻落实党中央、国务院及中国侨联关于拓岗促就业决策部署的具体行动，也是务实推动"侨企互通促就业"和"侨校企"深度融合发展的有力举措。活动现场举行了招聘和技术成果转化需求洽谈会，吸引了来自合肥工业大学、安徽农业大学、安徽建筑大学、安徽工程大学、安徽职业技术学院等10余所高校，欧普康视、劲旅环境、通源环境、纯源镀膜等40余家侨企以及安徽职业技术学院毕业生和技术团队发明人等300余人参加。据统计，此次对接活动共征集37家侨企的118个岗位需求、9项侨企技术攻关需求、139项高校成果转化需求和2000多个高校毕业生就业需求。通过这样的活动，推进"侨校企"整合发展又迈出坚实的一步。

6月5日　寄语侨青会

省侨联和部分市侨联都成立了青年委员会。侨联青年委员会是党和政府联系、服务海内外侨界青年的桥梁纽带，是"侨青之家"。广大侨界青年在侨青会这个组织里，一起奋斗，也一起收获；一同经历创业创新的艰辛，也一同分享事业成功的喜悦。它像一个大家庭，每一个成员像兄弟姐妹一样，关心彼此、相互帮助；它像一所大学校，通过各项活动，大家分享知识、分享智慧；它像一个大平台，为所有成员创造历练提高的机会，提供展示风采、增长才干的舞台。在这个组织里，大家"聚是一团火，散是满天星"。

当前，世情国情侨情都发生了深刻变化，世界正经历"百年未有之大变局"，侨界青年应当如何应对，如何更好地承担起侨界青年新的历史使命，这是需要每一个侨界青年和留学归国人员认真思考的问题。"日出江花红似火，春来江水绿如蓝。"面对新时代的召唤，面对党和政府的期望，面对广大侨界青年的期待，侨青会要积极探索侨青会发展的有效模式，打造侨青品牌，当好侨界青年联谊交流的桥梁，建好侨界青年合作发展的平台，努力做到服务大局有高度、服务侨青有温度、参与社会建设有热度，更好地展示侨界青年的青春活力，团结凝聚更多的海内外侨界青年，发挥好侨界青年的独特优势和作用，为实现中国梦贡献更多的青春智慧和力量。第一，要坚持党的领导，提高政治站位。加强侨界青年思想引领，胸怀"两个大局"，牢记职责使命，更好地把爱国之情、强国之志、报国之行统一起来，把留学梦、人生梦与中国梦结合起来。第二，要坚持服务大局，发挥独特作用。侨界青年和留学人员，最基本的底色是爱国，最牢固的信念是报国。要汇聚侨界青年力量，讲好安徽故事，服务"双招双引"，为推动安徽的高质量发展作出更大贡献。第三，要坚持以侨为本，助力侨青发展。创新服务供给，以开展具有侨界青年特色、深受侨界青年欢迎的各项活动为抓手，建立更多的合作交流载体，全力为侨界青年创新创业和事业发展服务，多为侨界青年办实事、解难事，更好地助力侨青发展圆梦。第四，要坚持开放办会，建好"侨青之家"。完善社会化工作机制，共享侨联各平台资源，更好地把侨界青年组织起来、活跃起来、贡献起来，努力将侨青会建设成为开放型、服务型、包容型的侨界青年组织，把侨青会建成真正的侨界青年的团结之家、奋斗之家、温暖之家。

7月10日　加强侨联基层组织建设要正确处理好"三个关系"

多年来的工作实践让我体会到，加强基层组织建设是一项打基础、利长远的工作，组织建设也是一门科学，要学习党的组织建设经验，把握群团组织建设规律，按照中国侨联的要求，结合侨联工作实际，处理好三种关系。

一是正确处理"党建带侨建"和"侨建促党建"关系。"党建带侨建"和"侨建促党建"一体两面，是相互联系、相互促进的辩证统一关系。讲政治是对侨联组织第一位的要求，"党建带侨建"是加强基层侨联建设的重要法宝。基层侨联组织不健全、存在薄弱环节在一定程度上意味着党建工作有缺失，因此更要紧紧依靠党的领导，积极争取当地党委支持，把侨建纳入党建的总体部署，在党的基层建设大格局中不断推进侨联基层组织建设。"侨建促党建"要求侨联工作要紧紧围绕当地党委、政府的中心任务，把广大侨界群众凝聚起来，紧密团结在党的周围，积极投身新时代各项建设事业，不断提高"党有号召、侨有行动"的自觉性、主动性、坚定性。

二是正确处理"为侨服务"和"为大局服务"的关系。"为侨服务"和"为大局服务"是辩证统一的，侨联为大局服务是通过为侨服务来体现的，为侨服务的同时也是在为大局服务。只有不断提升为侨服务的能力和水平，才能更好地做到为大局服务。我们举办"送温暖献爱心"活动既是为侨服务，同时也是为大局服务；我们为侨胞投资兴业做好跟踪服务，既是为侨服务，也是为地方经济发展服务。各级侨联要找准为侨服务和为大局服务的结合点、切入点，打造一批符合党委政府和地方发展需要、侨胞欢迎和认可、侨联组织大有作为的品牌和活动，在高质量发展、参政议政、社会治理、"一带一路"建设等方面展现新作为。

三是正确处理组织覆盖与工作覆盖的关系。组织覆盖与工作覆盖双轮驱动、有效结合，这是加强基层侨联建设必须遵循的重要方法。基层侨联组织建设的关键是提高侨联组织覆盖面，同步增强侨联组织的工作内涵，只有处理好侨联的组织对象与工作对象的关系，才能解决好直接联系和服务侨界群众的载体问题。没有工作覆盖的组织覆盖是没有生命力的，也是不可持续的。基层侨联组织既要"建起来"更要"活起来"，组织活力才是推动组织建设的关键。要同步推进组织覆盖和工作覆盖，通过开展丰富多彩的具有浓郁"侨味"的活动与服务，真正做到把侨界群众"组织起来、活跃起来、行动起来、贡献起来"。

8月10日　新时代对侨联干部提出新要求

我体会到，作为新时代侨联干部，要鼓足干事创业的精气神，敢担当、善作为，不断提升为侨服务的能力和水平。

第一，政治上要强。侨联组织是政治组织，侨联机关首先是政治机关，侨联工作本质上是为党团结侨、凝聚侨，侨联干部的第一位要求是政治要求。一是要把牢政治方向。牢固树立"四个意识"，坚定"四个自信"，坚决维护习近平总书记党中央的核心、全党的核心地位，坚决维护以习近平同志为核心的党中央权威和集中统一领导，自觉在政治立场、政治方向、政治原则、政治道路上同以习近平同志为核心的党中央保持高度一致，听党话、跟党走，党有号召、侨有行动，坚定理想信念，始终沿着党指引的方向前进。二是要提高政治能力。自觉用习近平新时代中国特色社会主义思想特别是习近平总书记关于侨务工作的重要论述武装头脑、指导实践、推动工作，增强党性修养，筑牢信仰根基，不断提高政治判断力、政治领悟力、政治执行力。三是要强化政治担当。增强事业心、责任心和主动性，敢于面对困难、解决问题，敢于担当、锐意进取，做党的侨联工作的奋进者、创造者。四是要保持政治清醒。侨的工作历来与国际大环境息息相关，随着国际形势发展和中外关系变化，我国的外部环境不确定性增强，海外联谊工作面临更多挑战，海外侨务工作的敏感性明显增加。面对复杂考验，要善于从政治角度思考和看待问题，增强政治敏锐性和鉴别力，对苗头性、倾向性问题要高度警觉，善于拨云见日、见微知著、未雨绸缪、防患未然。五是要严守政治纪律和政治规矩。把严格遵守政治纪律和政治规矩作为安身立命的"压舱石"，加强政德修养，在遵规守纪上坚守底线、不踩"红线"、不碰"高压线"，自觉做政治上的明白人、老实人。

第二，业务上要专。侨联工作中也有一个专业化的问题，侨联干部要有专业知识、专业精神、专业能力。一是要有政策水平。一方面，要全面掌握党的基本理论、基本路线、基本方略，深入学习党和国家的大政方针特别是与侨联工作有关的侨务工作、统战工作、外事工作的法律法规；另一方面，要善于运用政策，注意把政策的大道理转化为侨界群众身边的小道理，把公文语言转化为侨界群众听得懂的话，把法律法规的条文转化为答疑释惑的尺子。二是有与人交往的能力。侨联干部要有亲和力，切不能把自己当成"官"，要真心实意地把侨胞当朋友。要有民主的作风和包容的胸襟，不回避问题和矛盾。要善于交朋友，建立新型"亲""清"关系，真正为侨联事业交一大批好朋友、真朋友、可靠的朋友。三是有群团工作的方法。习近平总书记要求我们心怀"国之大者"，面对百年未有之大变局，做到心中有数。侨联组织和侨联干部不能局限于一岗一域，要善于从全局、大局思考问题，谋大局、大势、大事，有识变之智、应变之方。如何创新工作方式方法，做好国内归侨侨眷工作，了解、联系、服务、引导海外侨胞，在"后疫情"时代做好侨联工作，是当前面临的新课题。要树立网上网下互动的工作思路，充分借助互联网开展工作，将传统工作在网上开展，开展"云服务"，做好"网上侨联"和信息化建设，打造网上活动平台，广泛紧密联系海外侨胞和归侨侨眷，不能再用传统的老思维、老方法、老一套来做工作。

第三，作风上要优。侨联干部要深入学习党中央和省委关于加强作风建设的各项要求，并在实际工作中切实加以落实。一是树立为侨之心。

侨联工作跨度很大，涉及社会生活各个领域，需要侨联干部具备综合的政治素质、群众工作能力、社会动员能力、组织协调能力、意识形态工作能力等。侨联干部要带着对党的忠诚，带着对侨联事业的热爱，带着对侨的深厚感情，用心去努力、去拼搏、去奉献。二是增进与侨之情。群团工作切忌高高在上，群团改革重点就是要解决群团机关脱离群众的问题。侨联机关的干部一定要多接触普通侨胞，知侨、懂侨、爱侨，更多地开展面对面的交流，努力帮助他们解决实际困难，不断增强宗旨意识和为民情怀。三是倡导调研之风。要重视和善于做好调研工作，深入分析侨联工作面临的新情况、新问题，拿出新思路、新举措。比如，新侨和华裔新生代工作是当前侨联工作的一个重点，也是一个难点。开展新侨和华裔新生代工作的理念、手段、方法亟待创新升级，为新侨服务的针对性和吸引力也亟待增强。我们要力戒形式主义、官僚主义，进一步察实情、出实招，办实事、求实效，加深对新时代侨联工作规律性的认识，更好地推动新时代侨联事业加快发展、创新发展、高质量发展。

8月15日　在为侨服务中彰显侨联作为

侨联是"侨胞之家"，为侨服务是侨联组织的根本宗旨。在工作实践中，省侨联把侨界群众满意不满意作为工作的出发点、落脚点和检验标准，用心用情用力服务侨界群众，不断提高侨界群众的获得感、幸福感、安全感，在为侨服务中彰显了侨联的作为和担当。

一、以文惠侨

弘扬中华文化。注重通过活动把侨界群众组织起来、活跃起来、行动起来，善于用具有"侨"特色的语言，将弘扬中华优秀传统文化贯穿其中，广泛凝聚侨心侨力。连续多年组织"侨联四海 同心筑梦"春联创作大赛品牌活动，开展"春风十里·侨你最美""三八"国际妇女节、"亲情话团圆·温暖侨眷心"元宵节、"皓月耀金秋·侨心连四海"文艺演出暨中秋游园会等活动，丰富侨界群众精神文化生活。举办"宣传侨代会精神·讴歌伟大新时代"送文化慰问演出活动、"侨心永向党·建功新时代"侨界书画摄影展、"不负青春·踏歌而行"歌咏比赛等。邀请海外华文媒体来皖开展"追梦中华·美好安徽"采访活动，讲好新时代中国故事的安徽篇章。

突出华文教育。加强与海外华文教育机构的联系，以中华文化为纽带，着力培育华裔新生代，涵养侨务资源。举办"亲情中华·为你讲故事"网上夏令营活动，通过"省侨联+市侨联+高校侨联"合作办营模式，让广大华裔青少年营员通过"云端"学习中文知识。举办"中国寻根之旅"夏（冬）令营活动，周密制定办营计划，将课堂教学、文化体验和外出参访三者有机地结合，提高海外华裔青少年对中华文化和中华民族的感情认同。通过"省市县三级侨联+地方教育部门"联动机制，组织学生参加世界华人学生作文大赛，参与面、参赛质量和获奖篇数屡创新高，在全国侨联系统名列前茅，连续多年获优秀组织工作奖。

织密阵地体系。着力把华侨国际文化交流基地打造成传播中华文化特别是徽文化的重要窗口、开展海内外文化交流的重要平台、服务海内外侨胞的重要阵地。已建成覆盖全省31家国家级和93家省级华侨国际文化交流基地阵地体系，持续开展"侨'基'联动·以文惠侨"系列主题活动，推动交流基地常态化开展活动。推出"基地云游"宣传片，开展"红色教育""精读党史"等系列活动，加强宣传引导，以文化聚侨心；每逢中国传统节日、节气，在交流基地开展各类主题宣传活动，弘扬中华文化，以文化引侨力；根据海外侨胞来访人员结构和来访目的，打造"文化+经贸""文化+科技""文化+艺术"等多条参访路线，深化联络联谊，以文化促发展。

二、以联助侨

搭建联络平台。坚持海内海外并重，广交新朋友，深交老朋友，建好花名册、画好联络图，"朋友圈"进一步扩大。开通安徽省侨情信息管理系统，建立五侨单位及省、市、县（区）三级侨联和高校等共同参与的侨情调查网，收集整理海外800多家侨团、5000多位海外侨领和100余家皖籍侨团信息资料。联合日本、东南亚国家皖籍侨团成立RCEP国家皖籍侨团联盟，举办"网上回安徽"活动，组织皖籍侨领、侨商和侨界青年积极参加亚太徽商博鳌高峰论坛、华商大会、"一带一路"侨商年会等活动，搭建海内外徽商的联络联谊平台。举办皖籍华裔杰青论坛、皖港澳台侨界杰青论坛、海外侨领研修班，邀请知名专家解读中国式现代化、中华传统文化、长三角高质量一体化发展等课题，增进海外侨胞对祖国、对安徽的了解和认同，使侨胞与侨联的关系从"侨联找侨"向"侨找侨联"转变，海外联络联谊更有广度。

深化交流合作。围绕中心服务大局，着眼促进侨商侨企健康发展，牵头承办世界制造业大会"百家侨企"项目对接活动，促成侨资项目签约。成立新侨创新创业联盟，建立新侨创新创业基地，组建安徽省侨商企业党建联盟，有效整合侨界高层次人才、优秀侨商侨企等资源。联合科大硅谷、中国科大全球校友事务部共同举办巢湖侨创峰会，助力人才强省、科技强省战略。组织中央在皖媒体和省内知名媒体进侨企活动，宣传报道优秀侨资企业，开展"侨商投资行"活动，为新侨创新资源与地方产业发展搭建桥梁。组织公务代表团赴柬埔寨、马来西亚、印度尼西亚等执行经贸访问和海外联络联谊，促成黄山与马来西亚基纳巴鲁山签订"双城双山"合作备忘录，推动安徽与RCEP区域地方政府务实合作。

推动机制建立。主动密切与长三角地区侨联联系，深化区域侨联组织合作机制，共享区域侨界发展机遇。组织省辖市侨联、高校侨联负责同志和省侨联机关干部赴长三角考察学习，就助力长三角一体化发展、"双招双引"、文化传播、侨史馆建设等进行工作交流，达成合作意向。组织参加侨连五洲·沪上进博——"共享中国式现代化机遇"主题论坛、长三角与东南亚华商合作交流会等，积极促成建立长三角侨商组织联席会议。

三、以法护侨

夯实新举措。印发《关于开展全省侨商和侨资侨属企业权益维护需求和服务调查工作的通知》，持续开展"新春进侨企、助力解难题"活动，走访调研侨资企业，精准了解企业权益维护实际情况和需求，协调有关部门依法维护侨企合法权益。组织开展"侨商走进高校"暨"侨校企"合作对接活动，征集侨企岗位需求、侨企技术攻关需求、高校成果转化需求和高校毕业生就业需求，推动"侨企互通促就业"和"侨校企"深度融合发展，取得了良好经济和社会效益。

拓展新途径。坚持主动办理、依法办理、联动办理、科学办理，妥善化解矛盾纠纷，依法维护侨界群众合法权益。加强法侨、检侨、司侨合作，推进涉侨纠纷多元化解。认真学习"浦江经验"，发挥法顾委及其国内、海外委员作用，推动涉侨信访件的调处，侨界来信来访办结率100%，做到件件有落实，件件有回音。

打造新阵地。在基层侨联和社区建设侨法宣传角、涉侨纠纷调解工作室等，进一步拓展侨界群众学法、用法渠道，提高自我保护和安全防范意识。在8个市设立省侨联法顾委基层工作站，推进省级优质法治资源向基层下沉。建设"侨胞之家微法庭"，开展普法宣传、诉前化解纠纷、提供法律咨询、巡回审判案件等工作，不断巩固为侨服务阵地建设。

四、以情暖侨

实施"侨爱心工程"。以"侨爱心工程"为抓手，争取和引导侨界爱心力量投入我省社会建设。组织医学专家赴省内农村地区开展"侨爱心·义诊下乡"活动，为群众送上高水平、高质量的诊疗服务。持续开展"侨爱心·光明行"活动。开展"侨爱心·乡村学生眼视光工程——

走进安徽"系列公益活动，为中学生提供视力筛查和配镜服务。积极引导侨界爱心捐赠。全省侨联系统捐赠已涵盖教育事业、卫生事业、文体事业、扶贫工作等多领域。

建设"侨胞之家"。累计建成省级"侨胞之家"199个，持续深化"侨胞回家过节"品牌建设，在春节、端午、中秋等传统节日及重大活动期间广泛开展各类宣传讲座、文化交流、联络联谊、文娱活动等，吸引广大归侨侨眷和海外侨胞参与，"侨胞回家过节"活动已经成为广大侨界群众参与面较广、参与程度较深、参与方式较多、参与体验较实、参与热情较高的侨界活动品牌。

深化"我为侨界群众办实事"活动。每年开展"3·5"侨界学雷锋志愿服务活动，设置眼科检查、法律咨询、家庭教育、侨法宣传、心理咨询、便民医疗服务等公益摊位，组织侨资企业进行"微心愿"认领，以侨界实际行动弘扬雷锋精神。发出《助力乡村振兴·侨企在行动》倡议书，争取项目资金用于乡村基础设施建设和产业发展。组织消费帮扶，开展"购买绿色产品——安徽侨商助力乡村振兴在行动"活动。关心困难侨界群众，认真做好华侨事务经费发放工作，在全省开展困难归侨侨眷慰问和临时救助工作，及时将党和政府的关心和温暖送到侨界群众心中。

8月29日　承载荣光　砥砺前行

肩负着全省各级侨联组织、侨联干部和归侨侨眷的重托，今天上午，出席第十一次全国归侨侨眷代表大会安徽代表团启程赴京。我很荣幸再次作为一名正式代表，参加侨界这一盛会。时光转瞬即逝，算起来，到侨联工作转眼已十个年头，这十年，世情国情侨情都发生了深刻变化，安徽也由侨务资源小省转变成为侨务工作的大省，而我有幸成为这一历程的见证者、亲历者和参与者，我的心情十分激动又充满无限感慨……

生活随笔

——岁月留香

喜欢春花的芬芳，夏虫的呢喃，

秋谷的金黄，冬雪的洁雅；喜欢清

晨薄雾的迷蒙，午后阳光的慵懒，

夕阳西下的斑斓。

其实，你若爱，到处都有爱；你

若美好，世界就会美好。

时光清浅，岁月留香。这里有真

善美，这里有家国情怀，这里有向

上的力量！

时光之美

春天是心灵放牧的季节

寒雪梅中尽，春风柳上归。望着望着，盼着盼着，春天的脚步一天一天走近了。尽管，早春的当下，仍料峭着冬日的寒意，就似黎明来临前仍有一丝黑暗。但只要坚持，用不了多久，便能春暖大地、生机勃发，人们又能以舒展的心情看到生命最美的模样。

在静候春暖花开时，最先迎来的竟是飞舞的雪花。我想，这雪花，是报春的花；这雪花，是报春的信使。这场雪之后，天气一定会渐渐暖和起来，春雪融化为春水，滋润着万物，一个生机勃勃的春天将向我们走来。不忘初心，不负春光，一年的日子，也就这样开始了……

雨水刚过，好像还没见到春的身影，一场春雪在乍暖还寒中悄然而至。这春天的雪花，不似冬日的纷纷扬扬，倒也飘飘洒洒，想来应是"白雪却嫌春色晚，故穿庭树作飞花"吧。春雪终究是短暂的，当阳光洒向大地，便化为一滴滴春水，滋润着万物，给大自然带来意外的惊喜，给人间送上新春的吉祥。站在雪后的窗前，看着眼前正在消融的春雪，心灵仿佛也被这白雪涤荡……

尽管等待有长有短，但要相信，伴着春风款款而来，美好终会遇见美好，就像花儿遇见暖阳。听见了吗？花开的声音……

倏忽之间，便见柳梢鹅黄，枝头花开。春天的美，俯拾皆是，明媚着时光，诗意着流年……

春雨沐浴着池边的柳枝，柳枝说，春雨是嫩绿的，你看，你看，她淋绿了我的衣裳……

春日湖边，那依依杨柳，拖着长长的嫩绿的枝条临风起舞，就像一位长发姑娘，将满头青丝洒向湖面，在平静的春水上荡起动人的涟漪。喜欢柳树始终娇柔婀娜的美好气质，喜欢柳树总是长条低垂的平和心态……

初春的世界，满目春色，清风入怀，自然之美感，生命之本然。春天是心灵放牧的季节，无休止的忙碌中，最美的时刻，或许就是一个人的心归宁静。此时此刻，午后的阳光暖暖的，放下所有的牵绊，把心交给香草，让春风轻拂面颊，让心底的泉水，荡涤一路的尘埃。

走着走着，柳就绿了；走着走着，花就开了。经历了寒冬，特别是经历了三年多的疫情，这个春天显得格外珍贵，春暖花开更加让人期待。春已走来，与春风相约吧，相约在春水边，相约在春山中，相约在春花下，感受春的美好和浪漫，让生活沾满春的温暖与诗意⋯⋯

快乐的源泉来自人的内心，随心而动，才会收获属于自己的喜悦。倘若春日里心有所动，何不趁着春好，去缠绵春光、看尽花事⋯⋯

悠悠春雨中，空灵幽静，轻走徐行，身心怡然。喜欢此情此景，因为它的清、它的静，因为它的简单、它的纯粹⋯⋯

"随风潜入夜，润物细无声。"窗外的春雨，如烟如丝，妩媚中带着清爽。瞧，它走过的地方，是那么清新。望着这细密的雨脚，思虑春雨也能洗涤心灵的灰尘⋯⋯

风和日暖，一树花开。经过这个特别寒冷的冬天，我们格外珍惜春的温暖，亦更加懂得如何去爱这个世界。春已过半，始终相信，春天会开出最美的花，时间会给出最好的答案⋯⋯

春天的美，在嫩绿的枝叶上，在粉红的花瓣中，在和煦的暖风里。春好，也不常在。我们不要只知道感叹春光的短暂，却不知道珍惜春光的美好⋯⋯

时光，总是在我们匆匆的脚步中划过。趁暖阳正好，与春风同行，把花样的美好，留在屏幕上，留在记忆中，留在心底里⋯⋯

一场时大时小的雨，让窗外的世界清新如洗。烟雨蒙蒙中，湖清水秀树青翠，宛如丹青大师画中景致。暮春的雨，有着别样的情调，柔而不腻，仿佛在深情里告别春的温情，迎来夏的热烈。带着过往的记忆，又是一年别春时，纵然春光魅力无限，也要收拾行囊又出发。如同人生，总要向前。

　　暮春的雨，洗去尘世铅华，留下青葱纯真的美。春的芳菲，渐从眼前飘去，染香的灵魂却清芬着过往与现世。昨日今朝，以欢喜心面对人生的每一段时光，以感恩心欣赏每一季风景……

夏日那特有的爽快和惬意……

蝉鸣如约而至，时光炽热而美好。夏日到了，万物向阳而立，拥抱缤纷，生机无限。轮回四季，岁月清浅，或许，时光可以老去，可有些东西却永远不会老，比如爱，比如希望……

黛蓝，碧绿，微风起；无寒凉，不燥热，宜养心。浅夏，明媚、清和……

花开浅夏，暗香浮动的日子，总是让人沉迷。喜欢这一树花开，让心存一份诗意。纵然岁月清寒、冷暖交织，心中依旧花开。

晴日暖风生麦气，绿荫幽草胜花时。站在浅夏的路口，把心放逐在这暖阳和绿意之中，其他的，随风吧……

夏天是个浪漫的季节，翠绿的大自然在热浪中显得幽深和成熟，淡雅和浓艳都成了它的象征。茉莉如雪，紫薇带蓝，接天莲叶无穷碧，映日荷花别样红，难道你感受不到这个世界有多么缤纷……

转眼又是一年的仲夏时节，这个季节多美呀！阳光最多，星星最亮，风儿最香，芬芳化为果实，青涩步入饱满，这是播种的季节，也是收获的季节。花开半夏，让我们用坚毅和深情，不负人生好时节……

天气有点热，到院子里透透风。忽然发现，院子里的景致，如同诗一般的意境。"绿树阴浓夏日长，楼台倒影入池塘。水晶帘动微风起，满架蔷薇一院香。"沉醉其中，于是有了心静自然凉的感觉……

夏夜，满天的繁星装点着夜空，一阵清风徐来，散落的一地碎光，惊醒了满池的荷儿，晃动了一片浮香……

夏天的芳香是独特的，甜美的，有些悸动人心。也许它的香，是花香也是禾香，是瓜香也是果香，是谷香也是麦香，呼吸它的味道，自然勾起许多儿时的回忆……

夏天的雨，落在湖上，激起涟漪，轻抚小荷，是抚慰，是缠绵，也是牵挂……

喜欢夏天下着小雨时的感觉，落在天空中的，是清爽；落在窗台前的，是悠闲；落在湖面上的，是温柔；落在小荷尖的，是淡然；落在榴红里的，是深情；落在长亭外的，是挂念……雨落成诗，不知哪一首，落到了你的心里……

荷风摇曳，清香溢远。几支粉红色的菡萏花苞，在如锦如簇的荷叶丛中，嫣然浅擎，低调从容。踏夏寻荷，赏一池清趣，觅一处清幽，心已远离尘嚣……

蝉鸣聒噪，盛夏将去，暑气却正盛。置身绿树浓荫，眼前留下的不仅是别有禅意的夏日景致，还有，夏日那特有的爽快和惬意……

没有哪个季节，能有清秋这样惹人动情

　　鼻息的清新，是秋的味道；眼前的五色，是秋的斑驳。又是一年新秋到，微风刚好，拂过湖面，也拂过发梢……

　　秋日的天空，总是那么明净，那么绚烂，放眼望去，让人的眼界和胸襟也变得那么高远，那么豁达。喜欢秋的清宁，秋的轻盈，云淡天高，心在飞翔……

　　晨立窗前，眼中的世界已换秋装……秋天比春天更纯真，比夏天更热烈，比冬天更深沉。秋色如禅，让人释怀，让人坦然，也让人心无旁骛。

　　秋日，一切都是那么明澈。秋日暖阳下，拥时光入画，让心灵有个假。

　　秋水悠悠，秋思长长……行走于秋，不用刻意去寻找，随意一回眸，便可能有美好的相遇，美丽的邂逅。

秋日的美，美在秋叶的斑斓与缤纷，它以饱经风霜的红黄橙绿，明媚了岁月的沧桑，凄美了人的心绪……

秋阳透过树叶中的缝隙，洒下斑驳的光影。时光历练了成熟醇厚，沉淀着岁月的美丽。在诗人的眼中，秋是浪漫的；在画家的眼里，秋是彩色的；在我的心底，秋是最深情的……

这个季节出去走走，镜头里总是有装不完的美色。秋天，如诗，如画，如梦。清高里有着恬淡，旷远里有着精深，静谧里有着清净，厚重里有着博大……没有哪个季节，能有清秋这样惹人动情。

秋窗无雨，弯弯的月亮挂上城头，斑斓的灯盏点亮温暖。虽读不懂夜的暗香，却见琉璃的心房，道一声珍重，随着夜色悄然芬芳……

一夕秋雨，时疏时骤，迷离朦胧……正是梧桐点点芭蕉雨，秋雨丝丝情最浓。

秋雨，婉约凄美清凉。随着秋雨的降临，秋叶被清洗得格外透亮干净。喜欢这样微雨的秋天，总是静静的，淡淡的……

深秋的晨曦中，迷人的薄雾随着清风徜徉，就像天边飘来美妙的神曲空灵悠扬，让人的思绪自然而然地伴着这弥漫的旋律舒缓流淌，内心一片宁静、安详……

秋暮露成霜，一叶知霜降，不知不觉中，寒冷的日子渐行渐近。

四季更迭，岁月既往，风景与诗意常在，纵然霜华染尽，心中美好如初……

一树秋红，岁月深爱。暮秋，仿佛是首怀旧的歌，静美如斯……

深秋的银杏雨，夹着纷飞的初冬雪，落在这曾经留下许多回忆的路上。秋末冬来，心中虽眷恋秋色的美丽，等待的却是一场冬来的雪。在往事中打捞感悟和懂得，珍惜下一季的到来。

阴冷的天空夹着小雨，似乎寒冬有些迫不及待地越来越近。这才觉得，斑斓缤纷的秋天，已经渐行渐退了……其实，我对秋的离去，并没有太多的失落和惆怅。欣赏过秋日的绚烂，经历过秋风的萧瑟，感受过秋雨的缠绵，所以，当看到飘零的落叶，内心早已归于坦然，甚至感动。因为，这归根的秋叶，是另一种方式的绽放，更是对大地的回馈。更何况，冬日里依旧有暖阳，寒意中依旧有温馨，再往前，过了冬日，又会有明媚的春光……如此，就让我们相约冬季，一同珍惜这轮回的时光，一同守护这彼此的情分，一起享受冬天静谧纯粹的美，一起聆听春天来临的歌……

　　淡远的流云和皎洁的月亮，像是一场抵达，又像是一场相送。当城市还在睡梦中没有完全醒来，冬天的脚步却已悄悄临近。由秋而冬，总是由繁华而清冷。愿我们在繁华中留住淡泊，于清冷处守护安暖，在这入冬的日子，一同迎接那一抹冬日阳光……

　　浅冬独特的美，大概就是眼前这正渐渐褪色的斑斓了，几分沉稳，几分绰约，诗意又唯美，简单又纯粹，即使被霜染了，依旧淡然且绚烂，美成光阴最温情的模样。斑斓浅冬，暖阳抚慰，时间带走的只是季节，可时光里的美好，却常留心底……

　　摇曳的寒风，将公园里的小道铺上一层金黄。或许，初冬的浪漫，就藏在这一片一片金黄色的落叶中。就像最美的风景，无需青翠葱茏，无需花枝招展。只有懂得，便是最美……

　　初冬的湖面，辽阔、静谧、怡淡，冬之冷冽，倒让她别有一种风韵，正好似纷繁世相化作一池水，浮名虚利变成一片云。岁月静好，不在岁月里，在你我心里。

静静的冬夜，高高的弯月，有一种美，叫静默如初……

冬日的阳光，没有春日的柔和，没有夏日的炽烈，没有秋日的清舒，它是寒意与温暖的相逢。徜徉在初冬的暖阳下，浮华远去，岁月斑斓，心里自然多了份安宁，多了份淡然……

张开柔软的薄薄的叶片，宛若屠辅，灿烂如花，仿佛自然神奇的造化。置身群山之间，放眼层林尽染的恢宏，大地因你增色而温暖。你是冬季里的恋歌，神韵飘洒，溢满诗意，让人怀念岁月静好，又让人欣喜岁月芬芳。

昨夜下雪了，早晨起来，从窗户望去，楼顶上，草坪中，树枝间……一层薄薄的积雪，静静地落在那里，洁白又安宁……看到好友发的一篇文章：下雪天为什么人有好心情？读着读着，萌生许多同感。为什么下雪的时候人的心情是好的呢？雪是冷的，而房间是暖的，冷暖对比强烈，人一下子就满足起来。雪是静的，人自然也就静下来，雪落人间没有动静，安详得像个害羞的姑娘，当她坐在你身旁的时候，你才感觉到她的存在。雪是净的，穿着洁白的衣服，从空中飞舞，降落大地上，平添了大地之美。雪是动的，让人有到雪地里撒欢的冲动……当我走到户外，踏着湿润的道路时，发现昨夜的雪已渐渐淡去了痕迹，难道你真的来也匆匆，去也匆匆……白雪，今冬你还会眷顾吗？

期待中，下雪了，这是今年的第一场雪。纷纷扬扬的雪花，为大地轻轻披上了一件圣洁的衣裳，城市仿佛也变得更加浪漫。说心里话，我喜爱雪，喜欢雪飘逸随性、曼妙优雅的姿态，喜欢雪洁白、宁静的样子，更因为雪意映心，陶冶了性情，洗涤了心灵。林清玄说："雪，冷而清明，纯净优美，念念不住，在某一个层次上，像极了我们的心。"诚然，于浮躁中回归安宁，拥有一份淡泊，静守一分安然，心，便如雪花般剔透晶莹。

终于等来一场雪落。纷纷扬扬的雪花，飘逸而梦幻，让许多人附庸风雅，隔窗吟唱。或许，也只有雪，才能把沧桑流年、泛黄年华，化作人间诗话。落雪无尘，岁月无恙。愿你我素心如雪，永葆清净……

一场大雪，仿佛把人们带入仙境。下雪天，最浪漫的不是雪，而是看雪的人。其实，看雪的圣洁，用的不是眼睛，而是一种心情，一种情怀，一种自我对话……

冬之夜，以一颗素简之心，聆听雪落的声音，相拥晶莹的静谧。纯洁的美，安放在心，便是岁月的温暖……

静静的，她来了。雪是最纯的美，有了雪的冬天，就多了几分诗意和遐想。愿将今冬的风雪，留存记忆的心田，瑞雪之后将是崭新的春天和更好的我们……

踏新岁清风，看红梅枝头，花蕾绽放中，有姗姗而来的温暖，有万物更生的希望。凛冬将尽，春天已至，崭新的岁月，好多美景都在前路上等着与我们相遇……

每一个节气中无不流淌着
自然和生命的美……

　　立春岁之始，尔后又一年。这是一年中最美的开始，细柳微新，春水初生。春是温暖，风和日丽，鸟语花香；春是生长，播下种子，耕耘期待。立春亦如立人生，春风十里，春意荡漾，扬帆起锚，筑梦远航！

　　雨水归来，万物初生。怎么也没想到，当下的我们，会如此期盼春暖花开。或许，就差一场这及时的好雨，洗除尘埃，驱走阴霾。当艰苦磨难过后，我们一定会迫不及待来一个最深情的拥抱，拥抱春天，拥抱所有的美好……

　　微雨众卉新，一雷惊蛰始。连绵阴雨后，天气渐暖，走在路边，抬头一看，前段时间还掉得光秃秃的树丫上，已冒出嫩绿的青芽。轻雷始鸣，蛰伏的万物梦中醒来，大地回春，草木纵横绿肥红瘦。万物都动了，你还不动吗？

春分雨脚落声微，柳岸斜风待客归。从今天起，春雨已不再潇潇。撸起袖子，不负春光，播下奋斗的种子，在耕耘中收获幸福的硕果！

细雨花落，芳草萋萋。清明，是情感的出口，是绿叶对根的眷念，无论在哪，无论多远，我们都会回到故里，用缅怀和感恩，追溯精神的源头，找寻心灵的原乡……

微雨过，小荷翻，石榴花开欲燃。轻轻地春走了，正如悄悄地夏来了。托夏风送上深深的祝福，愿幸福像夏花一样绽放。立夏之美，在于希望，就像人生的风景，说到底，还是心灵的风景。

今日小满，这是最有智慧内涵的节气，这是初夏最美的时光。满而不盈，大成若缺，小满，人生真谛！祝愿你我，用健康把身体丰满，用快乐将心灵斟满。

辽阔广袤的大地，或风吹麦浪，或秧苗青葱。时值芒种，忙收忙种，田园进入了忙碌，这"一忙一种"，不仅揭示了芒种的节气内涵，也道出了人生的真谛。我想，人生何不如芒种，只有种素养、种能力、种奋斗，才会收品质、收事业、收幸福。愿所有播种都能丰收，所有耕耘都能收获……

门前挂的艾叶还在飘香，一曲蝉鸣蛙鼓的交响，奏响了夏的乐章，夏至如约而至。夏属火，重在养心，如若心中静，燥热又何妨？长夏也最长情，祝福夏日，岁月无恙，健康快乐，日久天长！

又是一年小暑，听一声蝉鸣，赏一池荷花，寻一处清凉。正所谓，眼中有美景，心中有宁静……

一湖烟水浮明月，两岸纤柳挂垂帘。今日大暑，极夏之后，暑热也将渐行渐远了。在这时静时喧的蝉鸣中，如果用心体察，是否可以嗅到秋的气息？

天高云淡收夏色，绿叶随风动秋声。走着走着，忽然觉得，这绿荫中，就有了淡淡的红色，那是异于春光的另一种秾艳，也异于酷暑的另一种炽热。今日立秋，在盛夏的余痕里，细品早秋的新迹，相信不久，这风中一定会捎来禾谷的清香……

今日处暑，暑云散袅，凉风渐起。季节到了这个时候，犹如人生，经过了时光的沉淀，走过青春的华美与热烈，剩下的是岁月静好的平淡，是风雨陪伴的温暖。一片片秋叶，香染了流年；一缕缕眷恋，缠绵着秋天的童话。

露从今夜白，一枕秋更凉。秋，真的浓了，这从远方吹来的飒飒秋风，终将扫去"秋老虎"的燥热。凉风有信，秋月无边，愿所有的美好，都如约而至；愿自己的内心，永如白露般晶莹剔透。

"清风明月两相和，天光云影共徘徊。"秋分，分开了初秋的燥热与末秋的寒凉，留下一年最美时。生活何不如秋分？不争，却守住一方宁静；不守，却争得一丝乐趣，不卑不亢，不骄不躁，活出自己的状态。

寒露丛中，残荷亭亭，一番别致的景色。虽败去的荷叶里已看不到昔日的风采，可那裸露的筋骨中却有着让人肃然起敬的傲，或许这才是生命内在的美！寒露，秋之惑……

露往霜来，秋已向晚。霜降，最浓的秋，最深的念！

窗外下着雨，下着下着，就下进了冬季。记得小的时候，听老人们讲，如果立冬当日是晴天，一个冬天都会寒冷；如果立冬当日是阴雨天，反而一个冬天都不是很冷，是暖冬。时至冬立，雨还下着，是不是今年的冬天，温暖如你……

　　有人说，小雪是个颇有人缘的节气，因为不少人的名字就叫作"小雪"。或许是叫起来好听，或许是雪开六瓣、冰清玉洁，或许是寓意着安宁、诗意的开始，或许是代表了一种心情、一种情调，总之，人们把许多美好的心愿给了你！小雪，无惧寒起，有心便暖。

　　小雪刚过，大雪就来了，来得真快，可天上的雪花，却没能如约而至。不过，也许不会多久，洁白无瑕的雪花，终将静静地飘洒，将这街头的浮华淹没，也让心尘随着雪花一起落下。喧嚣后的素静，一定是心灵的净土，你听，你听，雪，真的在下……

　　冬至如年，淡淡的思乡，浓浓的怀亲。最长的夜，最深的思……

　　新年伊始，这场雪下得有点大，却又让许多人那么期待……此刻，夜色渐深，窗外雪停了，留下了一片银装素裹，城市也比往日添了几分明净和冷艳。今天小寒，时光进入了冷冬。在这天寒地冻的季节，大自然的草木在凋零中，寻觅春天的温暖，默默迎接着复苏。其实，人生的境遇何不如此。旧岁近暮，轻舞一曲送冬雪，万家灯里待春风。祝愿所有的朋友，在这美丽的初雪里，迎接崭新的一年。

　　轻贴岁月的门窗，听到缓缓走来的春天的脚步声。今日大寒，最冷的日子，最暖的祝福！

心灵之约

让灵魂诗意栖居山水之中，心素如简……

山林谷涧，烟波浩渺，古拙质朴，静水流深，让灵魂诗意栖居山水之中，心素如简，适得安恬。人生且如此，淡泊明志，宁静致远。

山水林间，烟雨蒙蒙，一幅淡泊的水墨，一份超逸的闲境，远离喧闹，融归自然，其中的意境，怎能不别有一番感慨。总喜欢给心灵找寻一份安暖与宁静，这或许就是一直以来骨子里茁壮的浪漫。

我们在迎来送往一个又一个朝阳和落日中穿梭、坚守，朝阳满天，落日如血，大自然的美丽和力量，给人无尽的想象和向往……

云卷碧空，风吹岸柳。有了闲情，就到湖边走走路，和草木说说话，在光影斑斓中，寻一段时光的温柔。让淡淡的惆怅，随风远；让轻轻的念怀，逐云去……

每天傍晚，沿着湖边散步，好似一个美妙时刻的开始，因为这里没了喧闹，有的只是清幽和宁静。眼前波光秀色，仿佛一笺经年的水墨丹青，在云烟深处绽放……时光在我们不经意间悄悄流淌，或许，使人成熟的不是岁月，而是我们的经历……

晨起推窗，眼前一抹尘烟、云雾缭绕，世界仿佛披上一层薄薄的轻纱，楼在云中飘，人在画中游，诗般朦胧，如梦如幻，这样的情景不禁让人感慨：人间竟有如此仙境……

七八月间的云彩，变幻多端，气象万千。记得小的时候，就常听长辈们说过"七八月里看巧云"。每当盛夏时节，总是怀着好奇，在云起云涌中，盼望一种不期而遇的惊喜与清欢。其实，天空里的每一朵云，都可以是我们心灵的栖息地。或是"云中谁寄锦书来，雁字回时，月满西楼"的思念，或有"长风破浪会有时，直挂云帆济沧海"的豪迈，或为"去留无意，望天外云卷云舒"的释然……只要我们学会了在云里安顿自己，也就有了属于自己的那一朵云……

诗意和美丽，总是与愉悦宁静的心绪有关。目光触及的美，多是因为心灵的美。清简而淡然的日子，婉约了似水流年的情怀……

漫步湖畔，看花团锦簇，观云卷云舒，在闹市中寻得一份从容。尘世间，人要保持健康的心境，升华精神，正所谓："一种美好的心情，比十服良药更能解除心理上的疲惫和痛楚。"

觅一隅静谧的天空，剪一段清幽的时光，不计浮华之事，只求安安心心。心之所往，便是人生驿站，唯有平淡，才是尘世一抹最暖的烟火……

秋风已至，骄阳依旧。携一份闲情之趣，寻一剂清凉之方，把燥热烦闷丢在一旁，在山水自然里怡然。静听寒蝉鸣秋，独钓一池秋水，原来，最美的风景，不在远方，而在自己的心上……

款步有声，轻回眸，尘烟几许，云淡风轻。剪一段时光来静静地梳妆，斑斓与谁共享，梦也芬芳……

车行途中，望着窗外的落日，在我的眼前一点点西沉，斜阳也随之渐渐隐去，从绚丽化为淡然，由七彩归于苍茫，到最后只剩下一抹余晖，这是倾尽一天爱的余晖，留在人们的记忆里，也成了美丽的回忆……

每天，走完黄昏的散步，在回家的路上，我总是怀着感恩的心情望着夕阳，说一些赞美的话。夕阳听完点点头，便躲了起来，只留下羞红的双颊……

走在深秋的田野，依稀看到冬的影子，心中也有春的模样。一抹暖阳下，总是好风光……

今天的太阳很暖，外出走走。或许是疫情刚刚放开，公园里还是比往日冷清。这个冬天，注定有些不平凡。三年了，坚守的那些酸楚，煎熬的那些时光，在这个冬天，就要成为过去。冬日之景，依旧静美。此时的我们，多么需要一颗淡然的心。就像漫漫长夜，即使黑暗无边，暖阳终会升起，春天也一定不远……

心境变了，世界也就变了……

很多时候只是一个转身，

喜欢春花的芬芳，夏虫的呢喃，秋谷的金黄，冬雪的洁雅；喜欢清晨薄雾的迷蒙，午后阳光的慵懒，夕阳西下的斑斓。其实，你若爱，到处都有爱；你若美好，世界就会美好……

今天的天，蓝得很。放眼望去，碧空如洗，白云悠然，是云随风动，还是风吹云动，其实都不是，是人心在动。或许，最美的景色还是人的心情，心无外物，便可任随云卷云舒……

有些美丽，入目，就是风景；有些纠结，想开，就能舒坦。深深思索，淡淡释怀……

静静去感悟，抖落岁月的尘埃。给心多一些氧气，生活就会鲜活起来……

心若天堂，处处美景，清风拂过，清净淡然。人往往生活在自己的心态中，可谓行于尘，静于心……

我家附近有个待拆迁的工地，偌大的工地中有个小小的池塘。周日找趣，独钓其中，仿佛喧闹中有了一份宁静，有了一份自在。这钓的，是兴致，是心境，还有点"远离垂钓塘、独钓孤池中"的性情……

久坐高楼，下楼散步，微风拂面，神清气爽。想起有句话：站在人声鼎沸处，你望见的便是只有喧嚣；站在乡野宁静处，你享有的便是清平雅乐。的确，人生的状态，完全取决于你喜欢站在哪里。很多时候只是一个转身，变了心境，便变了整个世界……

下了一整夜的雨终于停了，天空格外清新，心情似乎也开朗许多。细雨无痕，滴滴入心。我问心：啥是幸福？心说：身心安然，就是幸福。是的，幸福，本无关名利财富。浮云散尽万里空，经过岁月的沉淀，知道了自己想要的幸福是什么。挽一束明媚，携一份淡然，度一路从容，打开心窗吧，让心情更美丽。

将世间繁华安放在安静之处，循着自己的心迹缓缓前行，任窗外云卷云舒。捧心独对，领悟生活的酸甜，感悟人间的冷暖，人生总有些片段能让心性那么柔软。或许，百味过后的这种懂得，与年龄无关，与心境有关……

记得有人说过，有时要紧紧抓住身边的幸福，哪怕平实朴素，哪怕细小琐碎，同样让人温暖；有时也要轻轻地放下，放下执念，总能抵达心灵的彼岸。我想，不要苛求生活，因为它已经给了我们很多。岁月静好，不在岁月里，在你我的心里……

不同的选择，总会造成不同的心态，而不同的心态，往往造成不同的命运。就像有人说，大雨过后，是低头看地，还是抬头看天？看天，晴空万里，神清气爽；着地，泥泞坑洼，艰难绝望。我想，人生路上，我们应选择抬头看天，用积极进取的心态去生活、去奋斗……

随着年龄的增长，越来越感觉到，好的心情也是一种素养。有时想想，真的是这个道理：从生命角度看人生，人生没有对错……

回到最单纯的初心，在最空的地方安坐，或许你就能做到，以清净心看世界，以欢喜心过生活，以平常心生情味，以柔软心除挂碍……

青春不是年华，而是心境，勇锐盖过怯弱，进取压倒苟安。年岁有加，并非垂老；理想丢弃，方堕暮年。始终记住，青春是个美丽的东西……

或许，青春不是人生的一段时期，而是心灵的一种状态，无关年龄，不是岁数，而是感受。时间虽然可以带走容颜，可我深信，带不走的，一定是一颗向往明天的心。只要你有诗有远方有奋斗，就有青春和幸福，愿你依旧少年心……

岁月，因劳动而充实，因青春而绚烂；五月，有劳动的欢乐，有青春的飞扬。愿我们能够怀揣梦想，在这明媚而奔放的日子，带着好心情，欣赏美好，创造美好，享受美好！

午茶时光，享受初冬雪后的暖阳，想起佛语：一花一世界，一叶一菩提，顿感这是何等的境界！由此感悟，做到善待他人、体谅他人，便能在这世俗的世界中得到内心的宁静。

　　喜欢独坐窗前，品读四季的风景，在冷暖自知中，守住一颗随遇而安的心。其实，人生是一场旅途，路过花开，路过花落，路过星辰，路过大海，一路上，捡拾着点点滴滴的温暖和感动。如今，站在时光的渡口，淡然处之，是岁月的沉淀和懂得。所有的过往，在心里的，深藏；在手中的，珍惜；在路口的，那就随风吧……

每次和她独处时，都会增添一份对她的敬重与喜爱

时光在花开的轮回里慢慢流淌。每次与花的相遇，是如约的感动，是美丽的映照，是满心的欢喜。这般幸福，那么容易而又难得。岁月深处，安然守候，且行且惜……

芳菲四月，田野里一片片油菜花依然在尽情地绽放，热烈而执着，芳香而纯朴。或许，单株的油菜花并没有一些名贵花卉那么华丽与妖冶，可是，当铺天盖地的金色世界映入你的眼底，你会被这漫山遍野壮观的花海而震撼。你不禁感叹，油菜花，是那么柔中可亲、美中可近；油菜花的美，展现的是一种相互映衬的群体的美！

当所有的花儿都去争芳斗艳的时候，她却不争春光，姗姗来迟，在初夏的暖阳下，静静地绽放着美丽。人到无求品自高，赞你，蔷薇！

雨后的向日葵，娇羞地低垂着头，像是心怀光明，静静守望，梦想那阳光下的怒放……梦想就是最好的信仰，指引前行不会彷徨！

每次和她独处时，都会增添一份对她的敬重与喜爱。她不高贵，甚至太过普通，可她有立于喧嚣尘世中不受感染的风骨，有月月吐艳奉献更多爱心的情怀，或许这正是她的魅力所在。喜欢月季盛开的日子，喜欢月季盛开时的淡淡清香。

总是在绿草丛中的角落里静静的，安安分分，那么的安详。有一天被风吹起，然后流浪流浪，有时累了想留下，却又被风带着飞扬……这就是蒲公英，凄美而坚强！

春天来了，院子里那棵山楂树花也开了，一簇簇白色的花蕊掩映在青翠之中，纯洁似雪。或许，山楂树算不上名贵，山楂花也不那么艳丽，但她却让我感到了美的内涵。"从容岁月带微笑，淡泊人生酸果花"，人生，何不如此！

驻足庭院，如丝的春雨，没能淋湿我的衣裳，却让眼前的海棠绽放得如此妖娆艳丽。海棠花，思乡草，它是美好春天、万事吉祥的象征，又代表了游子思乡、离愁别绪。一年又一年，海棠依旧。让惦念的心，捎上我深深的祝福！

有一种美，叫樱花盛开。徜徉这童话般的粉色世界，仿佛可以满足你对春天的所有憧憬……

那天有了闲情，琢磨起客厅里盛开的兰花来。俗话说，花草无心亦无语，但在人的眼中，却别有一番情怀和深意。这盆兰花从冬到春，已经开了很久，可依旧还是那么清新淡然，幽雅高贵。你瞧，春阳下那朵朵盛开的花姿，简约里带着柔美，艳丽中不失庄重，不禁让人赞赏它品性的高洁，也让人赞叹它灿烂着顽强生命的美丽。人啊，有心有感，方能格物。愿我们能把闲情当作修行，闲而不懒、不庸，从闲情雅趣中找寻感悟、陶冶情操，就像这盆兰花，能够安放我们的心神，滋养我们的灵魂。

墙脚边的那株栀子花又如期地盛开了，就像一只只玉蝶，在葱茏的翠碧中婆娑，散发着阵阵馥郁的芳香。栀子花开，温馨着流年，我为她的芬芳所陶醉，更为她的纯朴而折服……

看见池中那朵睡莲静静的样子，想起一句话送你：时光清浅，许你安然……

伴着夏风，总喜欢赏莲，除了喜欢莲有"出淤泥不染、濯清涟不妖"的气节，喜欢莲有"浮香绕曲岸、圆影覆华池"的美好，喜欢莲有"接天无穷碧、映日别样红"的绚烂，更喜欢莲花"中通外直、不蔓不枝"的品格，"亭亭净植、香远益清"的胸襟，"破泥而立、坚韧不拔"的风貌。喜欢莲，因为她带给我们一种向上的力量……

记得郭沫若先生曾称石榴花为"夏季的心脏"。的确，嫣红点点、娇艳动人的石榴花，无疑是五彩夏日里那最耀眼的一抹红。更触动人心的是，从含苞到绽放到结籽成熟，经过长长的等待，石榴花最终给我们呈现那红宝石般晶莹剔透的果实。世事何不如此，只要真心付出，时间会给出答案。愿所有等待，都不负期待……

小区里有片小竹林，这些年看着它长高长大，越来越茂盛。每当路过时，总喜欢驻足，留恋它的婀娜多姿、质朴典雅。特别是到了夏日，你瞧，风吹叶动，翠色欲滴，竹影婆娑，纤细柔美，尽显清新脱俗的气韵。竹之美，不仅形态飘逸，而且风骨照人。这般文静而怡然，正是我喜欢的样子……

秋风吹过，路边的小花变得有些含蓄，开得不再张扬，仿佛经历夏的喧嚣，学会了沉稳和淡然。其实生活，无论曾经多么繁华，终究都会回归简单。喜欢眼前这清秋，虽没有万紫千红的绚烂，却有着成熟厚重的况味……

那片绿树林中，生长着一棵只有一人多高的小枣树，它虽不那么起眼，却挂着串串翠绿的果实，自在地随着秋风摇曳。面对这棵小枣树，心中不由生发出敬意。喜欢它不显张扬的性格，敬佩它的坚韧、自信，还有那褶皱的树干里深藏不露的骨气……

院子里的那棵山楂树，虽低矮，却长得茂盛。萧瑟的深秋，那椭圆形的树叶依然碧绿，像一双双小手向四周伸展；一个个、一簇簇的山楂果，像小灯笼，又像红玛瑙，挂满了枝头，煞是好看。望着这一树红红的山楂，不禁想起那一串串糖葫芦。这糖葫芦啊，还真是只能看，不能想，想了，都是儿时的口水……我喜欢山楂树，喜欢它带来的酸酸甜甜的回忆，喜欢它"从容岁月、淡泊人生"的品格和风范！

这个季节，微信朋友圈里多了许多晒菊图，令我心动。于是，趁秋风正好，赏菊之烂漫，亦能"慰我寂寥"。秋阳下，看一株绽放，闻一袭蔼香，记一种难忘，真的让人愉悦与出尘。

无意间发现，秋阳下，水泥路面的缝隙中，有一株无名小花，正探出细弱的身躯静静地绽放……心中充满感动，有些许感悟……

宋代女诗人朱淑真咏菊："宁可抱香枝上老，不随黄叶舞秋风。"人生何不如此？是怀揣梦想矢志不渝，还是胸无大志随波逐流？我想，每个人心中都要有一个答案……

花有百种姿态，兰却独有一种清幽。清秋高远，陋室兰生，见兰品茗，观世间事，与君子交，莫不怡然。

家中养了多年的兰草花，今夏又盛开，沁人心脾，满屋清香。不禁想起，早年在报上发表的那首小诗《窗台上的兰花》："我的窗台上放着一盆兰花。朝霞临窗，她笑了。一位多情的女郎，一身绿色的衣衫，淡妆素裹，清雅大方。不管春夏秋冬，她永远怀抱绿的世界，怀抱质朴真挚的希望……"

湖边有片芦苇滩，秋日里常散步其间。天高云淡，那一簇簇迎风摇曳的芦穗，像一支支饱蘸诗情的妙笔，飘逸着风情万种的神韵，把所有的爱恋，都交付给了阳光和大地。芦苇虽没有艳丽的外表，也没有伟岸的身躯，但我对它"情有独钟"。因为，我喜欢它奉献的情怀，更敬佩它坚韧的精神……

小小芦苇塘，浅水之中潮湿地，婀娜芦苇一丛丛，迎风摇曳，野趣横生。芦花，虽没有艳丽的颜色，朴素的容颜却透出纯粹的清纯，冬日暖阳里，散发出银闪闪的温柔，不经意地轻轻打动人心。信步其间，让人再繁杂的思绪，也能慢慢安静下来，仿佛远离喧嚣，归于田园式的悠闲……

常往湖边游走，总爱在那片残荷前留步。秋风萧瑟，几枝枯荷，屹立水中，任霜拍面，从容凋零，哪怕枝颓叶败，傲人的风骨依然如歌如画。有一种美，需要穿过时光，繁华凋尽，反复咀嚼，才能深得其味。或许，这就是残荷的美！

去年冬天，家中有一盆蝴蝶兰盛开了很长一段时间，花儿凋谢后，叶片也渐渐枯去，就在准备丢弃时，发现有两瓣叶片似有"生命迹象"，于是移至阳台上，悉心浇水照料，历经春夏秋冬，长长的茎秆上竟挂上了花苞，并悄悄绽开了笑脸。瞧，这花蕾好像还有点羞涩，而花儿却如此妩媚。善待生命，它会还你一个美丽的惊喜。

路边的杂树林里，有片低矮的植物，虽经风寒，枝叶依然青翠，特别是那一团团、一簇簇的小红果，在冬日暖阳下，显得格外鲜艳。她不在春天与百花比美，也不在夏天与草木竞盛，更不在秋天与落叶争彩，只在冬天安安静静地展示美丽的果实，在风霜中毫不掩饰自己的执着。我叫不上她的名字，却从内心生出钦佩……

初冬的包河，一池清凉，满塘残荷。在与残荷的对视中，我被她的凄美和哀寂所感染。从她身上，我看到的是时间的风骨，生命的淡然，还有那沉淀和积蓄生命绽放的力量。或许，读懂了荷，也就悟出了人生。冬日之荷，在寒水中静默着，映照着自己，也照进人的心里……

寒冬里，大雪后，乱草丛中，幽径路边，有朵朵野花迎风摇曳，自由自在，不讲条件，不论地方，不甘寂寞，不畏风寒，绽放出独特的美丽，美得那么自然，美得那么顽强。看着这朵朵不被关注的小花，我被他们的风骨和品格所感动。最美是这冬日里的野花！

偶入友人雅院，悦赏岁寒三友。竹，高雅纯洁，虚心有节；梅，卓尔不群，超凡脱俗；松，青春常在，坚强不屈……

冬日暖阳下，看院子里红梅绽放，想起王安石的《梅花》："墙角数枝梅，凌寒独自开。遥知不是雪，为有暗香来。"佩服王安石老先生用雪喻梅的冰清玉洁，又用暗香点出了梅胜于雪，说明梅有坚强高洁的人格和伟大的情怀……

冬日门前，那株橙黄的月季花，在寒风中自在地绽放美丽，心生温暖，常驻足之。清香的岁月何不宛如心灵之花，沉淀一份安然，静守红尘深处，任由寒冬风雨淅沥。心有暖花，这个冬季，不再寒冷……

日子，是一种寻常转为另一种寻常；岁月，是一种风景变成另一种风景。而我们，在这匆匆的光阴交替中，感受了冷暖，读懂了人生……

匆匆的是光阴，忙碌的是人生。岁月赠予的是一种经历，而所有经历又都是一种懂得。人生总是这样，有些事尘封心底，有些人刻骨铭心。感恩一切的遇见，让那些温暖和感动永远镌刻在我心间，而那些失意和遗憾，就让我摊开掌心任风吹远……

站在酒店窗前，清晨的烟雨中，眼前这座熟悉的城市，静谧而又妖娆……那年，由家乡来这里求学，那一幕幕情景仿佛历历在目、记忆犹新。想当年，风华正茂，挥斥方遒。多年过去了，弹指一挥间。如今的我，多了些淡泊，多了些感恩，多了些珍惜……

曾经在这里工作多年，怀念这儿的一草一木，怀念这儿的同事战友，怀念这儿的成长经历，怀念这段峥嵘岁月……这里留下的所有的人生印记，弥足珍贵与难忘。那办公楼里的灯光、办公室窗外的草绿花黄，还有那每天走过的林荫道场、饭菜飘香的职工食堂，连同我工作生活的过往点滴，一同涌进记忆，随着时间流淌，却不消失……

人生本如此，经历过酸甜苦辣，才懂得淡中之真味……每年的今天，总会生发出深深的感恩和感慨。漫漫人生路，父母家人的爱，是无私的呵护；亲朋好友的长情，是最好的相伴。时光像一本书，让我们学会天下的道理，也带给我们人生的境界。珍惜所有的不期而遇，看淡所有的不辞而别。愿，我还年少，你亦未老；许，岁月静好，初心不忘！

一位智者的话，让我感叹：上天从没有抛弃过每一个努力生长的灵魂，也不曾辜负过每一个擦肩而过的生命。所有不期而遇的温暖，悄然改变着那些看似惨淡混沌的人生。是的，告诉你，这个世界在偷偷爱着你，只是你不知道而已。

有了善念，就有了尊重；有了博爱，就有了牵挂；有了宽容，就有了认可。我想，获得这些以后，自然会收获更加美好的人生。

我们虽达不到"不以物喜、不以己悲"的境界，但随着年龄的增长，倒也看淡了许多……人的成熟不是年龄，而是心态。时光清浅，岁月留香……

禅言道：做人如山，望万物而容万物；做人如水，能进退而知进退。世间之事，一念而已。你若平和，无人可恨；你若不究，无人能扰。感情的冷暖，时间会给最好的证明；人品的好坏，时间会给最好的澄清。

的确，做人做事需要资源，或越多越好。然而，资源，往往不在于你拥有了多少，而在于你整合了多少……

常常想，人可以没头脑，不可以没主见，要做个有主见的人；人要能包容，包容他人，就是善待自己，要做个豁达的人。我始终相信，丰富自己，远比取悦他人更有力量！

"木桶理论"的核心内容是：一只木桶盛水的多少，并不取决于桶壁上最高的那块木块，而恰恰取决于桶壁上最短的那块。因此，我们做任何事情，既要抓住重点，也不能忽视抓薄弱环节，切记把木桶上的那块短板补齐。

有时，选择比努力更重要。事情越忙、头绪越多，越需要选择，选择做对的事、做应该做的事、做急需做的事，然后去正确地做事，把事做正确，否则，就是瞎忙瞎折腾，忙而无功，甚至适得其反。

一个人要行得稳、走得远、飞得高，就得慎交友、结好伴，让自己的朋友圈"如入兰室"，神清气爽。

当下社会需要推崇"工匠精神"，其实，"工匠精神"的背后，正是凸显了匠人对技艺的不懈专注、对事业的虔诚热爱、对人生的极致追求。

雄鸡雄鹰谁更强，世界杯淘汰赛开启。说实话，随着年龄的增长，与过去看球相比，少了些狂热的激情，多了些许平和的心境。我觉得，对每个人来说，人生的世界杯，健康和快乐就是冠军，加油！

这次女排出征世界杯，由于伤病，几位主力没有随队，这对女排冲击奥运会入场券前景会有影响，但我觉得体育却回归了本义……由此想到，有时看比赛，运动员咬牙坚持，让人肃然起敬，但这不能是常态。体育的本质是超越自我，而不是用健康换取一时荣誉。以人为本，已是胜利！

有句话感觉说得太深刻了：为官，千万别一穿上演出服，就彻头彻尾地忘记了自己是谁。是的，官场只是你人生的一部分，有时间去练那些不同的面孔，不如守护好自己的一颗平常心。

午后，一杯茶，一本书，伴着缓缓流淌的音乐，倒也悠然自得。傍晚，抬头看西边的云彩，或深或浅映红了半个天空，仿佛心中修篱种菊，成就另一种绚烂。

"立身以立学为先，立学以读书为本。"好读书，读好书，书读好。世界是一本书，书里有世界，悦读人生！

高尔基说，书是人类进步的阶梯。莎士比亚说，书是全世界的营养品。果戈理说，书是瞭望世界的窗口。培根说，书是时代波涛中远航的思想之舟。由此可见，书籍使我们从幼稚走向成熟，从无知走向博学，从小溪走向大海……以书相伴，人生定会有大不同！

人常道，米养身，书养心。要把读书作为一种生活姿态、一种工作方式、一种精神追求，多读书、常读书、读好书，从传统文化中涵养精神家园，从书中开阔思维视野，用文化知识的丰厚滋养向上向美的生活情趣，提高道德情操。

记得小的时候，读得最多的是童话，印象最深的是那篇《卖火柴的小女孩》，还有《阿里巴巴与四十大盗》《皇帝的新装》等，是这一篇篇童话，带我们走进了书的世界，也慢慢让我们感受了书的神奇魅力……

我记得，我的小学语文老师曾反复教导我们一定要多读书。他常挂在嘴边的一句话是："读书破万卷，下笔如有神。"至今，我不仅记得他说话时的神态，而且深深懂得了他的苦口婆心。

如果问我，年轻时对我影响最大的一本书，恐怕就是奥斯特洛夫斯基的《钢铁是怎样炼成的》。保尔·柯察金的经历和故事，在年轻的我们心中留下深深烙印，甚至影响了我们这一代人甚至几代人的成长，是他让我们懂得了人生如何奋斗、拼搏……

读书乃充实而又愉悦的事情，特别是读到那些励志的故事，让人感动而受启迪。每个人的生活，都需要努力，一种永不放弃的努力，只有努力了，或许才会有不期而遇的温暖和收获。

或许，读书是一种最美丽的享受，"书中自有黄金屋，书中自有颜如玉"。犹太人让孩子们亲吻涂有蜂蜜的书本，就是为了让他们记住：书本是甜的，要让甜蜜充满人生，就要读书。那就让我们做一个乐读者吧，在悦读中得到享受，在享受中得到体会，在体会中得到乐趣，在乐趣中得到知识……

我常常有这样的体会，读到一本好书时，就如喝到一杯好茶，馨香绕怀，久久不忘；有时，又像驾着一叶自如的轻舟，在海上扬帆启航，任思绪乘风破浪……

路遥《平凡的世界》，又被改编成电视剧，正在热播。或许，正是因为小说描写了平凡的世界中平凡的生活，才让它的故事变得真实而吸引人，也正是这平凡中有一股不平凡的力量，才让这平凡的生活变得充实而幸福。

《细节决定成败》给我的最大的启示是：细节无处不在，细节蕴藏学问，做任何事情，都必须注重细节。于细微处见精神，在细节之间显水平。

翻起案头冯友兰的《中国哲学简史》，他说哲学是对人生有系统的反思的思想。在思索的时候，人们常常受到生活环境的限制。在特定的环境，思索者就以特定的方式感受生活。多少年来中国的思想家没有一个人有过到公海冒险的经历，孔子、孟子住的地方离海都不远，可是《论语》中只有一次提到海，孟子提到海的话也很简短，而周游各岛的苏格拉底、柏拉图、亚里士多德该是多么不同！冯先生是在分析中国哲学的地理背景，却给我们带来对文化、对哲学的一些思考……

《孙子兵法》曰："善战者，求之于势。"说的是打仗要注重把握大势，谋篇布局，谁取得了势，谁就掌握了胜利的主动权。因此，我们做事情谋思路，要注意因势、顺势、用势、取势，这样我们就可以牢牢掌握制胜的主动权。

放下手中星云大师这本《人生就是放下》，似乎浮躁的心也在放下……一生顿悟，可以放下身心，解脱自在；一念生迷，只会作茧自缚，不得安宁。快乐源自放下、自在，不为旁人一句话闷恼，不为他人一件事而恼怒。人生唯有少执着、多放下，对名利不执着，对权位不执着，对人我是非能放下，对人情欲念能放下，才能享受随缘随喜的生活。我感悟：心若放下，云淡风轻；负累太多，苦在心头。学会放下，放下怨念，放下执着，收获洒脱和快乐……

有篇读林语堂《苏东坡传》的文章，称赞林语堂的书"有味道"。说到静观苏东坡这位风华绝代的高士波澜壮阔、跌宕起伏的一生，让人生出无限景仰。我感慨的是，当人们为其坎坷唏嘘感叹时，苏东坡说："人生到处知何似？应似飞鸿踏雪泥。泥上偶然留指爪，鸿飞那复计东西？"是啊，人的一生仿佛雪泥鸿爪，在雪地上留下那几个浅浅的脚印又能如何呢？想想这句话，平素那些惆怅烦躁竟被一扫而空。借用苏东坡的一句词，真可谓："人间有味是清欢！"

有人说得好，往书里一住，宠辱皆忘；从书中出来，云淡天高。有书的日子，我们的心就不会再彷徨，就不会再迷茫，我们的生活便充满色彩，便洒满阳光。

其实，日子也是一本书，一本无形的书，一本广博的书，一本耐读的书。这本书，需要我们用心力去品读，用记忆来收藏。

故土之恋

　　如果问我为什么眼里常饱含着泪水，因为我对这土地爱得深沉……

　　这些年，走了世界五大洲三十余个国家，结识了不少侨胞朋友。给我感受最深的，就是海外游子们爱国爱乡的情怀。许多侨胞朋友对我说："我和我的祖国，一刻也不能分割，无论我走到哪里，都流出一首赞歌……"每当听到这熟悉而亲切的旋律，我总是心潮澎湃、情感涌动，如果问我为什么眼里常含着泪水，因为我对这土地爱得深沉……

　　没有宏大的叙事，一个多小时把一个故事叙述得如此精彩；没有过多的煽情，却让我的眼泪止不住地流淌。拿最冷的枪瞄准敌人，将最热的血献给祖国。在我们二十出头还像孩子一样的时候，他们就已经把自己的青春留在了那片土地上……走出影院许久，影片结束时的那首《回家》的歌声还在我的耳边回响："清澈的眼睛，闪着温暖的光。告别了北方，回家的路，依然漫长，带上父亲的心愿和希望。人间岁月山水长，是热血让青春闪光。天涯滚烫，落日金黄。孩子的牵挂，永远是家乡……"他们从未真的远去，因为我们从未忘记！

置身博物馆里，眼前这"秦砖汉瓦"，作为秦汉时期鲜明的文化符号，历经千年而不朽，它以精美的文字和图案，真实反映了当时人们对美好生活的向往，生动再现了中华文化的博大精深。或许，这一块砖石就是一个传奇的故事，这一枚瓦片就是一页壮美的史诗，凝聚在"秦砖汉瓦"中悠久丰富的历史文化，使这一砖一瓦拥有了永恒的艺术生命力……

漫步王府井这条中国最著名的商业街上，既感受到它的传统、古朴，又领略了它的时尚、前卫，老字号与国际名牌，历史沧桑和现代气息，中西文化文明，在这里汇合交融，这何尝不是改革开放后中国之缩影……

走进古色古香、京味十足的老舍茶馆，如同走进老北京民俗博物馆，不仅体验了浓郁的京味文化，也感受了浓浓的老北京人的情怀。集品茗、饮食、表演等于一身，经过20世纪80年代以来的发展，如今的老舍茶馆，被称为离天安门最近的京味文化旅游新地标，成为享誉海内外的文化品牌，难怪每天都吸引着无数的中外游客。置身老舍茶馆，我的脑海中总是不时浮现出《茶馆》中的场景：或明或暗的光影中，听悠扬的古琴，看精湛的表演，品馨香的名茶。置身其中，不仅为中华文化的博大而自豪，也能在喧嚣的都市中寻找到一份安闲和乐趣……

说实话，到过天津后，真的感到它是一座有独特气质的城市，充满古典韵味，又有现代气息，是一幅幅风情年画，又是一张张时尚大片。

由于工作原因，两次去承德避暑山庄。每次去不仅欣赏到皇家园林的景色和庄严，更感受到历史的沉淀和文化的积淀……

走出哈尔滨火车站时，天正下着大雪。冰雪之城的大街小巷，弥漫着冰雪的气息，对我们生在南方的人来说，仿佛一下子步入了冰雪王国，置身于童话的世界。

来到地处小兴安岭腹地的伊春，这是中国最大的森林城市，森林覆盖率达到88.5%。当我置身这个天然氧吧，深感她的惊艳与魅力。难怪伊春人自豪地说："林都迎宾不用酒，捧出绿色就醉人。"

作为浪漫之都，大连星海广场的确是一个让大连人引以为豪的地方。在广场上，你会被那巍然矗立的华表所吸引，你会被那百年脚印和"无字天书"而震撼，而坐在书页上观海，所有的美景便可尽收眼底，温柔的海风便能尽情地吹拂。

五岳至尊当属泰山，不仅在于它的奇峰异石，更因为它的人文历史。泰山就像读一本书，它向我们娓娓道来中华民族几千年的文明发展史。"孔子登东山而小鲁，登泰山而小天下。"登临泰山，让我们将人生的宽度延伸，去拥有如泰山一样的胸怀……

武汉给我的印象是大而美，就像当地人说的，武汉山多、水多、桥多、小吃多，还有学校多……的确，武汉真是个好地方！当你爬上蛇山，高大的黄鹤楼矗立在眼前，你会不禁想起孟浩然"孤帆远影碧空尽，唯见长江天际流"的豪迈诗句，会由衷赞叹武汉的大气之美！

这是一座充满神奇和神话的地方，作为中国市场经济的发源地，一直令人瞩目。历史悠久、文化底蕴深厚、以商著称的温州，靠"吃改革饭"，创造了多个"中国第一"，更创造出以市场为取向的经济发展"温州模式"。温州人商行天下、智行天下、善行天下，68万温州籍海外侨胞分布世界各国，175万温州人遍布全国各地，温商网络可谓覆盖全国、连接世界。温州市领导介绍：温州有文化基因的传承，有文化精神的保障，不仅是经济改革的典范，也是文化发展的先锋。这话让人回味许久……

地处长江"黄金水道"和中国沿海"黄金海岸"交汇处的南通如东县洋口港：长江从这里入海，范仲淹在这里筑堤围堰，科学家在这里发现了天然良港……如今，这里已形成新能源、化工新材料、海工装备和智能装备等特色产业集群，正在打造千亿级能源岛和千亿级产业港……迎着初冬的暖阳，乘车前往南黄海第一人工岛——阳光岛。汽车行驶在黄海大桥上，眼前，大海无垠，浪花朵朵，天空蔚蓝，海鸥盘旋。这种走近大海，与大海亲近的感觉，真好……

喜欢夜上海，特别是华灯初上，泛黄的灯光下，那种醉人的美……

它是一樽老酒，它是一壶浓茶，它是一幅山水画，这是一个有福的地方……

半城烟火，半城仙气。有人说，这是你一生至少要去一次的地方！幸运的我，已来了不止一次……

因为一句"桂林山水甲天下"，不得不来被誉为山水之都的桂林。到了桂林，又怎能不坐着木筏顺漓江而行。漓江的水真绿，就像一块碧绿的翡翠；漓江的水真清，能在水中看见自己的眼睛；漓江的水真凉，却凉得沁人心脾……

昆明四季如春，我到昆明的时候正值初春，万物复苏，生机勃勃，整个城市就像一幅水彩画一样，身处姹紫嫣红、五彩缤纷的世界，多么令人愉悦！

还没见到三亚的海，其实内心就有了一种抑制不住的激动。海风椰林，如梦如幻，仿佛这就是一个被大自然宠坏的地方！如有机会，真想再来一次不受羁绊、没有约束的旅行，尽情享受这阳光，这沙滩，聆听海浪，轻拂海风……

红色圣地，一直是我内心向往的地方。到过韶山，到过上海一大会址，到过南湖，到过井冈山，到过延安……这次来到遵义，又将我的红色之旅得以延伸。遵义，在我们这代人的心中，有着特定的历史烙印和记忆，它是中国革命的转折之城，是载入史册的会议之都。或许，它的名字已远远超出一个地名的含义……

在我的脑海里，红色重庆，是红岩，是小萝卜头，是江姐……在这里，我仿佛听见黎明前黑暗中怒吼的声音，懂得了"五星红旗是用烈士鲜血染红的"真正含义。夜晚的重庆，斑斓的灯火，缠绕着美丽的山城，闪烁的却是永不磨灭的红色记忆……

游走在宽窄巷，恍如游走在时光的隧道。宽宽的窄巷子，窄窄的宽巷子，或许，岁月老者让人们在享受悠闲和美食外，还刻意留下了值得品味的"宽窄人生"……

或许，广州是个给人以不一样感觉的城市，温和的气候，悠闲的人文环境，还有很容易让人喜爱上的美食，这些都会给人一种舒适的慵懒。

这次来香港，时间固然有点短，但她的美丽，她的繁华，她的动感，却令我印象深刻。风雨过后，一定会有彩虹，香港加油！而我，也一定会再来，一定会再来吹吹这柔情的风。

在我看来，澳门是一座里里外外都很精致的城市，无论建筑，还是风景。热闹而不拥堵，繁忙而又充满生活的惬意。岁月的沧桑，历史的沉浮，在这里既有深深的印记，又有鲜活的展示……

说到祖国宝岛台湾，自然想到阿里山，还有那首脍炙人口的《阿里山的姑娘》。这次到台湾嘉义，和朋友们一起走进了阿里山。迷雾长缭绕，清新而神秘……置身云山中，总算还了自己多年的一个心愿……

到了佛光山，有幸见到了星云大师。我会记着的：做好事，说好话，存好心……

如果有人问我冬天最美的地方是哪，我一定会说是新疆天山天池！这次雪后游天池的经历，让我亲身感受了什么是穿越仙境。雪后的天池，烟笼寒水，浮云漫卷，震撼、浪漫、唯美，这才是王母娘娘真正的瑶池。

很小就听说过昭君出塞的故事，她化干戈为玉帛，播下了汉匈民族和平友好的种子。这次到内蒙古呼和浩特，专门抽空去看了看昭君墓。站在昭君墓旁，我仿佛看到了当年的王昭君，伴随着悠扬的胡笳和欢腾的擎鼓，踏上青青草原的场景。我想，那时刻，她的眼睛一定是湿润的……

樊锦诗说，临摹敦煌壁画是一场去掉我执和妄念的修行。而当我们置身这些出自"敦煌守护人"之手的敦煌壁影中，走近那些隐藏在壁画里的故事时，对我们来说，何不也是一次去掉我执和妄念的修行?!

从西藏回来已有时日，可那如梦如幻的神山圣水和那袅袅的诵经声，芳香的奶茶味，淳朴的藏胞情，却久久不能忘怀。走进仓央嘉措的诗中，转角处遇见玛吉阿米，湿润了双眼，富有了精神，感受到了虔诚的力量。每个人心中都有一个西藏，只有来到这里，才会找到属于自己心灵的地方……

忍不住问自己，为什么总是会想到那个地方？虔诚与斑斓，至纯与至美，这就是西藏，心中的向往，去了一次，人回来了，心却丢在了那里……

在这里，总有一种风景，会温暖你的心……

　　山水人文构成的一个"徽"字，多么生动诠释出河山壮美、文化厚重的安徽！在这里，总有一种风景，会温暖了你的心，走进你的梦……

　　古往今来，多少文人墨客钟情而沉湎于新安江秀美的山水之间。今天，站在新安江边，深深吸入这清新的空气，感觉如此轻松与恬适。在这天然清丽、人与自然和谐的天地里，收获的是那份难得的原始纯真和久违的心灵静谧……

　　"一生痴绝处，无梦到徽州。"青山绿水，粉墙黛瓦，天人合一，徽风皖韵。这是秀雅明快的水墨画，高高的马头墙留下沧桑的痕迹，灰蒙蒙背后仿佛有说不尽的神秘和传奇。

　　徽州山水灵性化成了徽州人的品格，文化融合铸就了徽文化的核心，徽文化在徽商崛起和徽商精神的形成中起到了至关重要的作用……

清代乾隆年间的"三元坊"庄严矗立，明伦堂内康熙御书"学达性天"和乾隆御书"百世经师"匾额高悬，古紫阳书院石坊翠竹环抱……建在明代学宫孔庙遗址上的歙县中学，厚重而让人景仰。

话说"无徽不成镇，无绩不成街"，说到地处徽文化核心地带的绩溪，脑海中深印着徽墨、徽菜、徽剧，胡雪岩、胡适，还有龙川……让人感觉这是个风水宝地……

古城徽州总是让人魂牵梦绕，每次到此，总是留下深深的记忆。这次来歙县，带着好奇和疑惑，走进小巷深处，参观了建于宋代以前的八眼井和建于清朝乾隆年间的三眼井。据陪同人介绍，徽州地区分为几眼的井颇多，这种分井眼的做法起源于望族大户。古徽州名门望族不计其数，凡大户必有家井，因名门望族兄弟姐妹众多，为避免姑嫂妯娌在取水时发生不必要的纠纷，故在一口大井上设若干井圈，各自从不同的井圈取水，起到以"分"为"和"的作用，后沿用至公用井。除八眼井、三眼井，徽州还有很多的古井：打箍井、蛤蟆井、两眼井、大方井……随着时代的变迁，如今的这些古井已成历史的见证。望着眼前这一口口静谧、沉静的古井，不禁生发许多感念，这些在历史长河中留下生息的古井，曾承载了徽州人世代的繁衍生息，虽然现在的古井边，少了些徽州女人们的嬉笑打闹，但它仍让人们留恋在井边流淌的一代代徽州人那些最美最温柔的时光……

在新安江的支流上，坐落着一个在徽州五千多个古村落中最有历史文化的小村庄，它就是雄村。灰白砖、青黛瓦、走马墙，黑白线条勾勒出来的雄村，宛如一幅陈年淡雅的水墨画，而竹山书院无疑是这幅画中最浓墨重彩的一笔。建于清乾隆二十年的竹山书院，出了30位进士和54位举人，故称"江南第一古书院"，乃徽商重视教育、徽州教育兴盛的一个缩影。走进古徽州完整保存的仅此一所的书院大厅，正壁悬蓝底金字板联："竹解心虚，学然后知不足；山由篑进，为则必要其成"，为曹文埴所撰写。院中树木参天，竹林掩映，仿佛抑住了红尘，也抑住了喧嚣。置身于此，沉淀的传统文化和儒学精神，不禁让人重新回到古徽州深厚的文化遗韵中，从书院文化中追寻文化和精神的源头……

千年药都，芍药花海，如果不是身临其境，真的很难想象清代诗人刘开描绘的"小黄城外芍药花，十里五里生朝霞。花前花后皆人家，家家种花如桑麻"的意境。瞧，那数十万亩的芍药，竞相绽放，花香四溢，如同牡丹一样的雍容华贵，一样的倾国倾城……美丽动人，情有所钟！

"虞姬、奇石、钟馗画，灵璧三绝甲天下。"灵璧乃楚汉相争古战场，中华奇石——灵璧石堪称国之瑰宝，灵璧作为中国民间艺术之乡饮誉海内外。走进灵璧，感受了独特的三元文化……

隋大业年间，因京杭运河开通，始置埇桥。算起年头，已有1500多年历史。遥想当年，这里大泽乡起义揭竿而起，宋金鏖战狼烟四起，淮海战役炮声震聋，白居易在这里留下"野火烧不尽，春风吹又生"的千古绝句……埇桥素有"中原门户"之称，区位优越，物产丰饶，地下有煤，地上有粮，还有驰名远近的"符离集烧鸡""夹沟香稻米"……

如果你初到阜阳，想尝尝当地的特色风味，阜阳的朋友肯定会推荐你来一大碗阜阳格拉条，这可算是一道传统的地方特有小吃了，据说还与苏东坡有关呢，它面形粗壮，颜色金黄，真的有点像意大利面，很有嚼头哟……

"人生是可以雕塑的！"走进淮北市刘开渠纪念馆，刘开渠先生的这句话给我留下了深刻印象。出生于安徽萧县的刘开渠，早年赴法国留学，是我国赴西方学习雕塑第一人。九一八事变后，已学有所成的刘开渠毅然回到祖国。在以后70年的雕塑人生中，刘开渠将西方雕塑观念和技巧与中华民族精神相融合，讴歌中国人民的革命业绩和英雄气概，成为中国现代雕塑的奠基人之一。联想到每次去北京天安门广场，瞻仰巍峨雄伟的人民英雄纪念碑时，总会缅怀那些牺牲的革命先烈，也会想到为建造纪念碑付出辛劳的雕塑家，这些雕塑家中，有一个代表性的名字，就叫刘开渠。景仰，一代雕塑大师，华侨的骄傲！

俗话说，走千走万不如淮河两岸。作为淮河流域华夏文化发源地之一，从大禹治水、夏启建国，到楚汉相争、淮海战役，从双墩文化遗址到"东方芭蕾"花鼓灯，悠久的历史文明，都给这座城市留下许许多多令人骄傲的历史记忆和文化符号……每次来这里走走看看，总是格外敬重。

这是个集山区、库区、老区于一身的县份。1958年9月，毛主席亲临舒城县舒茶人民公社视察，指示"山坡上要多开辟茶园"。60年过去了，舒城早已旧貌换新颜。如今，置身青山绿水的舒城，品茗香气诱人的"舒城小兰花"，不禁让人无限感慨……

眼前，20世纪50年代建成的时称世界第一高的钢筋混凝土连拱坝巍然屹立。著名的梅山水库位于鄂、豫、皖三省交界处的大别山腹地，坐落在有将军县之称的金寨县南端。徜徉坝上，放眼库区，碧波荡漾，群峰侧映，植被茂盛，风光旖旎，宛如"高峡平湖"，令人心旷神怡……

金寨桂花香，燕子排成行，斑斓青史铭刻人心上。山高水长，浩浩苍苍，永世流芳……

历史上4次为都，10次为郡，楚文化的故乡，中国豆腐的发祥地，淝水之战的古战场，安徽第一批入选国家历史文化名城的三个城市之一，素有"地下博物馆"之称，寿县，别称寿州、寿春，你能不来走走？

有人说，巢湖的美，美在烟波浩渺、水姿绰约，美在湖中有山、山水相映。然而，你是否知道，这里是长江流域人类祖先"银山猿人"繁衍生息的地方，这里是"商汤放桀""伍子胥过昭关""楚霸王乌江自刎"的纪念地，这里是丁汝昌、冯玉祥、张治中、李克农、戴安澜等名人故里。或许，众多灿烂的名胜古迹与湖光山色相得益彰，才是最独特最美的风景。

穿越1800年前的三国时期。魏国征东将军满宠两次上疏魏明帝曹叡，建议在合肥西三里建立新城屯兵，以抗孙吴。合肥新城建成后，孙吴多次围攻，均兵败而归。西晋统一中国后，合肥新城的军事意义不再存在，于是渐渐荒废……如今走进合肥三国遗址公园，眼前的兵器铸造窑址、练兵指挥台、饮马池、征东门遗址等，依稀可看到这座三国时期军事城堡的样子。千年风雨，沧桑巨变，曾经的历史，今天的故事。而一切的一切，都如过眼云烟。每次参观古迹，总是多些对历史、对人生的感慨与感悟……

北宋包拯，流芳千古。包公祠里，这位千岁老人的故事，正气浩然，令人敬仰。登临清风阁，俯瞰包河，湖水清澈，波光粼粼，荡漾的涟漪，犹如人们不尽的遐想……

烟雨中的水乡古镇，隽秀中带些妩媚和妖娆。这里，民风淳朴、名人辈出，走出了著名科学家杨振宁、远征军将领孙立人、爱国侨领董寅初、新四军名将孙仲德等众多风云人物。她，就是底蕴深厚的肥西三河。

张英身为一朝宰辅，却不恃权压邻，而是严于律己、以德服人。"千里修书只为墙，让他三尺又何妨。万里长城今犹在，不见当年秦始皇。"桐城六尺巷的故事，让中华民族和谐、谦让的传统美德源远流长、世代传扬。

来到安庆，你自然会想到黄梅戏，这里是黄梅戏的故乡。"树上的鸟儿成双对""为救李郎离家园"，黄梅经典，耳熟能详。中国五大戏剧之一的黄梅戏，早已被列入国家首批非遗保护名录，唱遍大江南北，闻名海内外……

安庆英王府旧址，当年太平天国的英王陈玉成的府邸。这里破旧得有些厚重，风光早已不再。岁月有痕，古往今来，留下的都是沧桑和感慨……

钢城，诗城，全国文明城，名不虚传。就连这座城市的名字，传说的故事也让人感到荡气回肠。相传，楚汉战争时，楚霸王项羽被困垓下，四面楚歌，败退至和县乌江，请渔人将心爱的坐骑乌骓马渡至对岸，后自觉无颜见江东父老，自刎而亡。乌骓马思念主人，翻滚自戕，马鞍落地化为一山，马鞍山由此得名……

长江东岸，远望天际，不见孤帆一片，唯有青山矗立。采石矶畔，江水远去，淘尽风流人物，太白千载独步。

铜陵市中心有一湖，湖心有一岛，岛上有一井，井水始终比湖面高两尺，相传井水从天而来，故称"天井"，湖也得名"天井湖"。八十公顷的天井湖，山峦环之，湖光山色，相映成趣，为有着3000多年青铜文化传承的古铜都，带来几分妩媚的灵气……

铜陵古多铜，尤以铜官山为最。这次来铜陵，有朋友领我参观新建的铜官山文化创意园，让我对铜陵又有了新的认识。铜陵采铜肇始于商周，已有3500多年历史。新中国初建，百废待兴，数十万建设大军在这块土地上，筚路蓝缕，艰苦创业，新中国第一炉铜水，第一块铜锭，第一支铜业股票等都在这里诞生。一代代铜矿人，奠中国铜业之宏基，化蛮荒之地为新城。"铜官山1978"文化创意园，正是以20世纪六七十年代铜陵矿工居民遗址为基础，复原了那个年代矿工生活场景，鲜活了难忘的城市记忆。透过历史的斑驳，我们看到老铜矿人生活的缩影，追寻到那代人始终坚守的精神力量。让我们进一步走进铜陵，读懂铜陵……

翁去八百年，醉乡犹在；山行六七里，亭影不孤。滁州琅琊山醉翁亭，中国四大名亭之首。欧阳修的《醉翁亭记》更是脍炙人口："醉翁之意不在酒，在乎山水之间也。"任时光流淌，霏霏春雨中的亭阁仿佛在吟唱……

适逢重阳，置身自古诗人地，登高揽胜，望众鸟高飞、孤云独去。相传南齐谢朓任宣城太守时，尤爱敬亭山，赞其"兹山亘百里，合沓与云齐"，于是开创了敬亭山有诗的历史；"宣城谢守一首诗，遂使声名齐五岳"，于是敬亭山成了中国山水诗的发祥地。有了谢朓的诗，李白来了，留下"相看两不厌，只有敬亭山"的千古绝唱；有了李白的诗，韩愈、白居易、杜牧、欧阳修、文天祥、汤显祥等文人雅士来了，成就了敬亭山"江南诗山"的美名……秋高气爽，赏诗怀古，怡情养性，诗山最美……

沧桑洗尽，如今走在明皇陵的青石板上，依稀还能想象到当年的宏伟壮观。从放牛娃到出家和尚，再到一国之君，明朝皇帝朱元璋，他从这里走出去，又衣锦还乡；他在这里破落过，也在这里辉煌。这一对对石人石马、残碑断碣，仿佛向人们诉说着600余年的世事变迁……

游历过不少名山大川，却每次顿悟于九华之巅，神清气爽中，灵魂仿佛又被沐浴了一次……

来时迎客相邀，别时折柳相寄，美好安徽，迎客天下，在迎客松的家乡等你哟！

乡愁像没有年轮的树，永不老去

乡村，总是我们内心的柔软，那是我们所有人的家。乡之本、之恋、之众望，如果有人问我，最美的地方在哪，我的回答一定是"乡"。因为在那，望得见山，看得见水，记得住乡愁；因为在那，喧嚣之中，还能找回几份纯净、淳厚和安逸。乡村振兴中，期冀把农村建设得更像农村，让乡村像不落的太阳，永远温暖人心……

乡村是生命的源头，悠久的农耕文明，滋养了我们始终不变的乡愁。即使生在城市、长在城市，乡村也永远是我们每个人的根脉和故土。"归去来兮，田园将芜胡不归？"憧憬乡村振兴，打造生命中的美丽故园。

一切都是那么恬静，那么悠然，那么纯朴，没有躁动，没有纷繁，没有做作……盼的是风调雨顺、国泰民安，想的是福临门、家和兴……生活就这样简简单单，百姓就这么普普通通……如此平淡无奇，却令人心往神驰……

每个人的心里都有个地方，一个想起就会流泪的地方，因为它承载了太多的记忆和过往！这里，有众多的亲人与朋友，有许多的努力与付出，还有好多的感动与惆怅。时光拉扯着过去，家乡拉扯着内心……

行走在家乡的路上，看不够的是故乡的云，还有耳边常常响起的歌谣。都说人老了容易怀旧，也许这就是初心吧……因为有了初心，所以，才始终没有忘却来时的路……

或沿着山脚，或顺着河沟，或绕着田边，还记得吗？童年回家的那条小路……

弥漫的烟雨，静静地缠绵于天际。温润的微风，轻拂着岸堤的柳枝，牵出浓浓的情思。岁月悠悠，春水又绿，能不忆江南？

每次回到农村，眼前的一草一木，总能勾起童年的回忆，生出浓浓的乡情。记忆中的故乡，是村头那条弯弯的小路，是屋前池塘那朵朵盛开的莲花，是果实挂满枝头那棵柿子树，是院子里那红了咧嘴的石榴，是田间路边那甜甜的玉米高粱，还有久立村头的亲人那期待的目光……尽管离别多年，故乡始终是心灵的家园、灵魂的驻地。乡愁始终像没有年轮的树，永不老去。有时，好想温一壶乡愁，将往事喝个够……

下乡走访，无意中发现村头有口古井，寒冷的冬天，望着井口氤氲着若有若无的轻烟，竟勾起儿时的记忆。那时候，外婆家的村头也有一口古井，它滋养着村子的人，不知道现在是否还能看到，那古井的井壁卵石是否还包着绿绿的苔藓，井里那一围天水还能否照见人脸……我一定要回去看看，那时，古井会对我说些什么呢？

那天去万佛湖边健身走，看见湖边的槐树花开了，感到有些激动！如雪的槐花，点缀在绿叶间，给青翠的山林增添了浓浓的春色。人间五月芳菲尽，又到槐花盛开时。望着这一串串雪白的花瓣，嗅着这沁人心脾的素香，神清气爽中不知不觉地想起：儿时与小伙伴爬上树枝摇荡后的"漫天飞雪"，女孩子们编织如珍珠般花串挂在脖子上的"炫美"，玩累后枕着装满花瓣的书包甜睡的梦香，还有母亲用槐花做成各种美食的味道……很多年过去了，生活在钢筋水泥的森林里，槐花见得少了，小区里百花千草，好像就少了槐花。可是，不管怎样，那些和小伙伴们在洋槐树下的故事始终没有忘。儿时的记忆绵绵悠长，人间的真情历久弥香……

记得多年前，我曾写过一篇纪念外婆的散文《桂花忆语》，发表在家乡的报纸上。每当丹桂飘香的时候，总能勾起我对外婆的怀念。外婆身上的那种农村老人的淳朴、善良、厚道和与人为善，深深影响着我的成长。

也许情有独钟，每当桂子飘香的时候，总会有一种魂牵梦萦的感觉。我喜欢桂花的香，清芬而缠绵，让人在浮躁的心中平添几分恬淡，在流年深处找寻几多回味。由于天气的原因，今年的桂花开得有点迟。可是，迟开的桂花还是桂花，迟到的桂香终究是心底最美的甜香……

看着这些含苞欲放的白兰花，我想起小时候，在老家的街头巷尾，常常听到拎着花篮的老大妈"卖白兰花啊"的吆喝声，音犹在耳，难以忘怀。声音是一种记忆，也是一种文化遗产，怀念那些渐渐消失的城市声音……

　　风定落花香，一地落花倒也别有风情。花开枝头有枝头美，花儿落地有落地美。想想小时候，老家庭院里飘落的那些桃花、梨花，总舍不得扫去。现在想想，让人怀旧也让人向往……

　　说起童年的时光，我想，我们每个人的心中，都会浮现出属于自己的难忘的记忆。对于我们这一代人来说，童年的记忆，是男孩子的滚铁环、玩斗鸡、打陀螺，是女孩子的踢毽子、跳房子、翻花绳，是男孩子女孩子一起玩的老鹰捉小鸡；童年的记忆，是爆米花开锅时的香味，是晚上有一场电影可看的兴奋，是对一本又一本小人书的痴迷；童年的记忆，是上课时盼望着早点下课的心情，是新课本封面总是包着的漂亮书皮，是每个学期末总想获得的一张奖状；童年的记忆，是一张张挥之不去的稚嫩的笑脸，是一串串天真无邪的银铃般的笑声，是一朵朵盛开的花儿，美丽又单纯……那时的我们，没有电脑，没有手机，没有网络，什么都没有，但我们没觉得苦，一根绳子，几块石子，便可以开心地玩上一整天。而就是这些快乐，陪伴了我们整个童年，成为后来只要我们想起就会露出笑脸的回忆！童年是个烙印，童心在，童年在……

　　家乡的月夜，总是那么美轮美奂。这千古悬空的一轮明月，仿佛正叙述着多少过往情深。岁月是身不由己的漂泊，明月乃一抹化不开的乡愁。最美还是故乡月，最念还是故人情……

　　今天下着雨，心情也有些湿润。每次回老家，这熟悉的山熟悉的水熟悉的桥熟悉的乡音，总是勾起许许多多的回忆，而且随着离家时间越来越长，这种感觉似乎也越来越强烈，也许这就是乡愁……

我的故乡，我的梦想升起的地方……

算起来，她的年龄已有 2000 多岁，古时候，她的名字叫鸠兹。如今，人们称她"奇特之地"，因为，她有"奇瑞"，还有"方特"……芜湖，生我养我的地方！我的故乡，我的梦想升起的地方……

回到家乡，总喜欢到江边看看，在宝塔根下发发呆。长江和青弋江是芜湖的母亲河，江水的孕育，让芜湖成了著名的鱼米之乡。作为长江中下游地区近代工商业的发祥地，芜湖素有"皖之中坚、长江巨埠"的美誉。如今，始建于明万历年间的中江塔，巍然耸立在长江与青弋江交汇口的江堤上，半依闹市半偎江，见证着历史的沧桑和巨变，诉述着江城的过往和明天……

绵绵 500 里的青弋江，自黄山脚下一路走来，从芜湖汇入浩浩长江。望着两江交汇，还有这静静伫立的江边古塔，不禁想起，当年，相当一部分的徽州人，就是沿着这条弯弯的小河，带着皖南的山货，也怀揣着梦想，从这里走遍中国、走向世界，于是，后来，有了称雄中国商界300年的徽商，有了"自强不息、以义取利、崇文重道、心系家国"的徽商精神……

俗话说，客到芜湖吃不愁。这里，除了有出了名的美食，还有历史悠久的中江塔、闻名遐迩的米市、李白吟唱的天门山、秀丽的镜湖和步月桥、如诗如画的江南水乡，更有包容四方的码头文化。芜湖打动人的不仅有美食，更有浓浓的人情味……

或许是随着年龄的增长，每次回家乡，总想多转转看看，找寻仿佛有些斑驳的记忆和老时光。芜湖是座有着2000多年历史的古城，家门口的这条吉和街，就是条有着上百年历史的老街。当年，这条街的南端米号林立、会馆遍布，北端离租界不过数百米，中部鹤儿山附近的八角亭、吉祥寺，让许多文人骚客流连忘返，鹤儿山上的天主教堂在华东地区仅次于上海徐家汇教堂，素有江南"小巴黎圣母院"的美誉。中华人民共和国成立后特别是改革开放后，吉和街经多次修建，显得愈发宽敞繁华。儿时多少次的足迹和成长中的回忆，也曾在这里留下。沧桑巨变，旧貌换新颜。如今，文化底蕴丰厚的老街虽已不复存在，但它今天的秀美富足，正演绎着新的江城故事……

沿着老家门前的江岸漫步，不知不觉便会来到芜湖著名的八号码头。时间总是走得太快，曾经的芜湖港，曾经的八号码头，早已离我们远去。眼前的八号码头旧址，已很难想象当年的那种繁华与喧闹。往日的一道长江防洪水泥墙，如今已化成现代化的滨江公园，美丽又时尚。

在家乡长江边这众多的现代建筑中，还是那座老芜湖海关楼，总是让我不禁驻足、流连、寻觅，回味它见证了多少的历史，守护了长江多少年。据史料记载，老芜湖海关是旧中国四十处海关之一，根据《中英烟台条约》规定于 1876 年开始建立，1877 年 4 月 1 日正式开关，由英领事署总税务司管理关务。芜湖海关大楼建成于 1919 年 7 月，建筑面积约一千平方米，坐东朝西，面临长江，为砖木混凝土混合结构。红砖楼房簇拥着尖耸的钟楼，钟楼高四层，配有对称绶带，既融合了轴线对称、主次有序的古典原则，又吸收了文艺复兴之后的建筑潮流，难怪有人称它是芜湖近代建筑折中主义的代表。然而，你可知道，这座海关大楼里曾发生的那段传奇爱情故事：一位中国芜湖海关大楼旁青楼的女子，变身为法国塞纳河畔耀眼的画坛才女；一位二十岁便追随孙中山的年轻海关监督，在这梦似的烟雨江南，没有恋上养在深闺里的小姐，没有爱上吴侬软语的邻家女孩，却为一个深陷青楼的红尘女子痴迷。他不顾一切为她赎身，冒天下之大不韪与她共结连理。又见她蕙心兰质，对绘画有特殊的爱好和天赋，遂为其延师授教，悉心培养并助她留洋海外。这便是潘赞化与张玉良发生在海关大楼的故事。你可以相信，他们曾在这里徜徉，在这里赏月，在这里温存耳语，海关大楼是他们传奇爱情的见证。岁月尘封往日，百年悄然流逝，饱经风霜的老芜湖海关大楼依然屹立于此，仿佛仍默默地在向人们讲述着什么……

那天，走过"傻子瓜子"门店，驻足许久。作为芜湖特产之一，曾几何时，"傻子瓜子"风靡全国，是来芜湖的人必买必带的特产。作为徽派炒货的先祖，"傻子瓜子"一个时期曾无比风光地支撑着芜湖的老字号。时过境迁，今天的"傻子瓜子"已风光不再。但作为历史长河中的一朵浪花，"傻子瓜子"起伏沉浮的故事，却留给人们很多的记忆和回味……

千年烟火，见证丰盈岁月。城隍灵祠，俯拾皆是文化。芜湖古城，国内难得城央古城。假日返乡，闻古城重修，欣然漫游，穿林立巷铺，觅儿时回忆，扶城墙青砖，望青弋江滚滚奔流……

看似普通，却不寻常。人字洞遗址，位于繁昌孙村，这里是目前亚欧大陆已知年代最早的古人类遗存。说起来让你惊奇，这个发现，将亚洲人类起源的历史提前到200多万年前，是中国史前文化领域最重要的考古发现之一。

芳菲四月，登长江板子矶。当年"渡江第一船"正是在这个时节从这里"打过长江去，解放全中国"。忆往昔峥嵘岁月，望大江浩然东去……

家乡最有名的特色工艺品，莫过于芜湖铁画了，它是具有悠久历史和传承价值的非遗文化，它是墨色与锤痕的交响乐，是中国工艺美术百花园中的一朵奇葩！说到铁画，我总是不禁想到郭沫若先生为芜湖铁画的题词："以铁的资料创造优美的图画，以铁的意志创造伟大的中华。"

端午节吃粽子，因为粽子里裹着的是中华的文化和传统！今天读到一条消息，令我有些兴奋，原来世界上现存最古老的实物粽子就在我的家乡芜湖！这个实物粽子现收藏于南陵县博物馆内，距今至少有900年，是考古学家2014年在南陵县弋江镇的一个沉睡千年的本地望族墓地发现的。当时出土的两个粽子，一个粽叶脱落，一个基本完好，粽叶包裹，麻线捆扎，外形与今日粽子无异……我查了一下，过去称考古发现最早的粽子实物，是在江西省德安县博物馆里收藏的一对南宋时期的粽子，距今700多年。看来，南陵县出土的实物粽子更久远。或许，这与南陵自古繁荣、文化厚重有关，更是中华传统文化和文明的彰显与承载。下次回芜湖，我得去看看……

　　漫步家乡长江岸边，看春江水暖又一春。感谢时光里所有的经历和铭记，将心境历练得不惊不扰。或许时光能带走我们的容颜，但儿时梦，从没有长大，更没有变老。梦如春水，悠悠绕故乡……

每当过节，总会有一种情愫

过年，是穿越千山万水的期盼，是浓溢的人间烟火味儿；过年，是心灵安放的驿站，是掬一捧对岁月的祝福；过年，是最美丽的乡愁，是最难忘的记忆……

尽管现在的春节，少了许多以前的那种仪式感，少了那浓浓的年味，但身在异乡的我们总是辗转奔波回家过年，因为那里有亲情，那里有乡愁……而假期又总是那么短暂，转眼就要离开家乡踏上返程。家乡的小船摇啊摇，亲人们期许的目光不能忘，不管走到哪，家风不丢，传统记牢，一定做好人做好事！

元宵节，一年的初望，寄托着人们美好的期待。一轮满月，一段温情，一碗元宵；天上月圆，人间团圆，碗里汤圆，这温馨祥和的佳节，有着别样的诗情画意和浪漫情怀。此刻，点一盏灯，点亮新一年的时光，愿所有的付出都有收获，愿所有的深情都不被辜负……

雨水逢元宵，春雨醉花灯，花灯点缀千家夜，雨露滋润万物春。元宵佳节里的春雨，洗尽陈年和冬季的尘埃，也洗净大地和我们的内心。雨水过后，定是草长莺飞、十里芳菲……

枝再繁，叶再茂，根扎的土地，只有一处。每当清明时节，总会有很多感慨。清正、清廉、清净，明事、明礼、明规，清明，是感恩，是敬仰，更是传承……

每当过节，总会有一种情愫，因为每一个传统节日，都代表一种文化和文化的传承。端午节，不只有粽子和假日，同样有文化和情怀。包粽子、划龙舟、忆屈原……讴歌的是一种气节，纪念的是一种品格。两千年的端午节，深深蕴含着中华民族特有的精神价值。岁月在流逝，风俗在演变，不变的是人们对美好和梦想的求索与珍惜……

月光所照，愿为故乡，双脚所踏，无非过往。感恩与思念同在，中秋月，故乡情……

中秋夜，窗前宁静，听秋雨的淅沥，宛如听自己的心语。有人赞美秋雨从容、舒缓，仿佛有一份人生的自如与恬淡。是的，我也喜欢秋雨沉着的味道。秋雨中的中秋夜，虽少了点皓月下赏吟的雅兴，可"但愿人长久，千里共婵娟"的亲情友情却永在心田。问候，也是思念。中秋夜听雨，伴着对所有亲人和朋友的由衷祝福!想必雨过天晴，定是一个天高云淡、清风送爽的金秋!

岁岁重阳，今又重阳，拾一抹牵思，书一笺柔肠。岁月注定要在人的脸上刻下皱纹，但我们要努力别让皱纹刻在心上。相信，每一个季节都会有繁花盛开，每一段时光都会染上别样的芬芳……

每逢节日，总想回家看看，因为那里需要孝心。可自古忠孝两难全！身为男儿，无论何时何地，只能用更多的艰辛和付出，践行心中的家国情怀……

不知不觉中，又把一年走到了尽头。回首走过的风雨，感恩温暖的陪伴。当岁月抹平了棱角，越来越明白，爱在平淡里，情在细水长流中。

时光在冬的枝头缱绻成深情，尽管有些风景已浅淡了颜色，有些故事还在风雨的路途中继续。让那些过往的、沧桑的随风而去吧，曙光将点亮新年的美好……

岁暮清新，轻轻和过去说声再见。风会记得一朵花的香，而我也会记得一路走来的冷暖。在新年钟声敲响的时候，愿我爱和爱我的你，不负韶华，只争朝夕；不问流年，只闻花香……

"万花都落尽，一树红叶烧。"冬晖映照下，眼前的这树红叶明艳、动人。红叶如诗，这是经受了自春到秋风吹雨打的孕育、历练而沉淀的赤诚之叶。岁尾年初，目睹红叶如云霞般灿烂，更有感慨萌生于心。托红叶传情，带给所有的家人和朋友：身体健健康康，出入平平安安，日子红红火火！

寒冷中，新年已和我们握手，春天还会远吗？翻去昨天的日历，所有的艰辛、欣慰和遗憾，都值得深深珍藏。此时此刻，祝福的话，许下的愿，正在通往春天的路上……

岁去岁又来，总会有一些感念、一些感悟、一些感恩。途经四季，感谢一路相伴的亲人和朋友。听，新年的钟声已经敲响，唯愿初心不忘，更加勤勉前行，于我爱的人，这是一份责任；于爱我的人，这是一份恩情！

　　逢年过节，亲人间最热切期盼和祝福的两个字：平安！平安是福，口耳相传。平安是人生的第一需要，是最爱的祈求，是最亲切的问候。唐代岑参有诗，"马上相逢无纸笔，凭君传语报平安"，亲人平安和向亲人报平安，这是人生最重要的事！一声"我没事"，一句"我很好"，让亲人所有的牵挂落了地。

　　这是个辞旧迎新的时刻。即将走过的一年，注定是难忘的。这一年，经历了很多，也感悟了很多。酸甜苦辣，所有过往，都是岁月的恩赐、人生的财富。新的一年一定是一个新的开始，坚守初心，不畏艰辛，坦坦荡荡，无怨无悔。时光虽在慢慢流逝，但我始终相信，光阴的对面，爱和温暖永在。学会接受，珍惜拥有！

后 记 桥畔回眸皆是春

合上最后一页校样时，适逢窗外玉兰初绽。花瓣落在墨香未散的书稿上，恍惚间仿佛看见十年前走进侨联大家庭的模样。十年风雨兼程，此刻竟都化作掌心的温度。

编撰此书的过程，恰似在时光长河里打捞璀璨的贝壳。翻开陈旧的工作笔记，2014年寒冬去帮扶村调研时，乡亲们用搪瓷缸捧来的姜茶似乎仍在热气氤氲；整理活动照片，2015年"爱心冬衣"发放仪式上，困难侨眷眼泛泪光依然令人动容……这些碎片在重组中焕发新生，让我惊觉：原来所有的跋涉，早已在岁月深处开出了花。

值此《心桥》付梓之际，万千感怀涌上心头。感谢组织以信任托付重任，让理想有枝可依；感恩同事并肩携手，寒夜灯火中总有温暖守望；致谢省侨商会鼎力相助，让纸墨芬芳得以绽放；更要向家人深鞠一躬，是你们用无声的支持，让我将一个个星夜最终变成了诗行。我想，这座横跨十年的心桥，从来都不是独行的栈道，而是众人以心为桩、以情为索共同筑就的彩虹。

纸短情长，初心为楫。愿这座用三千多个日夜筑造的心桥，能载着江淮大地的春风，抵达每个思乡的梦里。

2025年初春于合肥望湖城